全国高职高专经济管理类"十三五"规划理论与实践结合型系列教材

校企合作优秀教材

国际货运代理实务

GUOJI HUOYUN DAILI SHIWU

主　编　汪志林　孙梦溪
副主编　曹　云　王晓林　钱　芬
　　　　胡惟璇　刘　琳　刘金英

华中科技大学出版社
http://www.hustp.com
中国·武汉

内 容 简 介

本书以国际货运代理理论与实务为基础,以国际货运代理企业的实际工作流程为顺序,系统介绍了国际货运代理的基础知识、国际货运代理的客户开发与服务;重点描述了国际货物海上运输、航空运输、陆路运输、多式联运等多种运输方式的国际货运代理业务;引入了跨境电子商务业务概念和相关平台知识以及跨境电子商务物流知识,并对国际货运代理中的风险控制及事故处理进行了阐述;讲解了国际货运代理企业的核心岗位,如销售岗位、操作岗位、单证岗位、报关岗位、客服岗位及综合岗位等。

本书可作为高等院校物流管理和国际贸易类专业教材,还可作为国际货运代理企业的员工培训教材及工作参考用书。

图书在版编目(CIP)数据

国际货运代理实务/汪志林,孙梦溪主编. —武汉:华中科技大学出版社,2018.7
ISBN 978-7-5680-3557-6

Ⅰ.①国… Ⅱ.①汪… ②孙… Ⅲ.①国际货运-货运代理 Ⅳ.①F511.41

中国版本图书馆 CIP 数据核字(2018)第 147833 号

国际货运代理实务
Guoji Huoyun Daili Shiwu

汪志林　孙梦溪　主编

策划编辑:袁　冲	
责任编辑:张会军	
责任校对:刘　竣	
责任监印:朱　玢	
出版发行:华中科技大学出版社(中国·武汉)	电话:(027)81321913
武汉市东湖新技术开发区华工科技园	邮编:430223
录　　排:武汉正风天下文化发展有限公司	
印　　刷:武汉市籍缘印刷厂	
开　　本:787mm×1092mm　1/16	
印　　张:17.5	
字　　数:444 千字	
版　　次:2018 年 7 月第 1 版第 1 次印刷	
定　　价:39.00 元	

本书若有印装质量问题,请向出版社营销中心调换
全国免费服务热线:400-6679-118　　竭诚为您服务
版权所有　侵权必究

前言

近年来,世界经济格局的变化给我国经济的发展带来了巨大的挑战。让市场和社会发挥更大的作用,是我国为保障经济健康运行而确立的改革方向。国际货运代理作为服务贸易业的重要组成部分,在世界经济贸易和区域经济合作中扮演着越来越重要的角色,其服务已从过去的基础性业务扩展到全方位的、系统性的业务,内容涉及国际贸易、国际商务、国际货物运输、仓储、配送以及信息、法律等各个方面。与此同时,职业教育在我国也正面临着前所未有的发展机遇。随着《关于加快发展现代职业教育的决定》和《现代职业教育体系建设规划(2014—2020年)》的陆续出台,现代职业教育体系构建与结构战略性调整将成为今后职业教育的发展方向,职业院校的人才培养和办学内涵将发生巨大的转变,职业教育已进入了改革和发展的深水区,在新一轮的竞争中,改革与创新将成为决定职业院校人才培养的关键。改变高等职业教育(简称高职教育)层次不明、学用联系不紧的状况,进一步凸显高职教育目标、提升高职教育质量,成为当前高职教育改革的重点,这一切都要求高职服务贸易类的教材要更加符合新时代的需求。正是在这种背景下,《国际货运代理实务》这本教材出版了。

1. 教材内容

本教材共10个项目,包括项目1认识国际货运代理;项目2国际货运代理企业服务营销;项目3国际海运代理业务;项目4国际海上运输单证业务;项目5国际航空货运代理业务;项目6国际陆路货运代理业务;项目7国际多式联运与跨境电子商务物流;项目8代理报关与报检业务;项目9国际货运代理的客户服务;项目10国际货运代理业务的风险控制及事故处理。这10个项目总结了国际货运代理企业的工作流程与工作岗位,国际货物海上运输、航空运输、陆路运输、多式联运等多种运输方式的国际货运代理业务及相关知识等。

2. 突出特点

本教材表现出以下几个特点。

(1) 校企合作,主体多元。本教材是在政行企校多方合作下共同编写而成的。虽然主编为高职教师与企业业务经理,但在编写过程中,特别是在流程的梳理和分解上,有行业协会和其他多家货运代理企业的工作人员多次参与教材的编审会并进行讨论。

(2) 工学结合,技能为先。本教材把职业技能培养放在首位,以企业真实的工作流程为主线,把货运代理应知应会的知识与业务实际操作过程中必备的技能植入进去,突出货运代理岗位操作技能的培养与训练,注重学生职业发展。

(3) 项目引导,结构完善。项目以真实的案例为引导,先对必备的项目知识进行简明扼要的阐述,然后对业务操作流程进行深入、详细的说明,并对流程中的两个关键点——单证缮制与费用结算进行重点分析。为保证实效,之前进行了知识目标与能力目标的介绍,之后又进行了归纳总结,并给出项目实训和问题与思考。

(4)任务驱动,内容精炼。每个项目都是由若干个任务构成,每一个任务又由若干个问题组成,问题的解决成为学习本教材最基本的单元。这些任务中的问题都是以提问的形式给出的,形式上较为新颖,同时不过多进行拓展,充分体现"管用、够用、实用"的高职教学原则和讲清概念、注重应用、培养能力的编写宗旨。

本教材由徽商职业学院汪志林和安徽国际商务职业学院曹云负责总体构思、结构安排及最后的统稿,编写的具体分工如下:项目1、项目2由徽商职业学院王晓林编写;项目3由武汉交通职业学院胡惟璇编写;项目4、项目6由徽商职业学院孙梦溪编写;项目5的任务1、任务2,项目8由徽商职业学院刘琳编写;项目5的任务3、任务4,项目7由徽商职业学院钱芬编写;项目9由徽商职业学院汪志林编写;项目10由徽商职业学院刘金英编写。另外,在本教材编写过程中,参考了大量的国内外著作文献,在此谨对已列或漏列的文献作者表示衷心的感谢。同时,"安徽省国际货运代理协会"及"上海环世捷运物流集团"、"中国外运股份有限公司"等国际货运代理有限公司,也在百忙之中派出业务骨干为本教材进行工作流程分析和业务内容界定,并提供了大量真实的数据资料,在此表示诚挚的谢意。在本教材编写过程中得到学院各位领导和同事以及出版社同志给予的支持与帮助,在此一并表示感谢。

本教材不仅适合作为高职高专院校国际物流、国际商务、外贸运输、航运管理、国际海运等相关专业必修的专业教材,也可作为其他相关专业和企业人员的参考用书。

鉴于编写时间仓促和编者水平有限,书中疏漏之处在所难免,敬请专家读者批评指正。

编　者

2018年7月

目录

项目1　认识国际货运代理 ……………………………………………… (1)
　　任务1　国际货运代理认知 ………………………………………… (1)
　　任务2　国际货运代理企业认知 …………………………………… (9)
　　任务3　国际货运代理基本流程 …………………………………… (18)

项目2　国际货运代理企业服务营销 …………………………………… (27)
　　任务1　国际货运代理企业客户开发 ……………………………… (27)
　　任务2　国际货运代理合同的签订 ………………………………… (35)

项目3　国际海运代理业务 ……………………………………………… (41)
　　任务1　国际海上货运认知 ………………………………………… (41)
　　任务2　国际海运代理业务操作流程 ……………………………… (50)
　　任务3　国际班轮运输业务 ………………………………………… (58)
　　任务4　租船运输业务 ……………………………………………… (65)

项目4　国际海上运输单证业务 ………………………………………… (76)
　　任务1　海运提单业务 ……………………………………………… (76)
　　任务2　海运单业务 ………………………………………………… (87)
　　任务3　集装箱单证业务 …………………………………………… (92)

项目5　国际航空货运代理业务 ………………………………………… (113)
　　任务1　国际航空货运认知 ………………………………………… (113)
　　任务2　国际航空货运业务 ………………………………………… (118)
　　任务3　国际航空运价与运费 ……………………………………… (125)
　　任务4　国际航空货运单业务 ……………………………………… (131)

项目6　国际陆路货运代理业务 ………………………………………… (141)
　　任务1　国际铁路运输业务 ………………………………………… (141)
　　任务2　国际公路运输业务 ………………………………………… (156)

项目 7 国际多式联运与跨境电子商务物流 (167)
任务 1 国际多式联运业务 (167)
任务 2 国际多式联运单证业务 (173)
任务 3 跨境电子商务物流业务 (177)

项目 8 代理报关与报检业务 (188)
任务 1 进出口报关与报检认知 (188)
任务 2 进出口货物报关的业务流程 (197)
任务 3 进出口货物报检的业务流程 (205)
任务 4 报关单与报检单填制实务 (212)

项目 9 国际货运代理的客户服务 (231)
任务 1 国际货运代理的客户服务认知 (231)
任务 2 国际货运代理客户咨询与投诉 (234)
任务 3 国际货运代理客户关系管理 (241)

项目 10 国际货运代理业务的风险控制及事故处理 (247)
任务 1 国际货运代理业务风险的防范 (247)
任务 2 国际货运代理业务的事故处理 (253)

参考文献 (271)

项目 1 认识国际货运代理

任务 1 国际货运代理认知

【从业知识目标】
◆ 了解国际货运代理的概念、性质及其与相关部门的联系。
◆ 熟悉国际货运代理业务的作用、分类及服务范围。
◆ 了解国际货运代理协会联合会、中国国际货运代理协会（CIFA）及我国对于国际货运代理的法律、法规及管理制度。

【执业技能目标】
◆ 能够对我国国际货运代理业的现状及发展趋势有较为清晰的理解。
◆ 能够深入思考互联网＋国际货运代理业。

任务提出

上海市某高校国际物流专业学生秦奋一进入大学就结合自身实际制订了职业生涯规划，准备将来从事国际货运代理工作。老师知道了他的想法后，给他布置了一项任务：通过互联网提供的资源系统，深入了解国际货运代理业，同时试着总结我国国际货运代理业的发展趋势。

知识要点

一、国际货运代理的概念

（一）国际上国际货运代理的概念

"货运代理"一词来源于英文 freight forwarder 和 forwarding agent 两个词组。各国对其翻译各不相同,目前国际上尚无被各国普遍接受的、统一的定义。

国际货运代理协会联合会(FIATA)给出如下定义:

根据客户的指示,并为客户的利益而揽取货物运输的人,其本身不是承运人。货运代理也可以依据这些条件,从事与运输合同有关的活动,如储货(也含寄存)、报关、验收、收款等,如图1-1所示。

图1-1 国际货运代理

(二)我国国际货运代理的概念

在我国,国际货运代理具有两种含义,一是指国际货运代理业;二是指国际货运代理人。前者是从一个行业、产业的角度来看的,它是随着国际经济贸易的发展、国际运输方式的变革、网络信息技术的进步等发展起来的一个行业;而后者是针对每个法人单位而言的,它是指国际货运代理行业中具体的每个个体。通常所说的货运代理更多的是指国际货运代理企业。本任务侧重从行业的角度来进行阐述。

根据国务院批准的《中华人民共和国国际货物运输代理业管理规定》第2条规定:国际货物运输代理业,是指接受进出口货物收货人、发货人的委托,以委托人的名义或者以自己的名义,为委托人办理国际货物运输及相关业务并收取服务报酬的行业。国际货运代理人是指接受进出口货物收货人、发货人或其代理人的委托,以委托人的名义或者以自己的名义,为委托人办理国际货物运输及相关业务并收取服务报酬的企业。

我国国际货运代理的发展史

(1)中华人民共和国成立前,1840—1949年我国国际货运代理几乎全部被帝国主义和资本主义国家的洋行所控制和垄断。

(2)计划经济时期,中华人民共和国成立后,我国的货运代理业呈高度集中的体制,由中国对外贸易运输公司经营。

(3)改革开放后,国家允许成立多家货运代理企业,并且提倡公平竞争,我国货运代理业打破垄断局面。

(4)1985年,我国加入国际货运代理协会联合会(FIATA)。

(5)1992年9月24日,我国第一家地方货运代理协会——上海市货运代理协会成立。

(6)2001年9月,中国国际货运代理协会(CIFA)成为国际货运代理协会联合会(FIATA)的国家级会员。

(7)2003年1月,商务部发布关于加快国际货运代理物流业健康发展的指导意见。

(8)当前,在"互联网+外贸"不断发展的背景下,国际货运代理业进入了新的历史发展时期。

二、国际货运代理的性质

（一）国际货运代理业的性质

国际货运代理业在社会产业结构中属于第三产业，性质上属于服务行业。从政治经济学角度看，国际货运代理业隶属于交通运输业，属于运输辅助行业。

（二）国际货运代理人的性质

在我国，国际货运代理人一方面可以属于运输关系人的代理，是联系发货人、收货人和承运人的运输中间人；另一方面也可以充当运输合同的当事人甚至发展到第三方物流供应商。

三、国际货运代理的作用

目前，世界上80%左右的空运货物，70%以上的集装箱运输货物，75%的杂货运输业务，都控制在国际货运代理人手中。我国80%的进出口贸易货物海运运输和中转业务、90%的国际航空货物运输业务都是通过国际货运代理企业完成的。

国际货运代理协会联合会（FIATA）是这样介绍货运代理的作用的：

货运代理具有许多专门知识，所以它可以采用最安全、最迅速、最经济的办法组织货物；

货运代理在世界各贸易中心建立了客户网和自己的分支机构，可以控制货物的全程运输；

货运代理是工贸企业的顾问，它能为运费、包装、单证、结关、领事要求、金融等方面提供咨询；

货运代理可以对国内市场和国外市场销售的可能性提出建议；

货运代理能把小批量的货物集中为成组货物，所有客户都可以从这个特殊服务中受益；

货运代理不仅组织和协调运输，而且影响着新运输方式的创造、新运输路线的开发以及新运价的制定。

具体来说，货运代理具有以下作用。

（一）组织协调

货运代理能组织运输活动，设计运输路线，选择运输方式；协调货主、承运人以及其与仓储保管人、保险人、银行、港口、机场、车站、堆场经营人、海关、进出境检验检疫机构和进出口管制等相关部门的关系。

（二）专业服务

货运代理能够提供货物的承揽、交运、拼装、集运、接卸和交付等服务，可以办理保险、海关、进出境检验检疫以及进出口管制等手续。代理委托人支付和收取运费，垫付税金和政府规费。

（三）沟通控制

货运代理能保持货物运输关系人之间、货物运输关系人与其他有关企业和部门的有效沟通。

（四）咨询顾问

货运代理能向委托人提出明确的咨询意见，协助委托人设计或选择适当的处理方案，避免不必要的风险。

（五）降低成本

货运代理可以选择货物最好的运输路线、运输方式和最好的仓储保管人、装卸作业人和保险人，获得尽量公平合理的运费，还可以通过集运效应使所有相关的各方受益，来降低货物运输人的业务成本。

（六）资金融通

货运代理可代替收货人、发货人支付相关的费用税金等，提前和承运人、仓储保管人以及装卸作业人等结算有关的费用，凭借信誉和实力提供费用担保、资金周转等。

四、国际货运代理与相关部门的联系

在体现上述作用时，国际货运代理应与相关部门（包括政府部门和某些公共机构）建立、发展和保持必不可少的联系，如图1-2所示。

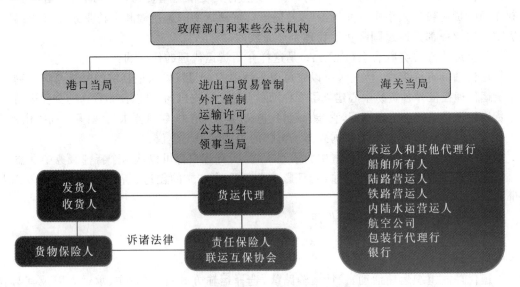

图1-2　国际货运代理与相关部门的联系

五、国际货运代理的分类

（一）以委托人的性质为标准来分类

它可以将国际货运代理划分为以下两类。

（1）货主的代理：指接受进出口货物收、发货人的委托，为托运人的利益办理国际货物运输及相关业务，并收取相应的报酬的国际货运代理。

（2）承运人的代理：指接受从事国际运输业务的承运人的委托，为承运人的利益办理国际货物运输及相关业务，并收取相应的报酬的国际货运代理。

（二）以委托人委托的代理人数量为标准来分类

它可以将国际货运代理划分为以下两类。

（1）独家代理：指委托人授予一个代理人在特定的区域或者特定的运输方式或服务类型下，独家代理其从事国际货物运输业务和/或相关业务的国际货运代理。

（2）普通代理：又称多家代理，它是指委托人在特定的区域或者特定的运输方式或服务类型下，同时委托多个代理人代理其从事国际货物运输业务和/或相关业务的国际货运代理。

（三）以委托人授予代理人权限范围为标准来分类

它可以将国际货运代理划分为以下两类。

（1）全权代理：指委托人委托代理人办理某项国际货物运输业务和/或相关业务，并授予其根据委托人及自己意志灵活处理相关事宜权利的国际货运代理。

（2）一般代理：指委托人委托代理人办理某项具体国际货物运输业务和/或相关业务，要求其根据委托人的意志处理相关事宜的国际货运代理。

（四）以委托人委托办理的事项为标准来分类

它可以将国际货运代理划分为以下两类。

（1）综合代理：指委托人委托代理人办理某一票或某一批货物的全部国际运输事宜，提供配套的相关服务的国际货运代理。

（2）专项代理：指委托人委托代理人办理某一票或某一批货物的某一项或某几项国际运输事宜，提供规定项目的相关服务的国际货运代理。

（五）以代理人的层次为标准来分类

它可以将国际货运代理划分为以下两类。

（1）总代理：指委托人授权代理人作为在某个特定地区的全权代表，委托其处理委托人在该地区的所有货物运输事宜及相关事宜的国际货运代理。在这种代理形式下，总代理人有权根据委托人的要求或自行在特定的地区选择、指定分代理人。

（2）分代理：指总代理人指定的、在总代理区域内的代理委托人办理货物运输事宜及其他相关事宜的国际货运代理。

（六）以运输方式为标准来分类

它可以将国际货运代理划分为以下几类。
（1）水运代理；
（2）陆运代理；
（3）空运代理；
（4）联运代理。

（七）以代理业务的内容为标准来分类

它可以将国际货运代理划分为以下几类。
（1）国际货物运输综合代理；
（2）国际船舶代理；
（3）国际民用航空运输销售代理；

(4) 报关代理；

(5) 报检代理；

(6) 报验代理。

六、国际货运代理业的服务范围

(1) 代表发货人（出口商）：①选择运输路线、运输方式和适当的承运人；②向选定的承运人提供揽货、订舱；③提取货物并签发有关单证；④研究信用证条款和所有政府的规定；⑤包装；⑥储存；⑦称重和量尺码；⑧安排保险；⑨将货物运到港口后办理报关及单证手续，并将货物交给承运人；⑩做外汇交易；⑪支付运费及其他费用；⑫收取已签发的正本提单，并付费给发货人；⑬安排货物转运；⑭通知收货人货物动态；⑮记录货物灭失情况；⑯协助收货人向有关责任方进行索赔。

(2) 代表收货人（进口商）：①报告货物动态；②接收和审核所有与运输有关的单据；③提货和付运费；④安排报关和付税及其他费用；⑤安排运输过程中的存仓；⑥向收货人交付已结关的货物；⑦协助收货人储存或分拨货物。

(3) 作为多式联运经营人：收取货物并签发多式联运提单，承担承运人的风险责任，对货主提供"一揽子"的运输服务。

(4) 其他服务：如根据客户的特殊需要进行监装、监卸、货物混装和集装箱拼装、拆箱、运输咨询服务等。

(5) 特种货物装挂运输服务及海外展览运输服务等。

七、国际货运代理的行业管理

（一）国际货运代理协会联合会

国际货运代理协会联合会是世界国际货运代理的行业组织，其英文为 international federation of freight forwarders associations，其法文缩写是 FIATA，被称为菲亚塔，并被用作该组织的标志。

FIATA 由 16 个国家的货运代理协会于 1926 年 5 月 31 日在奥地利维也纳成立，总部设在瑞士苏黎世，是一个在世界范围内运输领域最大的非政府和非盈利性组织。

FIATA 的宗旨是保障和提高国际货运代理在全球的利益。

FIATA 的最高权力机构是会员代表大会。FIATA 每年举行一次世界性的代表大会，所有会员都可以参加。2006 年的 FIATA 年会在中国上海召开。

FIATA 的主要成就如下。

(1) 团结全世界的货运代理行业；

(2) 以顾问或专家身份参加国际性组织，处理运输业务，代表、促进和保护运输业的利益；

(3) 通过发布信息、分发出版物等方式，使贸易界、工业界和公众了解货运代理人提供的服务；

(4) 制定和推广、统一货运代理单据，提高标准交易条件，改进和提高货运代理的服务质量，协助货运代理人进行职业培训，处理责任保险问题，提供电子商务工具。

我国参加 FIATA 的情况：我国对外贸易运输总公司作为一般会员的身份，于 1985 年加入该组织。目前在中国,FIATA 共拥有四个一般会员(除中国对外贸易运输总公司外,还包括中国国际货运代理协会(CIFA)(2001 年加入)、台湾地区和香港特别行政区的货运代理协会)。

目前,FIATA 在我国还拥有联系会员 170 多个,其中,我国内地有 20 多个联系会员,香港特别行政区有 105 个联系会员,台湾地区有 48 个联系会员。

(二)中国国际货运代理协会(CIFA)

中国国际货运代理协会(China international freight forwarders association,CIFA)是我国国际货运代理行业的全国性社会组织,2000 年 9 月 6 日在北京成立,会员涵盖各省市国际货运代理行业组织、国际货运代理物流企业以及与货运代理物流相关的企事业单位,也吸纳在中国货运代理、运输、物流行业有较高威望和影响的个人会员。目前,CIFA 拥有会员近 600 家,其中理事及以上单位 95 家,各省市货运代理行业组织 27 家。全国国际货运代理企业在会数量达到 6000 多家。

CIFA 的业务指导部门是国家商务部。CIFA 作为联系政府与会员之间的纽带和桥梁,协助政府部门加强对我国国际货运代理物流行业的管理;维护国际货运代理物流业的经营秩序;推动会员企业的交流合作;依法维护本行业利益;保护会员企业的合法权益;促进对外贸易和国际货运代理物流业健康发展;为行业培训现代货运代理物流人才,提升行业人员素质,增强行业企业的国际竞争力。

CIFA 以民间形式代表中国货运代理物流业参与国际经贸运输事务并开展国际商务往来,参加相关国际行业重要会议,于 2001 年年初被 FIATA 接纳为国家会员。

八、我国对国际货运代理业的管理

(一)我国现行国际货运代理行业管理体制

国务院商务主管部门(简称商务部)是我国国际货运代理业的主管部门,负责对全国国际货运代理业实施监督管理。省、自治区、直辖市、经济特区、计划单列市人民政府商务主管部门在商务部的授权下负责对本行政区域内的国际货运代理业实施监督管理。

在商务部和地方商务主管部门的监督和指导下,CIFA 根据协会章程开展活动。国务院公路、水路、铁路、航空、邮政运输、联合运输等主管部门也在根据与本行业有关的法律法规和规章对国际货运代理企业的设立及其业务活动进行不同程度的管理。

(二)我国现行国际货运代理行业管理体制

1. 调整国际货运代理法律关系的法律

(1)《中华人民共和国民法通则》(简称《民法通则》)。
(2)《中华人民共和国合同法》(简称《合同法》)。
(3)《中华人民共和国海商法》(简称《海商法》)。
(4)《中华人民共和国对外贸易法》(简称《外贸法》)。
(5)《中华人民共和国海事诉讼特别程序法》。

2. 调整国际货运代理法律关系的行政法规和部门规章

(1)《中华人民共和国国际运输代理业管理规定》。

(2)《中华人民共和国国际货物运输代理业管理规定实施细则》。
(3)《国际货运代理企业备案(暂行)办法》。
(4)《外商投资国际货物运输代理企业管理办法》。
(5)《中华人民共和国国际海运条例》。
(6)《中华人民共和国国际集装箱多式联运规则》。
(7)《中国民用航空快递业管理规定》。
(8)《中华人民共和国海关对报关单位注册登记管理规定》。
(9)《出入境检验检疫代理报检规定》。

3. 调整国际货运代理法律关系的国际公约

(1)调整国际航空的货物运输的国际公约。

我国参加了1929年的《关于统一国际航空运输某些规则的公约》(通称《华沙公约》)和1955年修改《华沙公约》的《海牙议定书》。

(2)调整国际铁路货物运输国际公约。

我国参加了1951年的《国际铁路货物联运协定》(简称《国际货协》)。

任务反馈

秦奋接到任务后,认真准备了问题提纲,系统、深入地查询了有关国际货运代理业的最新网络资料,自己归纳总结了我国国际货运代理业的发展趋势。

(一)供给侧结构性改革是行业创新发展的重要途径

货运代理行业是货运服务业的先行领域,处在供给侧结构性改革的前沿。当前,行业传统服务比重过大,要以引导和创造需求为突破口,以高端性和前瞻性为方向,大力发展集成化的专业物流和供应链管理等行业中高端服务。

(二)"互联网+物流"等新业态将提升传统模式活力

互联网思维打破了产业的边界,去中间化成为趋势。国际货运代理业要按照互联网和平台思维,贯彻落实国家部署,积极实行线下服务线上化,提升传统服务的运营质量,同时,大力发展智能物流和高效物流。

(三)加快"走出去"以创造发展新机遇

紧抓"一带一路"建设带来的基础设施互联互通和国际产能合作扩大的难得机遇,跟随客户和项目"走出去",加快海外网络布局,大力发展海外属地化业务,不断提升国际化水平,实现融入全球供应链整合和分工体系的目标。

(四)混改和并购将成为新常态

中远中海合并、招商中外运长航重组已拉开央企整合的序幕,接下来,行业中不同企业间的混改、收购和兼并会渐行渐近。这是提升企业效率、实现企业可持续发展的活力之源。

(五)国际货运代理企业通过组建联盟形成新的合作规制

国际货运代理企业会通过虚拟经营、联合、战略联盟等同上下游企业形成多种形式的联盟,优势互补、资源共享，以核心企业为主构建行业生态图。

(六) 优先将效益作为国际货运代理企业业绩考核的主要指标

在增速放缓、结构调整、动能转换的新常态下，国际货运代理业应把经营重点放在存量优化和增量提升上，将考核重点放在主营业务利润率、成本费用比、应收账款周转率等效益指标上。

任务 2　国际货运代理企业认知

【从业知识目标】
◆ 了解国际货运代理企业的概念、业务范围。
◆ 熟悉国际货运代理企业的权利与义务、责任及分类。
◆ 熟悉国际货运代理企业的内部组织结构、部门设置与职能设定以及岗位要求。

【执业技能目标】
◆ 能够对国际货运代理企业需求人才的素质要求有深刻理解。
◆ 不断提高自身英语运用能力，获得英语四六级证书。
◆ 掌握订舱、单证、报关及报检等国际货运代理专业技能。

任务提出

老师在看过秦奋完成的我国国际货运代理业发展趋势总结后，表扬了秦奋的努力，同时进一步要求秦奋继续通过查阅网络资料，并去上海国际货运代理企业实地调研，深入了解当今国际货运代理企业对需求人才的素质要求并做总结，同时以PPT形式向全班展示，为自己以及毕业后准备进入国际货运代理行业的同学提供学习目标与方向。

知识要点

一、国际货运代理企业的概念

国际货运代理企业是指接受进出口货物发货人、收货人或承运人的委托，以委托人的名义或者自己的名义，为委托人办理国际货物运输及相关业务并收取服务报酬的法人企业。

(1) 国际货运代理企业作为代理人从事国际货运代理业务，是指国际货运代理企业接受进出口货物收货人、发货人或其代理人的委托，以委托人名义或者自己的名义办理有关业务，收取代理费或佣金的行为。

(2) 国际货运代理企业作为独立经营人从事国际货运代理业务，是指国际货运代理企业接受进出口货物收货人、发货人或其代理人的委托，签发运输单证、履行运输合同并收取运费以及服务费的行为。

(3) 国际货运代理企业的名称、标志应当符合国家有关规定，与其业务相符合，并能表明行业特点，其名称应当含有"货运代理"、"运输服务"、"集运"或"物流"等相关字样。

二、国际货运代理企业的业务范围

根据《中华人民共和国国际货运代理业管理规定实施细则》的规定,国际货运代理企业的经营范围如下:

(1) 揽货、订舱(含租船、包机、包舱)、托运、仓储、包装;
(2) 货物的监装、监卸、集装箱装拆箱、分拨、中转及相关的短途运输服务;
(3) 报关、报检、报验、保险;
(4) 缮制签发有关单证、交付运费、结算及交付杂费;
(5) 国际展品、私人物品及过境货物运输代理;
(6) 国际多式联运、集运(含集装箱拼箱);
(7) 国际快递(不含私人信函);
(8) 咨询及其他国际货运代理业务。

但以上这些并不是每个国际货运代理企业都具有的经营范围。由于每个国际货运代理企业的具体情况不同,商务主管部门批准的国际货运代理业务经营范围也有所不同。

三、国际货运代理企业的权利与义务

(一) 国际货运代理企业作为代理人的权利与义务

1. 权利

(1) 以委托人名义处理委托事务;
(2) 在授权范围内自主处理委托事务;
(3) 要求委托人提交待运输货物的相关运输单证、文件资料;
(4) 要求委托人预付、偿还处理委托事务费用;
(5) 要求委托人支付服务报酬;
(6) 要求委托人承担代理行为后果;
(7) 要求委托人赔偿损失;
(8) 解除委托代理合同。

2. 义务

(1) 按照委托人指示处理委托事务;
(2) 亲自处理委托事务;
(3) 向委托人报告委托事务处理情况;
(4) 披露委托人、第三人;
(5) 向委托人转交财产;
(6) 协助委托人完成相应事务,并对此保密。

(二) 国际货运代理企业作为承运人的权利与义务

1. 权利

(1) 检查货物、文件的权利;
(2) 拒绝运输权;

(3) 收取运费、杂费权；

(4) 取得赔偿权；

(5) 货物留置权；

(6) 货物提存权。

2. 义务

(1) 及时、安全运送货物；

(2) 选择合理运输路线；

(3) 发送到货通知；

(4) 妥善保管货物。

四、国际货运代理企业的责任

国际货运代理企业的责任可根据货运代理作为代理人和当事人两种情况来分。

（一）国际货运代理作为代理人时的责任

代理人负责为发货人或货主办理订舱、保管和安排货物运输、包装、保险等业务，并代他们支付运费、保险费、包装费、海关税等费用，然后收取一定的代理手续费，上述所有的成本将由客户承担。

客户在提货之前不能付清全部费用的，货运代理对货物享有留置权，有权以某种适当的方式将货物出售，以此来补偿其所应收取的费用。货运代理作为纯粹的代理人，通常应对本人及其雇员的过错承担责任。货运代理还应对其经营过程中造成第三人的财产灭失或损坏或人身伤亡承担责任。如果货运代理能够证明他对第三人的选择做到了合理谨慎，那么他一般不承担因第三人的行为或不行为引起的责任。

（二）国际货运代理作为当事人时的责任

货运代理作为当事人，是指在为客户提供所需的服务中，以其本人的名义承担责任的独立合同人，应对其履行货运代理合同而雇佣的承运人、分货运代理的行为或不行为负责。

目前，各国法律对国际货运代理企业所下的定义及其业务范围的规定有所不同，但按其责任范围的大小，原则上可分为三种情况。

(1) 仅对其自己的错误和疏忽负责。

(2) 不仅对自己的错误和疏忽负责，还应承担承运人的责任和造成第三人损失的责任。

(3) 责任取决于合同条款的规定和所选择的运输工具等。

（三）国际货运代理企业责任限制

责任限制是一项特有的法律制度，即依据法律的有关规定，责任人将其赔偿责任限制在一定范围内的法律制度。

国际货运代理通常在"标准交易条件"中规定其最高责任限额，但无论在何种情况下，都不得超过接受货物时货物的市价。

FIATA标准交易条件范本规定：对货物损坏或灭失，赔偿限额为 2 SDR(Special Drawing Right，特别提款权)/kg，而每件货物最高赔偿各国自行规定。

> **补充:特别提款权(special drawing right,SDR)**
>
> 特别提款权亦称"纸黄金"(paper gold),最早发行于1969年,是国际货币基金组织根据会员国认缴的份额分配的,可用于偿还国际货币基金组织债务、弥补会员国政府之间国际收支逆差的一种账面资产。其价值目前由美元、欧元、人民币、日元和英镑组成的一篮子储备货币决定。

我国CIFA规定货物的赔偿限额是2 SDR/kg,但由于缺乏必需的政府法规方面的背书,至今在司法实践中没有一个判例是按CIFA的规定办理的。但是,根据FIATA推荐的标准交易条件范本以及许多国家的做法,我国应就货运代理的赔偿责任原则和赔偿责任限制在法律法规方面做一些规定,这有利于平衡货主及货运代理的利益,保护货运代理的合理经济利益。承运人责任限制的丧失,是指在特定条件下,承运人被剥夺责任限制的权利。

(四)国际货运代理企业的除外责任

除外责任又称免责,是指根据国家法律、国际公约、运输合同的有关规定,责任人免于承担责任的事由。具体有以下几种情况:

(1) 客户的疏忽或过失所致的损失;
(2) 客户或其代理人在搬运、装卸、仓储和其他处理中所致的损失;
(3) 货物的自然特性或潜在缺陷所致,如破损、泄漏、自燃、腐烂、生锈、发酵、蒸发或由于对冷、热、潮湿的特别敏感性所致的损失;
(4) 货物的包装不牢固、缺乏或不当包装所致的损失;
(5) 货物的标志或地址的不清楚、不完整或错误所致的损失;
(6) 货物的内容申报不清楚或不完整所致的损失;
(7) 不可抗力所致的损失。

客户不得让货运代理对由于下列事实产生的后果负责:

(1) 有关货物的不正确、不清楚或不全面;
(2) 货物包装、刷唛和申报不当等;
(3) 货物在卡车、车厢、平板车或集装箱的装载不当;
(4) 货运代理不能合理预见到的货物内在的危险。

五、我国关于国际货运代理企业责任的分类

(一)以纯粹代理人的身份出现时的责任关系

代理人在货主和承运人之间有牵线搭桥的作用,由货主和承运人直接签运输合同。货运代理公司收取的是佣金,责任小。当货物发生灭失或残损,货运代理不承担责任,除非与货运代理签订合同的第三人有过失。当货运代理在货物文件或数据上出现过错,造成损失,则要承担相应的法律责任,受害人有权通过法院向货运代理请求赔偿。责任关系如图1-3所示。

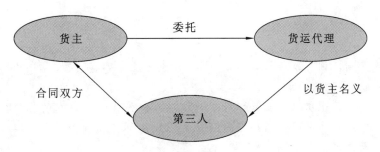

图 1-3 代理人身份时的责任关系

（二）以当事人的身份出现时的责任关系

货运代理企业以当事人的身份出现时的责任关系如图 1-4 所示。

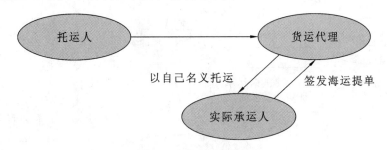

图 1-4 当事人身份时的责任关系

(1) 货运代理以自己的名义与第三人签订合同；
(2) 安排储运时使用自己的仓库或者运输工具；
(3) 安排运输、拼箱、集运时收取差价。
在这种情况下，对托运人来说，货运代理被视为承运人，应承担承运人的责任。

（三）以无船承运人的身份出现时的责任关系

货运代理以无船承运人的身份出现时的责任关系如图 1-5 所示。

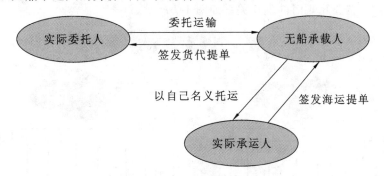

图 1-5 无船承运人身份时的责任关系

当货运代理从事无船承运业务并签发自己的无船承运人提单时，便成了无船承运经营人，被看做是法律上的承运人，他兼有承运人和托运人的性质。

知识卡片

无船承运人是指不拥有或不掌握运输工具，只能通过与拥有运输工具的承运人订立运输合同，由他人实际完成运输的承运人。

无船承运业务是指无船承运业务经营者以承运人身份接受托运人的货载，签发自己的提单，向托运人收取运费，通过国际船舶运输经营者完成国际海上货物运输，承担承运人责任的国际海上运输经营活动。

（四）以多式联运经营人的身份出现时的责任关系

当货运代理负责多式联运并签发提单时，便成了多式联运经营人，被看做是法律上的承运人，其责任关系如图1-6所示。

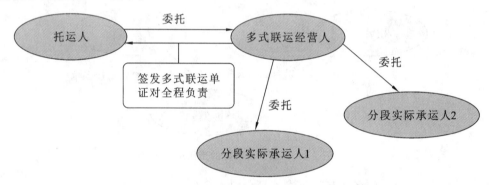

图1-6　多式联运经营人身份时的责任关系

（五）以"混合"身份出现时的责任关系

货运代理从事的业务范围较为广泛，除了作为货运代理代委托人报关、报检、安排运输外，还用自己的雇员，用自己的车辆、船舶、飞机、仓库及装卸工具等来提供服务，或陆运阶段为承运人，海运阶段为代理人。对于货运代理的法律地位的确认，不能简单化，而应视具体的情况具体分析，作为以"混合"身份出现时的责任关系如图1-7所示。

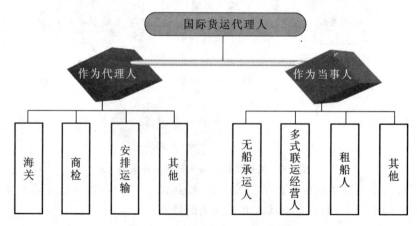

图1-7　"混合"身份时的责任关系

（六）以合同条款为准的责任关系

在不同标准的交易条件中，往往详细明确了货运代理的责任。通常，这些标准交易条件被结合在收货证明或由货运代理签发给托运人的类似单证里。

六、国际货运代理企业内部运行认知

（一）货运代理公司的组织结构

货运代理公司的组织结构如图 1-8 所示。

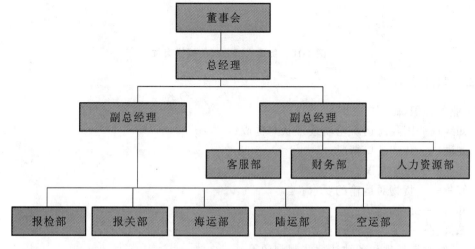

图 1-8　货运代理公司的组织结构

（二）货运代理公司部门设置与职能设定

货运代理公司的部门设置如图 1-9 所示。

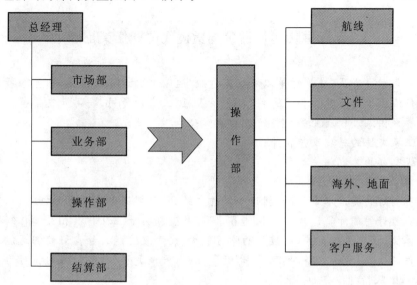

图 1-9　货运代理公司的部门设置

货运代理公司的技能岗位如图1-10所示。

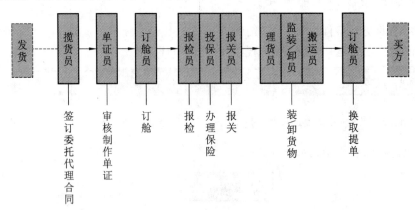

图1-10 货运代理公司的技能岗位

（三）职业岗位要求

(1) 业务知识，做到"六知"。
① 知线——国际海运班轮航线现状与构成；
② 知港——装卸港口情况；
③ 知船——船舶情况；
④ 知货——货物对运输的要求；
⑤ 知价——市场运价；
⑥ 知规程——业务操作规程。
(2) 了解世界地理和各地法律法规与政策。
(3) 加强责任风险防范的职业敏感性。
(4) 热情、敬业，有团队协作精神，执行力强。

知识卡片

某国际货运代理公司货运代理操作员招聘

岗位职责：
(1) 负责与客户洽谈，接收订单以及安排订舱、运输、货物跟踪、报关、结算等事宜；
(2) 制作海运单证及其他相关文件，负责录入应收、应付费用，安排开发票事宜；
(3) 负责提供海外代理业务文件及放货事宜；
(4) 单证及文件的整理及归档等；
(5) 上级交办的其他相关工作。

任职资格：
(1) 具有良好的英语水平，书面阅读和写作熟练，能了解海运专业英语词汇；
(2) 具备较好的国际货运代理知识储备，国际物流相关专业及具有相关工作经验者优先；
(3) 身体健康，能吃苦耐劳，有较强的学习能力、文字表达能力和良好的沟通能力；
(4) 工作热情高，责任心强，思路清晰，做事细心，严谨灵活，具有较强的执行力、抗压能力以及服务意识和团队精神；
(5) 熟悉网络应用，能熟练使用Excel、Word等日常办公软件。

任务反馈

秦奋和他的几个同学一起认真查阅资料,同时通过老师介绍去上海几家国际货运代理企业调研。经过三个月的收集、整理,对各项资料归类并总结后,准备以PPT形式向全班展示。

具体来说,国际货运代理企业从业人员所需素质如下。

一、思想政治素质

认真贯彻我国的对外方针政策,坚持经济利益与社会效益兼顾,坚持效益优先、兼顾公平原则,在履约中,注意重合同、守信用,要保持良好的形象。

二、专业素质

1. 专业知识储备

要通晓国际货运代理专业知识和国际贸易实务专业知识,如海运货运代理流程、空运货运代理流程及多式联运流程等,还有我国的外贸政策和理论、国际市场、外贸规则与惯例、进出口交易程序与合同条款等。

2. 专业技能

国际货运代理企业目前最需要的是技能型人才,不同部门对人员要求的技能有不同侧重。目前国际物流类专业学生大部分掌握了专业理论知识但缺乏实践经验,而刚走进国际货运代理企业的学生首先面对的是具体的执行岗位,比如市场业务岗、操作岗等,更为具体的为报检员、报关员等。国际货运代理企业在录用人员的时候往往采用业务考核的方法,或者要求审核制定单证,或者要求说明如何揽货、如何订舱等等,而真正能通过这些业务挑战的毕业生非常少。因此,在学习中要不断加强专业技能的学习与培养,在国际贸易类资格证书取消之后,应继续参加相应水平考核测试,如CIFA主办的全国国际货运代理从业人员岗位专业证书考核,同时尽可能寻求一切机会参加实践训练。

3. 英语运用能力

利用英文这一语言工具,能够即时有效地与客户进行沟通,包括书面交流(函电)和口头表达(交流、谈判)。英语至少应达到四级水平,争取达到六级水平,同时要学以致用,做到说能张口就来,写能规范得体。

4. 互联网+运用能力

除了要熟练掌握Office办公软件,还要不断提高利用最新信息通信技术以及互联网平台的能力,不断培养互联网+思维。当今国际货运代理企业与互联网结合日益紧密,与之对应的是要不断强化员工利用互联网开展各项业务的能力,如利用互联网寻找客户并谈判磋商的能力。

三、职业素质

货运代理职业的基本素质应包括:①敬业精神;②责任心;③个人修养;④创新能力等。

国际货运代理从事人员是涉外活动,业务人员是企业对外的一个窗口,代表着企业形象,业务人员要加强自身的修养,克服自己的不良习惯,注意自己的言谈举止符合国际礼仪。

国际货运代理市场商战不止,竞争激烈,要想在激烈的竞争中立于不败之地,必须具有不断创新的能力。要保持头脑清醒、思维敏锐、反应迅速。要时时关注国际货运代理工作的动态、情况和问题,及时获取贸易信息、捕捉良好商机。要敢于创造新思维、探索新路子、开创新局面,从而出奇制胜。

四、社会协作素质

社会协作素质是指与企业内的部门和其他人员以及与社会的协调合作能力。在国际货运代理业务中包括许多中间环节,涉及面很广,需要与很多部门打交道,因此,业务人员要有很强的沟通能力和协作能力,要善于同各色各样的人打交道,善于优化人际关系,调动一切积极因素,优质、高效地开展工作。

五、身心素质

国际货运代理工作需要经常进行户外工作,面对复杂多变的国际货运代理市场,心理压力较大,所以要保持良好的身体素质和心理素质。要求具有理智、沉着、坦诚、热情、乐观向上、富有朝气、坚毅执着的品质;具有勇于和善于克服困难的品质;具有乐观、健康的情绪;具有开阔的思路和竞争意识,勇于承受压力,接受新生事物,能够面对失败;具有良好的卫生习惯和健康的体魄;具有良好的心理调节能力和自我锻炼能力。

任务 3 国际货运代理基本流程

【从业知识目标】
◆ 了解进出口业务程序。
◆ 熟悉典型的国际货运代理流程。

【执业技能目标】
◆ 能够通晓进出口业务程序和国际货运代理基本流程。
◆ 能够深入理解国际货运代理流程中各个环节对应的职能岗位及能力要求。

任务提出

通过老师介绍,秦奋和另外两名同学在大一结束后的暑假去了上海一家国际货运代理企业实习,三个人被安排到了公司的操作部,实习的主管要求三人一周内熟悉公司国际货运代理流程,并写出完整的集装箱整箱货进出口流程。

知识要点

一、出口业务程序

出口业务程序如图1-11所示。

项目 1
认识国际货运代理

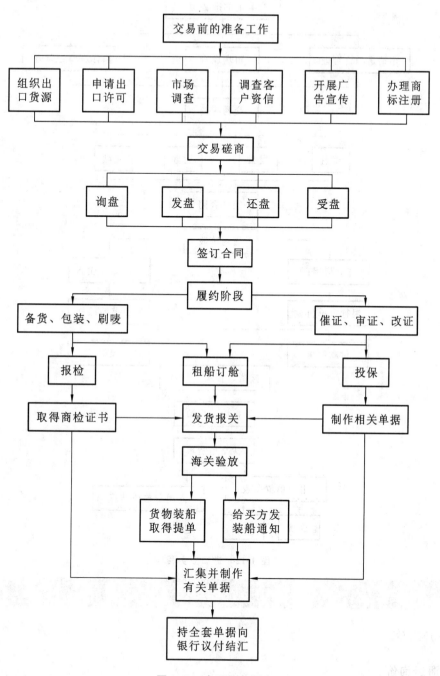

图 1-11 出口业务程序

二、进口业务程序

进口业务程序如图 1-12 所示。

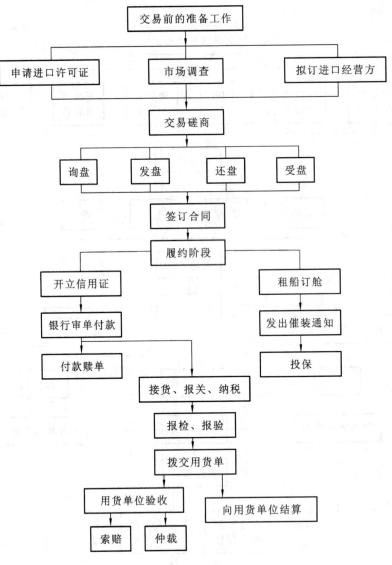

图 1-12 进口业务程序

三、典型的国际货运代理的业务流程

(一)询价

1. 海运询价

(1)需掌握发货港至各大洲、各大航线常用的及货主常需服务的港口的价格;

(2)主要船公司船期信息;

(3)需要时应向询价货主问明一些类别信息,如货名,危险级别等。(水路危险货物运输规则,简称水路危规)

2. 陆运询价(人民币费用)

(1)需掌握各大主要城市公里数和托箱价格;

(2) 各港区装箱价格；

(3) 报关费、商检、动植检收费标准。

3. 不能及时提供

如果不能及时提供报价的,需请顾客留下电话、姓名等联系要素,以便在尽可能短的时间内回复货主。

(二) 接单(接受货主委托)

接受货主委托后(一般为传真件)需明确的重点信息：

(1) 船期、件数；

(2) 箱型、箱量；

(3) 毛重；

(4) 体积；

(5) 付费条款、货主联系方式；

(6) 做箱情况,门到门还是内装。

(三) 订舱

1. 缮制委托书(十联单)

制单时应最大程度保证原始托单的数据正确性、相符性,以减少后续过程中的频繁更改。

2. 加盖公司订舱章订舱

需提供订舱附件的(如船公司价格确认件),应一并备齐方能去订舱。

3. 取得配舱回单

取得配舱回单后,摘取船名、航次、提单号信息。

(四) 做箱

1. 门到门

填写装箱计划中的做箱时间、船名、航次、关单号、中转港、目的港、毛重、件数、体积、门点、联系人、电话等要素,先于截关日(船期前两天)1~2天排好车班。

2. 内装

填写装箱计划中的船期、船名、航次、关单号、中转港、目的港、毛重、件数、体积、进舱编号等要素,先于截关日(船期前两天)1~2天排好车班。

3. 取得两种做箱方法所得的装箱单

(五) 报关

(1) 了解出口货物报关所需资料：

① 需商检；

② 需配额；

③ 需许可证；

④ 需产地证；

⑤ 需提供商标授权、商标品名。

(2) 填写船名、航次、提单号、对应装箱单、发票、所显示的毛重与净重、件数、包装种类、金额、体积、审核报关单的正确性(单证一致)。

(3) 显示报关单所在货物的"中文品名",对照海关编码大全,查阅商品编码,审核两者是否相符,按编码确定计量单位,并根据海关所列之监管条件点阅所缺乏报关要件。

(4) 备妥报关委托书、报关单、手册、发票、装箱单、核销单、配舱回单(十联单第五联以后)、更改单(需要的话)和其他所需资料,于截关前1天通关。

(5) 跟踪场站收据,确保配载上船。

(6) 凡是退关改配的,若其中有下个航次,出运仍然需要,如许可证、配额、商检、动植检之类的文件资料,退关、改配通知应先于该配置船期一个星期到达,以便(报运部)顺利抽回资料,重新利用。否则只会顺延船期,造成麻烦。

(六) 提单确认和修改

问明顾客"提单"的发放形式:

(1) 电放:需顾客提供正本"电放保函"(留底),后出具公司"保函"到船公司电放。

(2) 预借(如可行):需顾客提供正本"预借保函"(留底),后出具公司"保函"到船公司预借。

(3) 倒签(如可行):需顾客提供正本"倒签保函"(留底),后出具公司"保函"到船公司倒签。

(4) 分单:应等船开后3~4天(候舱单送达海关,以保证退税),再将一票关单拆成多票关单。

(5) 并单:应等船开后3~4天(候舱单送达海关,以保证退税),再将多票关单合成一票关单。

(6) 异地放单:须经船公司同意,并取得货主保函、异地接单联系人的电话、传真、公司名、地址等资料方可放单。

依据原始资料,传真于货主确认,并根据回传确立提单正确内容。

(七) 签单

(1) 查看每张正本提单是否都签全了证章。

(2) 是否需要手签。

(八) 航次费用结算

1. 海运费

(1) 预付;

(2) 到付。

2. 陆运费

(1) 订舱;

(2) 报关(包括返关之前已经报关的费用);

(3) 做箱(内装或门到门);

(4) 其他应考虑的费用,如冲港费(冲关费)、商检费、动植检费、提货费、快递费、电放费、更改费等。

(九) 提单、发票发放(提单样本)

(1) 货主自来取件的,需签收。

(2) 通过EMS和快递送达的,应在"名址单"上标明提单号、发票号、核销单号、许可证号、配额号等要素,以备日后查证。

应在一个月内督促航次费用的清算并及时返还货主的核销退税单。

四、国际货运代理流程简要图

国际货运代理流程简要图如图 1-13 所示。

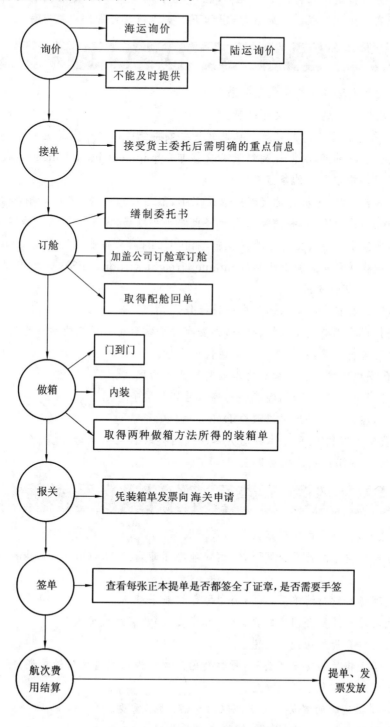

图 1-13　国际货运代理流程简要图

任务反馈

秦奋三人十分珍惜这次难得的实习机会,在一周内认真学习,跟随公司操作部的"师傅"了解国际货运代理实际操作流程。一周后,给出如下的集装箱整箱货进出口流程。

一、集装箱整箱货出口货运代理流程

(1) 货主与货运代理建立货运代理关系。
(2) 货运代理填写托运单证,及时订舱。
(3) 订舱后,货运代理将有关订舱信息通知货主或将配舱回单转交货主。
(4) 货运代理申请用箱,取得集装箱设备交接单(equipment interchange receipt,EIR)后就可以凭单到空箱堆场提取所需的集装箱。
(5) 货主自取自送时,先从货运代理处取得 EIR,然后提取空箱,装箱后制作集装箱装箱单(container loading plan,CLP),并按要求及时将重箱码头堆场,即集中到港区等待装船。
(6) 货运代理提空箱至货主指定地点装箱,制作 CLP,然后将重箱集港。
(7) 货主将货物送到集装箱货运站(container freight station,CFS),货运代理提空箱,并在 CFS 装箱,制作 CLP,然后集港。
(注:(5)、(6)、(7)在实践中只选其中一种操作方式。)
(8) 货主委托货运代理代理报检、报关,办妥有关手续后将单证交货运代理现场。
(9) 货主也可自行报关,并将单证交货运代理现场。
(10) 货运代理现场将办妥手续后的单证交码头堆场配载。
(11) 配载部门制订装船计划,经船公司确认后实施装船计划。
(12) 实践中,在货物装船后可以取得 D/R 正本。
(13) 货运代理可以凭 D/R 正本到船方签单部门换取 B/L 或其他单据。
(14) 货运代理将 B/L 等单据交货主。

二、集装箱整箱货进口货运代理流程

(1) 货主(收货人)与货运代理建立货运代理关系。
(2) 在买方安排运输的贸易合同下,货运代理办理卸货港订运(home booking)业务,落实货单齐备即可。
(3) 货运代理缮制货物清单后,向船公司办理订舱手续。
(4) 货运代理通知买卖合同中的卖方(实际发货人)及装港代理人。
(5) 船公司安排载货船舶抵装货港。
(6) 实际发货人将货物交给船公司,货物装船后发货人取得有关运输单证。
(7) 货主之间办理交易手续及单证。
(注:在卖方安排运输的贸易合同下,前(2)~(7)项不需要。)
(8) 货运代理掌握船舶动态,收集、保管好有关单证。

(9) 货运代理及时办理进口货物的单证及相关手续。

(10) 船抵卸货港卸货,货物入库、进场。

(11) 在办理了货物进口报关等手续后,就可凭提货单到现场提货,特殊情况下可在船边提货。

(12) 货运代理安排货物交收货人,并办理空箱回运到空箱堆场等事宜。

学习资源

http://www.cifa.org.cn 中国国际货运代理协会

http://www.ciffic.org 国际货运代理综合服务网

http://fiata.com/home.html 国际货运代理协会联合会

http://www.cnhuodai.com/ 中国货代网

http://www.56018.com/ 货代天下网

http://www.hangjia100.com/ 航家网

习题巩固

一、选择题

1.（　　）是国际货运代理协会联合会的法文缩写,并被用作该组织的标志。
  A. FIITA   B. FIATT   C. FIATA   D. FAITA

2.（　　）是我国国际货运代理行业的主管部门。
  A. 交通部   B. 国务院   C. 商务部   D. 全国人民代表大会

3. 国内投资者申请设立的国际货运代理企业,若经营海上国际货物代理业务和航空国际货物运输代理业务,其注册资本的最低限额为人民币（　　）万元。
  A. 800   B. 500   C. 300   D. 200

4. 以下属于FIATA成立以来的主要成就的是（　　）。
  A. 团结全世界的货运代理行业
  B. 以顾问或专家身份参加国际性组织,处理运输业务,代表、促进和保护运输业的利益
  C. 制定和推广统一货运代理单据、提高标准交易条件
  D. 协助货运代理人进行职业培训

二、名词解释

1. 国际货运代理企业
2. FIATA
3. CIFA
4. NVOCC

三、简答题

1. 什么是国际货运代理？简述其性质和作用。
2. 简述我国国际货运代理企业的业务范围。

3. 简述国际货运代理企业的责任。
4. 简述国际货运代理企业部门设置与职能设定。
5. 简述国际货运代理的基本流程。

模拟实训

要求班级中每个同学通过查阅网络资料以及到本市国际物流企业调研，深入了解国际货运代理企业岗位设置及技能要求，采用SWOT方法进行对自身深入分析，明确自身定位，为毕业后成为一名优秀的国际货运代理从业人员制订未来几年详细的学习及实践计划。要求将制订的计划采用Word和PPT方式在全班展示，每人限时8分钟。

项目 2 国际货运代理企业服务营销

任务 1 国际货运代理企业客户开发

【从业知识目标】
- ◆ 了解国际货运代理企业客户开发的概念、目标与现状。
- ◆ 理解国际货运代理企业客户开发的必要性和特殊性。
- ◆ 掌握国际货运代理企业客户开发的步骤。
- ◆ 了解客户生命周期理论和客户关系管理理论。

【执业技能目标】
- ◆ 能够树立客户第一的职业意识。
- ◆ 能够运用各种策略为国际货运代理企业寻找、开发与维护客户。
- ◆ 不断培养自身互联网思维,熟练运用各种网络营销方式。
- ◆ 对价格敏感,通晓各个环节费用构成。

任务提出

2016 年,秦奋毕业后进入上海一家国际货运代理企业 A 公司营销部,该公司是以海运、空运进出口货物的国际运输代理作为主业。A 公司经过成立初期的迅猛发展后,在营销工作方面已面临一系列困难,处于企业发展的瓶颈阶段。目前,A 公司面临的营销问题主要包括:新增客户的数量和质量逐年下降;产品同质化,缺乏特色,产品竞争力弱;员工流动性大,缺乏凝聚力;新增客户忠诚度低,原有客户业务量下降;服务质量波动大,客户投诉时有发生等。部门经理要求秦奋与另外两名同事一起就公司目前面临的营销问题进行认真细致研究,在两个月内提出一套具有针对性的服务营销方案,以解决公司的营销困境。

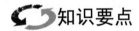

知识要点

一、国际货运代理企业客户开发的概述

（一）客户开发的概述

客户开发是指销售业务员将企业的潜在客户变为现实客户的一系列过程。

通常来讲，销售业务人员通过市场调查初步了解市场和客户情况，对有实力和有意向的客户重点沟通，最终完成目标区域的客户开发计划。

客户开发的前提是确定目标市场，研究目标顾客，从而制订客户开发市场营销策略。营销人员的首要任务是开发准客户，通过多种方法寻找准客户并对准客户进行资格鉴定，使企业的营销活动有明确的目标和方向，使潜在客户成为现实客户。

一般而言，销售量大、对企业也忠诚的客户是企业的好客户，但往往不是自然产生的，他们是在企业规范、有序的客户管理中，通过企业对客户评价、选择、培养、辅导和支持，与企业共同成长、共同进步而逐步形成的。企业的客户管理工作做得优劣、水平高低，对能否培养出更多好客户是至关重要的。客户开发强调客户多种需求的满足，客户开发过程中提供的产品之间可以是有关联的，也可以是毫无关系的，关键是客户是否需要。客户开发是客户需求的开发，通过分析客户的行为，发现客户新的需求，为客户提供更多、更好的服务，不仅可以提高顾客满意度和忠诚度，稳固客户关系，还可以给企业创造更多的利润与销售，提高企业的盈利水平与竞争能力。

客户在战略上潜在地成为企业生存的基础，客户保留越多，企业长期利润越多，以下是权威机构研究的结果：

——企业提供5%的客户保留率可以为其提升75%的收入。

——20%的客户创造超过80%的收入和90%的利润。

——5%~10%的小客户感到特别满意时，可以立即上升成为大客户。

——2%~3%的客户净上行迁移会产生10%的周转额增长以及高达50%~100%的爆炸性利润增长。

——把客户的满意度提升5%，企业的利润增加一倍。

——一个非常满意的客户其购买意愿比一个满意客户高出六倍。

——2/3的客户离开供应商是因为供应商对他们的关怀不够。

——93%的企业CEO认为客户关系管理是企业成功和更具竞争能力的最重要的因素。

因此，客户开发与管理的目的就是要培养出能够给企业带来利益的好客户。客户开发与管理应遵循动态性，突出重点，灵活有效地运用客户的资料，真正尊重客户，慎重选择与长久合作，工作常抓不懈，坚持双赢理念等原则。

某公司招聘(国际海运、空运、报关)货运代理销售代表,对其工作职责有以下规定:
(1) 主要开拓和发展空运业务、海运及报关业务,达到公司规定的销售目标。
(2) 合理制订报价,及时报给客户。
(3) 定期拜访客户,了解客户需要,发掘市场信息。
(4) 维护好客户关系,积极协助跟进解决货运运输问题。
对其任职要求有以下规定:
(1) 有志于从事国际物流营销工作。
(2) 良好的英语水平,有一定的国际货运代理知识。
(3) 报关与国际货运、国际物流、国际贸易等专业优先。
(4) 有良好的销售技能,能吃苦耐劳,富有团队精神,热爱挑战。
欢迎有志于从事国际营销的实习生和应届毕业生投递简历!

(二)国际货运代理企业客户开发的现状

根据原外经贸部颁布的《国际货物运输代理业管理规定》及其实施细则的规定,国际货运代理既可以作为代理人,接受进出口货物收货人、发货人或其代理的委托,以委托人的名义或自己的名义为委托人办理国际货物运输及相关业务并收取代理费或佣金,也可以作为独立经营人,接受进出口货物收货人、发货人或其代理的委托,签发运输单证,履行运输并收取运费以及服务费。

从国际货运代理人的基础性质来看,国际货运代理人主要是接受委托方的委托,就有关货物运输、仓储、保险,以及对货物零散加工等业务服务的一个机构,管理国际货物的运输、中转、装卸、仓储等事宜。一方面,它与货物托运人订立运输合同,同时又与运输部门签订合同。对货物托运人来说,它又是货物的承运人。另一方面,国际货运代理人是社会产业结构中的第三产业,是科学技术、国际贸易结构、国际运输方式发展产生的结果。因为在社会信息高度发展的形势下,由于信息不受任何行业、区域、国界的限制,只要掌握信息,便能为委托方提供所需的优质服务,即使不拥有硬件(运输工具、仓库等),也可通过软件(经营管理)来控制硬件。

当前世界各国国际货运代理行业的发展并不平衡。总的来讲,发达国家的国际货运代理行业发展水平较高,制度比较完善,国际货运代理公司多数规模较大,网络比较健全,人员素质较高,业务比较发达,控制了世界国际货运代理服务市场。发展中国家的国际货运代理行业发展比较缓慢,制度不够完善,国际货运代理公司多数规模较小,服务网点较少,人员缺乏培训,以本国业务为主,市场竞争能力较差。而我国国际货运代理行业发展中存在着缺乏核心竞争力,盈利方式不合理;战略定位不清,缺乏发展规划;配套基础设施差,专业人才缺乏;市场秩序不规范等问题。大部分货运代理企业客户开发的现状可以归结如下。

(1) 在与买卖双方的合作中,合作网络不紧密,没有充分利用和交换各自的资源。资源的构成是多方面的,基本包含了人员、资金、物资设备、时间和信息等,货运代理企业只有与买卖双方等保持紧密联系,才能保证所获资源的及时性和有效性。

(2) 许多货运代理企业不重视有效合作,只重视竞争,不会在有利的时机与比自己实力强的货运代理企业合作,缺乏主动性、积极性,使自己失去进一步壮大发展的机会。

(3) 在开发客户时没有合理区分客户之间的差别。每个客户都有各自的价值水平和需求,对于货运代理企业而言,需要在掌握客户信息并考虑其价值的前提下,对客户进行有效的区分。

(4) 许多货运代理企业没有对潜力客户和关键客户进行关系营销,大部分只停留在一般客户层面上。一般客户的主要特征是随机性消费,追求实惠,讲究价格优惠,这类客户的购买行为可以直接决定货运代理企业的短期收益;潜力客户的主要特征是与企业建立伙伴关系或战略联盟,他们希望从与企业建立的关系中提高价值,获得附加的财务利益和社会利益;关键客户的主要特征是对产品(或服务)消费频率高、消费量大、利润高,对企业经营业绩能产生一定影响,除了从企业那里获得直接的客户价值外,还希望从企业得到社会利益,从而实现一定的精神满足。

随着全球经济的复苏,航运公司为了重新抢占市场份额,纷纷释放经济危机时期的封冻闲置运力,扩大现有航线运力和通过新开航线来抢夺市场份额。由于2016年市场货量明显高于上年同期,加上运价仍在盈利点之上和市场前景乐观预计等诸多原因,班轮公司在2016年下半年即使在市场运力供大于求的情况下也不愿意缩减运力。前期闲置运力的重新投入市场和可观的新船运力交付使得市场运力过快增长,供需失衡的局面加剧了市场份额的争夺。一些小型船公司正在接连新开航线,这样进一步加剧了各航线的市场竞争。

另外,当前全球航运业未能真正走出阴霾,我国的集装箱出口市场运价也持续低迷。在此情况下,船公司陆续提高港口操作费(THC)和对运价较低的近洋航线加收紧急燃油附加费(EBS)和集装箱不平衡附加费(CIC)等人民币附加费。通过提高人民币收费标准,船公司将各种成本和风险转嫁给了发货人或者货主。

按照我国集装箱出口市场的发展趋势和市场规律,目前国内货运代理企业主要面临下列困境和挑战。

(1) 资金周转慢。货运代理企业作为出口企业和承运企业的中间服务商,出口企业的费用支付速度远远赶不上承运企业费用收取速度,资金流转需求越来越大,加之承运企业在人民币升值的背景下不断提高以人民币为结算货币的收费标准,已给货运代理企业带了极大的资金压力。

(2) 利润空间窄。承运企业和同行业之间的竞争压力逐年加大,货运代理企业所获得的运费差价也逐年减小,加上人民币逐年升值,燃油成本逐年增加,致使货运代理企业利润逐年缩水,利润空间越发窄小,企业生存压力倍增。

(3) 发展挑战大。承运企业的运力逐年大幅度提高,显现出供大于求的局面,随之而来的运价长期低迷,出口企业会有更多的选择,面对众多可选择的出口企业,货运代理企业流失客户的风险逐步增大。但另一方面采用逆向思维思考,如果货运代理企业能够在留住现有客户并进一步开发这些客户的基础上,发展潜在客户,提高出货量,在未来与承运企业的讨价还价中就能够取得优势地位。

(三) 货运代理企业客户开发的必要性和特殊性

客户是企业利润的来源,稳定的客户是企业的生命,有了客户,货运代理企业优秀的产品和良好的服务才能够转化为自己的利润。要重视新客户,因为他们会成为货运代理企业的老客户;要善待老客户,因为他们是货运代理企业利润的来源;不要放弃流失的客户,因为或许他们会重新成为老客户。但是,要正视客户流失的原因,分析并采取改进措施,为下一步开发新客户总结经验,并维持货运代理企业的正常运转。所以,对于每一家货运代理企业来说,客户的开发都将会是一个系统性的工程,它的最终目的都是为了开发新客户。而对于货运代理企业这类客户流动性极大的行业而言,经常性的业务内容只有一个——不断开发新客户。

货运代理企业行业特点明显,客户开发有一定的特殊性,从而使货运代理企业的客户开发难度增大。

(1) **同行业竞争激烈**。随着中国货运代理市场完全开放,在我国服务贸易重点领域之一的国际货运代理物流行业,2001年10月以前,经原外经贸部注册的国际货运代理企业仅有1700多家,截至2016年11月,在中国境内注册的货运代理企业已达3.6万多家(含合资、外资在华办事处)。随着国外知名货运代理企业的进入和国内货运代理企业的大量涌现,我国货运代理市场的竞争日趋白热化。这给客户开发带来了很大的难度,尤其在总体世界贸易量减少的情况下,货运代理企业面临的客户开发难度日益增大。

(2) **服务特点难展现**。要开发客户,在客户面前展现企业自身服务的特点和优势。但货运代理企业是服务性企业,提供的产品是无形的,是难以展现的,很难给客户直观的感受和比较、鉴别的空间,因此树立良好的口碑是至关重要的。对于中小型货运代理企业而言,这种困难尤为突出。由于中小型货运代理企业缺乏先进的系统和复杂的设施,只从事一般的货运代理操作业务,客户开发尤其是大客户的开发难度是非常大的。

(3) **成本核算难操作**。对客户进行服务报价,是货运代理客户开发过程中的重要部分,很大程度影响了客户的选择。合理的报价,能够使货运代理企业既获得利润,同时又能获得客户。而合理的报价,很大程度取决于成本核算。根据物流成本的冰山理论,许多物流成本项目是隐性的,是可变的,大小主要取决于计算的范围、方法、物流环节和客户要求。很多企业在未能仔细核算成本的情况下,给客户的报价可能是零利润甚至是负利润,损失惨重。

二、国际货运代理企业客户开发的步骤

和其他行业相似,货运代理企业客户开发也有一定的模式,也有一定的步骤。但不同的是,由于货运代理企业服务产品的特殊性(如产品展示),会使一些客户开发步骤得以简化或与其他步骤融合;而另一些步骤需要得到加强,如了解客户,就需要更多的锻炼客户认知能力,确认其开发的难易程度和开发价值。

(1) **发现客户**。在众多出口企业中,如何去发现客户,是客户开发的第一个步骤,也是必不可少的基本环节。货运代理企业的业务人员通过上门拜访、朋友介绍、参加展会、广告业务等方式和方法,寻找到可能合作的客户;而在信息技术和互联网飞速发展的今天,通过网络平台发现客户成为国际货运代理业务员需要着重加强的技能。在这个环节中,业务人员的敬业、勤奋、方法、沟通能力将是成功的关键。

(2) **认知客户**。在发现目标客户后,要对客户进行进一步的了解和认识。首先是目标客户的企业性质,如果是国有大型企业,那么关系营销将是必要的手段。其次要了解客户对服务有什么样的要求,比照自身企业的特点,测算出利益最大化的方式。最后要认识到目标客户可能存在的潜力,并寻找预期建立合作关系的可能性,做好准备。对客户的认知程度越高,越有利于有效开发客户。

(3) **开发客户**。在充分认知客户后,就要尽快开展自身企业的营销工作,包括开始的接近客

户和之后的接触客户。据统计,很多客户开发往往因为无法接触客户而过程终止。因为货运代理企业的知名度越高,客户越是容易接触;中小型货运代理企业要接触客户的难度往往难以想象,所以需要找准客户的需求,摸准客户的脉门,选择正确的接触方式。在这个过程中,同样应大量采用各种网络方式与技巧。在接触客户后,开发客户的成败将取决于货运代理企业能够提供什么类型的服务和什么样的价格,以及业务人员的说服能力。

(4) 开展合作。在经过开发客户的过程后,初始的合作随之而来,这时开发客户的成功与否就会显现。如果成功,出口企业与货运代理企业之间会以协议、合同等方式确定合作事项。货运代理企业必须通过全方位的、优质的、贴心的服务,培养客户的忠诚度,使之转化为稳定客户。如果失败,货运代理企业必须寻找原因,积累经验,在下一次面对同类型客户时不犯同样的错误。

三、客户生命周期理论和客户关系管理理论

(一) 客户生命周期理论

作为企业的重要资源,客户具有价值和生命周期。客户生命周期理论是指从企业与客户建立业务关系到完全终止关系的全过程,是客户关系水平随时间变化的发展轨迹,它动态地描述了客户关系在不同阶段的总体特征。客户关系具有明显的周期特征,客户关系的发展可划分为考察期、形成期、稳定期和退化期四个阶段。

(1) 考察期是关系的探索和试验阶段。在这一阶段,双方考察和测试目标的相容性、对方的诚意、对方的绩效,考虑如果建立长期关系双方潜在的职责、权利和义务。双方相互了解不足、不确定性大是考察期的基本特征,评估对方的潜在价值和降低不确定性是这一阶段的中心目标。在这一阶段客户会下一些尝试性的订单。

(2) 形成期是关系快速发展的阶段。双方关系能进入这一阶段,取决于客户满意度、忠诚度的提高。在这一阶段,双方从关系中获得的回报逐渐增多,交互依赖的范围和深度也日益增加,逐渐认识到对方有能力提供令自己满意的价值(或利益)和履行其在关系中担负的职责,因此愿意承诺一种长期关系。在这一阶段,随着双方了解和信任的不断加深,关系逐渐成熟,双方的风险承受意愿增加,由此双方交易不断增加。

(3) 稳定期也是客户的蜜月期,是关系发展的最高阶段。在这一阶段,双方或含蓄或明确地对持续长期关系作了保证。这一阶段有如下明显特征:①双方对对方提供的价值高度满意;②为能长期维持稳定的关系,双方都做了大量有形和无形的投入;③高水平的资源交换,即大量的交易。因此,在这一时期双方的交互依赖水平达到整个关系发展过程中的最高点,双方关系处于一种相对稳定状态。

(4) 退化期是关系发展过程中关系水平逆转的阶段。关系的退化并不总是发生在稳定期后的第四阶段,实际上,在任何一阶段关系都可能退化,有些关系可能永远越不过考察期,有些关系可能在形成期退化,有些关系则越过考察期、形成期而进入稳定期,并在稳定期维持较长时间后退化。引起关系退化的可能原因很多,如一方或双方经历了一些不满意事情;发现了更适合的关系伙伴;需求发生变化等。

在客户生命周期的不同阶段,客户对企业收益的贡献是不同的。在考察期,企业只能获得

基本的利益,客户对企业的贡献不大;在形成期,客户开始为企业做贡献,企业从客户交易获得的收入大于投入,开始盈利;在稳定期,客户愿意支付较高的价格,带给企业的利润较大,而且由于客户忠诚度的增加,企业将获得良好的间接收益;在退化期,客户对企业提供的价值不满意,交易量回落,客户利润快速下降。根据客户生命周期理论,客户关系水平随着时间的推移,从考察期到形成期和稳定期直至退化期依次增高,稳定期是理想阶段,而且客户关系的发展具有不可跳跃性。同时,客户利润随着生命周期的发展不断提高,考察期最小,形成期次之,稳定期最大。客户稳定期的长短可以充分反映出一个企业的盈利能力。因此,面对激烈的市场竞争,企业借助建立客户联盟,针对客户生命周期的不同特点,提供相应的个性化服务,进行不同的战略投入,使企业获得更多的客户价值,从而增强企业竞争力。

(二)客户关系管理理论

客户关系管理(customer relationship management,CRM)起源于美国在20世纪80年代初提出的接触管理(contact management)。它最初是指专门收集和整理客户与公司的联系信息,到了20世纪90年代初期则演变成包括电话服务中心与客户数据分析在内的客户服务(customer care)。经过长期的发展,客户关系管理不断演变发展并趋向成熟,最终形成了一套完整的管理理论体系,并随着互联网技术的广泛应用而推出客户关系管理软件系统。

客户关系管理概念引入我国已有多年,其字面意思是客户关系管理。由于市场初期的需要,一些软件厂商不负责任的宣传和推广,使很多企业认为CRM就是一套软件。实际上,CRM的内涵有许多的解释。以下是国内外一些学者对CRM的解释。

(1) CRM是一种商业战略(而不是一套系统),它涉及的范围是整个企业(而不是一个部门),它的战略目标是增加盈利和销售收入,提升客户满意度。

(2) CRM是企业的一项商业策略,它是按照客户细分情况有效地组织企业资源,培养以客户为中心的经营行为以及实施以客户为中心的业务流程,并以此为手段来提高企业的获利能力、收入以及客户满意度。

(3) CRM是一种以客户为中心的经营策略,它以信息技术为手段,对业务功能进行重新设计,并对工作流程进行重组。

(4) CRM指的是企业通过富有意义的交流沟通,理解并影响客户行为,最终实现提高客户获得、客户保留、客户忠诚和客户创利的目的。

(5) CRM是信息行业用语,指有助于企业有组织地管理客户关系的方法,软件以至互联网设施。

由此可见,客户关系管理可理解成"一个中心,两个基本点":以客户满意度为中心,以客户关系管理理念为指导思想,以IT技术为支撑工具。也就是说,CRM既是一套原则制度,也是一套软件和技术。因此,CRM首先是一种管理思想,旨在实现企业以客户为中心,通过识别客户、区分客户,针对不同的客户需求提供个性化的服务,从而提高客户整个生命周期的价值。它首先表现为一种客户策略和营销策略,但不仅限于企业的前台营销,而必将影响整个企业的生产经营。另外,就CRM实现手段而言,CRM也可以指一套软件。该软件主要关注企业与客户相关的业务流程或管理决策。

建立客户关系管理的目的是改变传统市场营销中的产品导向和销售导向的营销方式,形成以客户为中心的营销机制,从而达到吸引客户、留住客户,并且与客户建立长期稳定关系的目的。

如今，需求构成了市场，也构成了企业的获利潜力，在市场中的最佳状态是客户满意，客户的满意就是企业效益的源泉。因此，在企业参与市场竞争的资源中，客户资源是至关重要的资源，客户资源的有效管理与维护应该是整个公司的事情，是企业健康发展的前提。然而，目前的客户信息以及销售人员与客户的接触次数、接触后的情况等主要是由销售人员掌握，在公司内部缺乏有效的沟通，公司管理层也难以较详细地了解市场运作情况，同时，销售人员获取的信息也是分散的，未形成有效的管理，同时信息的零散性和非集成性也会造成信息的丢失，信息传输的速度也变慢。这样既不利于公司的整体市场拓展，也难以为新产品的研发提供较准确的信息。如果企业建立客户关系管理制度及客户资源数据库系统就有望在很大程度上改善目前的局面，可以帮助企业清楚地了解客户，尤其是大客户的每一次业务状况和客户的满意状况，使企业能更集中精力服务于大客户和最有潜力的客户，提高客户价值和公司利益，为公司带来更多潜在的机会。

客户关系管理的目标如下。

（1）提高效率。采用网络信息技术，可以提高业务处理流程的速度，实现企业范围内的信息共享，提高企业员工的工作效率，并有效减少培训需求，使企业内部能够更高效地运转。

（2）拓展市场。通过新的业务模式扩大企业经营活动范围，及时把握新的市场机会，占领更多的市场份额。

（3）保留客户。客户可以选择自己喜欢的方式，同企业进行交流，方便地获取信息，得到更好的服务。客户的满意度得到提高，可帮助企业保留更多的老客户，并更好地吸引新客户。

任务反馈

秦奋和两名同事在接受部门经理提出的任务后，分工协作，一方面深入了解并总结本公司及其他三家知名的国际货运代理企业的服务营销做法；另一方面查询国内外最新的服务营销资料。最终，在两个月后，他们结合最新的服务营销组合策略7Ps给出了一份针对本公司的服务营销报告，受到了营销部经理的表扬和奖励，提出的某些做法已经在公司开始实施。

7Ps，也称服务营销组合，即产品（product）、价格（price）、渠道（place）、促销（promotion）、人（people）、有形展示（physical evidence）和过程（process）这七个要素所构成的营销策略组合体。

秦奋和两名同事所做的服务营销报告主要内容及策略如下。

（1）产品策略：产品设计上要增加货运代理服务的种类，同时确保公司的核心服务（主要指各种货运操作代理，如订舱、排载、报关等）保持高度的规范性和一致性，此外还需加强对"一站式"服务非定制设计的研究。

（2）价格策略：采取措施加强对外购服务（如报关操作、货物运输等）价格的控制；建立货运代理服务产品价格的阶梯定价制度，通过价格杠杆的作用刺激顾客的出货量；制订相应的货运代理服务价格折让制度，有效降低代垫资金的风险。

（3）分销渠道策略：建立各种制度，避免分销渠道过多掌握在员工个人手上，成为员工的私有财产，尽量杜绝企业分销渠道随着员工的离职而流失；尽量与优势的合作伙伴建立紧密关系，通过借助其在联系最终顾客方面的优势，扩大公司的销售。

（4）促销策略：对各类销售对象选择合理的沟通方式和合适的沟通重点，同时要重视开展关系营销，全面关注顾客的需求和利益，全面考虑顾客的价值取向和消费偏好，强调对顾客的服务承诺和服务质量保障。

(5) 人员营销策略：招聘合适的员工，对员工进行充分有效的培训，建立全员营销机制并进行适当授权，注重内部营销，提高员工的满意度。

(6) 有形展示策略：在实物、人员和信息等方面进行适当规划和设置，有效增加顾客对企业服务产品的认知，刺激顾客的购买欲望，同时注意防止低水平服务使有形展示对企业产生不利影响。

(7) 服务过程策略：建立有效的沟通规范，同时通过保持较高的服务水准、重点突出 A 公司的特色服务和制定相关的激励措施等手段来有效引导顾客之间的沟通，通过加强计算机、网络在日常工作中的应用和尽快采用专业的货运代理业务软件来提高沟通效率，通过采取正确的态度、迅速的行动、及时的总结和果断的理赔等手段来进行有效的服务补救。

任务 2 国际货运代理合同的签订

【从业知识目标】
◆ 了解委托代理合同的概念。
◆ 掌握国际货运代理合同签订的程序。
◆ 掌握最新版《货运代理协议示范条款》的主要内容。

【执业技能目标】
◆ 树立重契约、重合同的职业意识。
◆ 能够灵活运用《货运代理协议示范条款》、简式合同及货运委托书与客户达成协议。

任务提出

2017 年 6 月，上海的 X 公司与德国 Y 公司成交一批电脑显示器，该批货物采用 L/C 的形式支付货款，8 月在上海港装船，目的港为汉堡，该批货装于 5 个集装箱内。在此之前，秦奋和部门同事努力开发新客户，通过中国制造网获得 X 公司相关信息，采取电话、E-mail 及登门拜访等形式与 X 公司国际部的负责人深入联系与交流。因此，X 公司准备委托秦奋所在的 A 货运代理公司代为办理出口该批集装箱货物的出口全套业务。部门经理指派秦奋及另一名同事负责与 X 公司货运代理合同的签订，秦奋他们该如何完成这次任务呢？

知识要点

一、委托代理合同的订立

(一) 委托代理合同的概念

委托代理合同又称委托合同、委任合同、代理合同。它是指当事人双方约定一方委托另一方处理事务,另一方同意为其处理事务的协议。与此相应,国际货运代理合同是指国际货运代理企业接受货物收货人、发货人、承运人或其代理人的委托,以委托人的名义或自己的名义办理国际货物运输业务及其他相关业务,并收取服务报酬的合同。

(二) 委托代理合同的订立程序

与其他合同的订立一样,委托代理合同的订立也要经过要约与承诺两个基本阶段。但实践中,委托代理合同关系的建立远非仅仅要约、承诺两个阶段。一般来讲,至少需要经过以下几个阶段。

1. 提出委托、代理意向

建立委托代理关系需要由一方当事人首先提出建立这种关系的意向。在实践中,有时由进出口货物的收发货人向国际货运代理企业提出委托办理某项业务的意向,向国际货运代理企业进行询价。更多时候则由国际货运代理企业主动向进出口货物的收发人揽取业务,介绍自己能够提供的服务项目以及各项服务的价格。法律上称之为要约邀请。

2. 调查、了解对方资信状况

委托代理关系的双方全部具备签订国际货物运输委托代理合同的主体资格,是保证所签国际货运代理合同合法、有效的前提条件,双方具有较好的商业信誉和履行合同的能力,是合同得以正常履行的必要条件。

在实践中,作为委托人的进出口货物收货人或发货人,应当注意了解其拟委托的单位是否在工商行政管理部门注册登记并已备案,是否有其拟委托的业务经营范围,拟委托的单位是否具有对外开展经营活动、签订合同的主体资格,是否具有完成其委托业务的经验和能力。

作为委托人的国际货运代理企业,也要注意了解委托人是否具备经营资质,是否拥有进出口经营权,其所委托的业务属于其经营范围,调查委托人是否具有履行委托人义务的能力,如按时提供需要运输的货物及相关单证,以及支付相关运费、杂费和代理费用等。

3. 表达订立委托代理合同的意思表示

委托代理关系的一方明确向对方表达订立委托代理合同的愿望,正式向对方提出订立委托代理合同的建议及合同条件,法律上称之为要约。

所谓要约是指希望订立合同的人向其他人发出的希望订立合同的意思表示,包括订立合同的建议和合同条件等内容。发出要约的人称要约人,接受要约的人称受要约人,简称受约人。

国际货运代理企业在网络平台推送商业广告,发送价目表;货主发布招标公告,向国际货运代理企业询问价格等行为是希望他人向自己发出要约的意思表示,属于要约邀请,不是要约。只有具备某些订立合同的基本条件,表明发布人意欲订立合同,愿意受其约束的意思,内容符合要约构成条件的广告,才可以视为要约。

4. 审核、评估对方的合同条件

对于委托人来讲,通常要对国际货运代理企业提出的运输方式、运输路线、运输时间、操作方法、收费标准等进行评估,以便决定是否将有关业务委托给该国际货运代理企业。对于国际货运代理企业来讲,则要对委托人提出的运输方式、运输时间、价格条件、结算方式等要求进行评估,以便确定自己是否能完成委托事项,能否按照委托人提出的条件接受委托。

5. 回复对方当事人

委托人或国际货运代理企业审核、评估对方提出的合同条件以后,应当及时回复对方当事人。回复的内容可以分为拒绝接受、同意接受和提出新的谈判条件三种情况。其中,拒绝对方提出的合同条件意味着放弃建立委托代理关系。同意接受对方提出的合同条件构成法律上的承诺,需要与对方签订合同。提出新的谈判条件构成法律上的反要约,需要等待对方的回复。

6. 签订委托代理合同

从法律上来讲,自承诺生效时起,合同成立。承诺生效的地点即为合同成立的地点。但是,实践中双方就合同条款达成一致后,往往需要签订书面合同。

为了确保合同的有效性,在签订书面合同时,代表双方在合同上签字的人应当是该单位的法定代表人或其委托的代表人,并加盖各自单位公章或合同专用章。

除非双方特别约定,双方法定代表人或其委托代表人在委托代理合同上签字并不是合同生效的必要条件。从法律上来讲,只要合同上加盖了双方当事人的公章或合同专用章,不管双方法定代表人或其委托代理人是否在委托代理合同上签字,不管代表双方在合同上签字的人是否拥有签订合同的权利,该合同对双方都有约束力。

在实践中,双方相互比较了解,彼此有过业务往来的进出口货物收发货人和国际货运代理企业之间订立委托代理合同时,往往简化上述程序,通过委托人出具委托书或托运单,国际货运代理企业予以确认或以接受方式达成协议,并不签订完整的书面合同书。

二、最新标准版的货运代理合同

2016年4月26日,中国海事仲裁委员会(简称海仲委)与CIFA在北京联合举办了"国际货运代理协议示范条款发布会"。会上,双方联合发布了新的《货运代理协议示范条款》(以下简称《示范条款》),供业界使用。

(一)制定标准货运代理合同成为当务之急

国际货运代理业在当前世界经济运行中已经是一个不可或缺的行业。"一带一路"的战略实施,使国际货运代理企业面临一个前所未有的发展契机和更大的国际市场,但同时必然的也会给国际货运代理企业带来许多法律风险。国际货运代理业具有特殊性和复杂性,基于各种原因,业务实践中货运代理合同条款五花八门,法律权责模糊不清,所以制定一份标准货运代理合同成为当务之急。

国际货运代理事务繁杂又琐碎、极易引起纠纷,用仲裁的方式由专业人士解决争议,具有权威性、灵活性、裁决执行便利性等诸多优势,又可为当事人节省费用和节约时间。由于物流所涉领域甚广,既包括海上、陆地及空中运输,又包括仓储、装卸、加工、信息、代理、保险等,导致物流争议的管辖权分散,加之物流本身专业性强,这种现状很不利于物流争议的妥善解决。制定海事仲裁条款,对物流、货运代理争议集中管理,可以有效避免这种管辖权的不确定性、裁判结果的不确定性以及不必要的程序延误,便利当事人"一揽子"解决物流、货运代理纠纷。

2015年初,海仲委上海分会调研走访,设立课题项目,委任有关专家开始起草《示范条款》。在合同制订过程中,海仲委上海分会多次召开专家讨论会、修改数次,得到了CIFA及上海市国际货运代理行业协会的支持,广泛征求了国有、民营、外资货运代理企业、行业协会、院校、法院、政府部门、律师等各方面意见,形成了包括《货运代理协议示范条款》、简式合同及货运委托书在内的格式文本。

(二)《示范条款》的示范和参考作用

《示范条款》的起草主要考虑了当前货运代理行业下述一些现状和问题。

首先,货运代理业务的复杂性,货运代理在整个物流环节中起到连接和润滑的重要作用,涉及多重身份和交叉责任,较为复杂。

其次,货运代理企业的利润薄,增值率有限,在社会产业链中处于离不开又不算高端的业务,市场地位相对弱势。

再次,货运代理企业风险防范意识较差,操作不当、经营违规是货运代理纠纷与损失的主要原因。

最后,货运代理协议缺乏统一的规范和标准,导致货运代理合同履行中一些所谓的惯例一旦涉讼却发现并没有合法、合规的依据。

在起草《示范条款》的基本要求中,强调了条款要符合现行法律法规和包含协议要素,体现货运代理行业特点和协议的框架性,最关键的是协议的立足点是公平、公正,平衡当事人双方权利义务,不偏向委托人或受托人,以合法、能切实履行协议、预防风险为关键,这一点也是在协议起草过程中最为困难的一点。因为协议是合同双方同意的体现,但是现实中双方在市场经济中各有不同的地位和不同的利益,加之目前关于货运代理方面的法律法规并不健全。通常情况下,委托人的要求是经济、快捷、安全、完好的将货物送交收货人,受托人的要求是尽心尽力、保证能收回费用。为了公平、公正、合理、规范、提高效率、降低风险,能使货运代理市场上委托人和受托人的大部分人能够接受,为货运代理市场提供一个符合现行法律法规的、较为规范的、有指导意义的货运代理协议,海仲委上海分会反复研究一些具体、关键条款,尽最大可能做到平衡双方的权利和义务。

为了满足大、中、小各种类型的货运代理企业的需要,海仲委上海分会共同起草了协议条款相对比较严密的《货运代理协议示范条款》和协议条款相对简单的《货运代理协议(简式)》两个协议文本,为货运代理企业起到了示范、引领和参考的作用。

同时,考虑货运委托书在实践中的必要性和重要性,也考虑实务中经常有单票委托而不签订协议的情况,海仲委上海分会又起草了一个通用型"货运委托书"供货运代理物流企业在货运代理实践中参考使用。

(三)《示范条款》主要内容

《示范条款》有十个部分共七十余条条款,包括:定义、委托事项、甲方义务、乙方义务、费用结算、违约责任、特别约定、其他约定、协议适用法律及争议解决、协议的生效、修改、终止等。

对实务中货运代理业务履行的一些重点环节进行了约定,例如委托手续、委托内容是否齐全;交接环节和责任期间是否明确;费用计算标准的依据、数额的确定方式;逾期支付费用的违约责任承担方式;责任期间货损货差、延迟的索赔;受托人的免责和责任限制问题;纠纷的处理方式等。

并且,《示范条款》对实务中容易产生纠纷的突出问题,参照最高院《关于审理海上货运代理纠纷案件若干问题的规定》作出相应的约定。例如,第六条第7款约定乙方可以转委托;第三条第 6 款约定如实际托运人请求交付运输单据的,乙方应向其交付;第五条第 2 款约定如甲方逾期支付款项,乙方有权滞留甲方委托的任何货物和文件单证;第五条第 9 款约定因目的港无人提货所产生的费用和风险由甲方承担等。

海仲委推出的《示范条款》,力求合同内容反映国际货运代理行业的特殊性和复杂性,体现合法性和公平性,既使合同能够有效履行,又能有效控制法律风险,为协议当事人提供符合法律规范、符合业务实践、便于当事人履行、如有纠纷也利于双方协商解决或提交仲裁的格式合同。海仲委希望通过《示范条款》的制定和推广,能够在国际货运代理行业内起到示范和引领的作用,促进我国物流法治环境的发展。

任务反馈

针对本次货运代理合同,秦奋和同事的具体操作如下。
(1) 接收 X 公司提供的(一般为传真件)有关该批货物的详细情况。
(2) 通过电话或即时网络通信与 X 公司国际部负责人确定具体洽谈时间与地点。
(3) 与 X 公司国际部负责人详谈需要代理委托事项:全部出口业务代理,包括装箱换单、报关报检业务、装货交港杂费、箱子回收等。
(4) 与 X 公司国际部负责人谈本次代理收费标准。秦奋关于确定价格需要提前所做的准备:①掌握上海港至汉堡港各大船公司当前的运价;②掌握主要船公司船期和运输条款信息。
(5) 准备纸质的最新版《货运代理协议示范条款》一式两份。
(6) 正式签订代理协议。

学习资源

www.made-in-china.com/ 中国制造网

http:/www.dhgate.com/ 敦煌网

https:/www.alibaba.com/阿里巴巴国际交易市场

http:/www.jctrans.cn/ 锦程物流网

http:/www.cmac-sh.org/index.php?m=Article&a=show&id=2433
中国海事仲裁委员会货运代理协议示范条款

http:/www.ccpit.org/ 中国国际贸易促进委员会

www.bimco.org 波罗的海国际航运公会

习题巩固

一、选择题
1. 国际货运代理企业客户开发的步骤是( )。
A. 发现客户　　　　B. 认知客户　　　　C. 开发客户　　　　D. 开展合作
2. 由中国海事仲裁委员会拟定的我国最新标准版的货运代理合同有哪些?( )
A.《货运代理协议示范条款》　　　　B. 货运代理协议(简式)
C. 货运委托书　　　　D. 运输合同
二、名词解释

1. 国际货运代理企业客户开发
2. 客户生命周期理论
3. 客户关系管理理论
4. 国际货运代理合同

三、简答题

1. 什么是客户开发？简述国际货运代理企业客户开发的必要性与特殊性。
2. 简述国际货运代理企业开发客户的步骤。
3. 简述客户生命周期理论与客户关系管理理论主要内容。
4. 简述国际委托代理合同签订的程序。
5. 简述最新标准版《货运代理协议示范条款》的主要内容。

模拟实训

案 例 1

某货运公司的A、B两名业务人员分别有一票FOB条款的货物，均配载在D轮从青岛经釜山转船前往纽约的航船上。开船后第二天，D轮在釜山港与另一艘船相撞，造成部分货物损失。接到船公司的通知后，两位业务人员分别采取如下解决方法：

A业务员：马上向客户催收运杂费，收到费用后才告诉客户有关船损一事。

B业务员：马上通知客户事故情况并询问该票货物是否已投保，积极向承运人查询货物是否受损并及时向客户反馈。待问题解决后才向客户收费。

结果：A的客户的货物最终没有损失，但在知道事实真相后，客户对A及其公司表示不满并终止合作。B的客户事后给该公司写来了感谢信，并扩大了双方的合作范围。

案 例 2

某货运公司接到国外代理指示，有一票货物从国内出口到澳大利亚，发货人是国内的H公司，货运公司的业务员A与H公司的业务员D联系订舱并上门取报关单据。D因为自己有运输渠道，不愿与A合作，而操作过程中又因航班延误等原因对A出言不逊，不予配合。此时，A冷静处理，将H公司当重要客户对待。此后，D丢失了一套结关单据，A尽力帮其补齐。最终，A以自己的服务态度和能力赢得了D的信任，同时也得到了H公司的信任，使合作领域进一步扩大。

案 例 3

C公司承揽一票30标箱的海运出口货物由青岛去日本，由于轮船爆舱，在不知情的情况下被船公司甩舱。发货人知道后要求C公司赔偿因延误运输而产生的损失。

C公司首先向客户道歉，然后与船公司交涉，经过努力，船公司同意该票货物改装三天后的轮班，考虑到客户损失将运费按八折收取。C公司经理还邀请船公司业务经理一起到客户处道歉，并将结果告诉客户，最终得到客户的谅解。该纠纷圆满解决后，货主经理非常高兴，并表示："你们在处理纠纷的同时，进行了一次非常成功的营销活动。"

结合上述三个案例，每个小组讨论国际货运代理应如何更好为客户提供服务？在此过程中应注意什么问题？每组将讨论结果汇总成文，用PPT方式向班级展示说明，时间十分钟。

项目 3 国际海运代理业务

任务 1 国际海上货运认知

【从业知识目标】
- ◆ 理解并掌握国际海上货物运输的基本特点。
- ◆ 了解国际海运组织。
- ◆ 掌握国际海运运营方式。
- ◆ 熟悉海运的主要航线和港口。

【执业技能目标】
- ◆ 能够根据海运货物的始发地和目的地确定航线。

任务提出

列出途经我国的主要海运航线及港口。

知识要点

一、国际海上货物运输基础

水运是一种古老而又经济的运输方式,它承担着大批量、长距离的运输任务,在干线运输中起着主力运输的作用。水运包括江河货物运输和海上货物运输,海上货物运输又可分为沿海货物运输和国际海上货物运输。

国际海上货物运输与江河运输、沿海运输以及其他运输方式相比具有以下特点。

1. 运输能力大

国际海上货物运输是在现代运输方式中运输能力最大的一种运输方式,它大多使用大型船舶,一次可载运体积庞大的货物和重达几十万吨的货物。如拖船船队的载重量可达万吨以上,远远超过了铁路列车的载重量。随着造船技术的不断进步和船公司不断追求规模效益,现代海上货物运输向船舶的专业化、大型化方向发展。比如,20世纪50年代以后,海上货物运输船舶产生了油船、液化气船、化学品船、滚装船以及集装箱船等大型船舶,1976年载重55万吨的油船问世,到目前为止,世界最大的散货船载重已达30万吨级,集装箱船舶突破了8 000 TEU(国际标准箱单位)。这种载重能力是其他运输方式所不能比拟的。

2. 运费低

船舶的航道自然天成,船舶运量大,港口设备一般为政府修建,船舶经久耐用,因此,货物分摊的单位运输成本较低。据统计,海运运费一般为铁路运费的1/5,公路运费的1/10,航空运费的1/30。

3. 通航能力基本不受限制,且投资少

海上货物运输几乎不受航道限制,不像汽车、火车要受道路和轨道的限制,因而其通过能力超过了其他各种运输方式。同时,由于海上货物运输的航道主要利用的是天然水域,除了建设港口和购置船舶外,水域航道几乎不需投资,内河航道每公里投资仅为铁路旧线改造的1/5,新线建设的1/8。因此,海上运输投资相对较少。

4. 航速低

海上货物运输与其他运输方式相比,速度慢,受自然条件的影响大,有些航道和港口受季节影响,冬季结冰,枯水期水位变低,难以保证全年通航。在运输过程中,海上货物运输的运输距离长,所需时间也长,特别是国际海上货物运输的时间可长达1个月。因此,其运输的准确性相对较差。

5. 受自然条件影响,风险较大

在国际海上货物运输中,受气候条件的影响,船舶随时都有可能遭遇狂风巨浪、暴雨雷电、海啸、浮冰等人力不可抗的袭击,使船舶颠覆、沉没。因此船舶遭遇危险的机会和可能产生的损失也比其他运输方式大。而且,当遭遇危险时,能得到外来力量援助的及时性差,或者根本无法得到及时援助。因此,国际海上货运存在着极大的风险。

海上货物运输一般适用于承担运量大、运距长、对时间要求不太紧、运费负担能力相对较低的货运任务。

二、国际海运组织

随着国际海运业的不断发展,各国政府、非政府组织以及海运企业相继成立了一些国际海事组织。这些组织在保证海运安全、建立国际公约和提供海运服务等方面起着重要的作用。

1. 政府间的国际组织

国际海事组织(international maritime organization,IMO)是联合国在海事方面专门负责海上航行安全和防止船舶造成海洋污染的一个技术咨询和海运立法机构,是政府间的国际组织。IMO原名为政府间海事协商组织,于1958年2月9日成立于日内瓦,1982年5月22日更名为

国际海事组织。所有联合国成员国均可成为国际海事组织的会员国。我国于1973年3月1日正式参加同际海事组织,并于1975年当选为理事国。

IMO的宗旨是:促进各国之间的航运技术合作,加强各国航运协调,为各国政府提供合作机会;鼓励和促进各国在海上安全、航行效率、防止和控制船舶造成海洋污染的问题上普遍采用最高可行的标准;负责起草和审议有关海运的国际公约、协定和其他文件,鼓励取消各国政府采取的影响国际贸易运输的歧视行为和不必要的限制,实现向世界商业提供一视同仁的航运服务等。

2. 非政府间的国际组织

(1) 国际海事委员会(committee maritime international,CMI)。

CMI成立于1897年,地点在布鲁塞尔。它的主要工作是草拟各种有关海上运输的公约,如有关提单、责任制、海上避碰、救助等方面的国际公约草案。国际上第一个著名的海上货物运输公约——《海牙规则》就是由该委员会于1921年起草,并在1924年布鲁塞尔会议上讨论通过的。

CMI的主要宗旨是促进海商法、海运关税和各种海运惯例的统一。

(2) 波罗的海国际海事协会(Baltic and international maritime council,BIMCO)。

BIMCO成立于1905年,总部设在哥本哈根。协会成员有航运公司、经纪人公司以及保赔协会等团体或俱乐部组织。

BIMCO的宗旨是保护会员的利益,为会员提供情报咨询服务、防止运价投机和不合理的收费与索赔、拟订和修改标准租船合同和其他货运单证、出版航运业务情报资料等。

(3) 国际航运公会(international chamber of shipping,ICS)。

ICS成立于1921年,总部设在伦敦,由一些国家的私人船东协会和航运公司组成。该机构设有处理集装箱、运输文件、保险、安全、防污、海上法律、油船等问题的小组委员会,广泛从事航运技术、法律和经济等方面的活动。

ICS的宗旨是为了交换航运情报和制订共同的航运政策,共同合作,保护和增进该协会成员利益。

3. 海运企业间的组织

(1) 班轮公会(liner conference)。

班轮公会是一个有代表性的且具有经营协作性质的航运企业间的国际组织。班轮公会是指在同航线上或相关航线上经营班轮运输的公司,为了避免相互之间的激烈竞争,维护共同利益,通过制定统一的费率或最低费率以及在经营活动方面签订协议而组成的国际航运垄断组织。世界上第一个班轮公会于1875年诞生在英国至加尔各答航线上。此后,该组织发展较快,遍及全世界,到20世纪70年代初,全世界共有360多家班轮公会。

班轮公会的业务主要有两方面:一是通过协定费率、统一安排营运、统筹分配收入、统一经营等方法限制和调节班轮公会内部会员相互间的竞争;二是通过延期回扣制、合同费率制、联运协定、派出"战斗船"等方式防止或对付来自公会外部的竞争,以达到垄断航线货载的目的。

(2) 联营体(consortium or consortia)。

以班轮公会为组织形式的旧体制越来越难以适应市场的新需要。20世纪70年代,一些船公司开始组织或加入联营行列,出现了公会内部成员公司组成的非独立法人的联营体。联营体是两个或两个以上主要通过集装箱方式提供国际班轮货物运输服务的船公司之间的协议,该协议可以是关于一条或数条航线的贸易。联营体的主要目的是在提供海运服务时共同经营、相互合作、提高服务质量,主要方式是利用除固定价格之外的技术、经营、商业安排等使各自的经营合理化。

1995年,随着亚欧航线几个主要联营体的期满解散,各大班轮公司迅速进入新一轮的组合,并将这种联营行动从亚欧航线推广到亚洲—北美航线、欧洲—北美航线,航运联营体由此进入一个新阶段——战略联盟。战略联盟的目的是在一些公司之间建立起基于全球范围的合作协议,它不统一运价,而是通过舱位互租、共同派船、码头经营、内陆运输、集装箱互换、船舶共有、信息系统共同开发、设备共享等各种方式,致力于集装箱合理运作的技术、经营或商业协定。

(3) 航运交易所(shipping exchange)。

在国际航运中,和班轮运输市场相对应的航运市场是租船市场。伦敦租船市场是世界上历史最悠久、租船业务最多的一个租船市场。它有较固定的场所供船东经纪人和租船代理人聚集,面谈租船业务,该场所被称为波罗的海海运交易所。此交易所现有约750家公司会员和2 500名个人会员。

波罗的海海运交易所的业务主要以洽谈租赁船舶业务为主。除此之外,也进行航空租机交易、粮食和油料作物种子交易和保险业务等。

三、国际海运船舶营运方式

随着国际贸易的发展,为了适应不同贸易合同下的货物运输需要,也为了合理地利用船舶的运输能力,并获得良好的营运经济效益,要求国际海运船舶的营运方式必须与国际贸易对国际海上运输的要求相适应。目前,国际海运船舶的营运方式主要分为班轮运输和租船运输两种。

1. 班轮运输

班轮运输也称定期船运输,是指船舶在固定的航线上,按事先制定的船期表,在航线既定的各挂靠港口之间,经常地为非特定的众多货主提供货物运输服务,并按运价本或协议运价的规定计收运费的一种营运方式。

最早的班轮运输是杂货班轮运输。杂货班轮运输的货物以件杂货为主,如工业制成品、半成品、食品等,还可以运输一些散货、重大件等特殊货物。20世纪60年代后期,随着集装箱运输的发展,班轮运输中出现了以集装箱为运输单元的集装箱班轮运输方式。由于集装箱运输具有运送速度快、装卸方便、机械化程度高、作业效率高、便于开胜联运等优点,到20世纪90年代后期,集装箱班轮运输已逐渐取代了传统的杂货班轮运输。

2. 租船运输

租船运输又称不定期船运输,是相对于定期船运输而言的另一种船舶营运方式。由于这种营运方式没有固定的班期、同定的航线和挂靠港口,也没有预先制定的船期表和费率本,而是按货源的要求和运输要求,由船舶经营人与租船人通过洽谈运输条件、签订租船合同来安排运输的,故称之为租船运输。它主要用于运输大宗散货、液体货。

四、海运货物

(一) 海运货物的分类

货物是指凡经由运输部门承运的一切原料、材料、工农业产品、商品以及其他产品或物品。海运货物是经由海上运输部门承运的货物。除了船舶以外，货物是海上货运工作的另一基本对象，海上货运质量的高低，很大程度取决于对货物种类、特性的了解与掌握。充分认识各类货物的特性，有助于提高运输的安全性、时效性，确保货运服务质量，降低运输成本。

1. 按货物装运形态分类

（1）件杂货。

件杂货是一种按计件形式装运和交接的货物。件杂货具体包括包装货物、裸装货物和成组化货物。随着件杂货的集装箱化，成组化货物中的集装箱货物已经与件杂货并列成为单独的一类货物，即集装箱货物。

（2）散装货。

散装货是不能计点件数，而按计量形式装运和交接的货物。散装货包括干质散装货和液体散装货。

2. 按货物性质分类

（1）普通货物。

普通货物是指在运输、保管及装卸中不必采取特殊方式或手段进行特殊防护的货物。

（2）特殊货物。

特殊货物是指在运输、保管及装卸中必须采取特殊措施才能保证其完好无损和安全的货物。它主要有以下几种：危险货物、冷藏货物、贵重货物、活的动植物、长大或笨重货物等。

(二) 货物的计量和积载因数

1. 货物的计量

海上货物运输中，对货物的计量不仅直接影响船舶的载重量和载货容积的利用程度，还关系到库场场地面积和仓库空间的利用等问题，同时也是确定运价和计算运费的基础。因此，准确的计量是海上货运工作的一项重要内容。

货物的计量包括货物丈量和衡重。货物的丈量又称量尺，是指测量货物的外形尺度和计算体积。一般的原则是：按货件的最大方形进行丈量和计算，对于畸形货件可按实际体积酌情考虑其计费体积。货物的丈量体积等于货物外形最大处的长、宽、高之乘积。

货物的衡重是指衡定货物的重量。货物的重量可分为净重、皮重和毛重，一般以毛重计算。海上货物运输中，货物衡重的计重单位可为公吨(metric ton, M/T)、短吨(short ton)、长吨(long ton)。货物的重量原则上采取逐件衡重，如因条件或时间限制，不具备逐件衡重时，可采用整批或分批衡重、抽件衡重求平均值等方法测得重量。

2. 货物的积载因数

货物积载因数是指每吨货物所占的货舱容积或量尺体积(包括货件之间正常空隙及必要的

衬隔和铺垫所占的空间),单位为 m^3/t(英制为 ft^3/t)。货物积载因数的大小说明货物的轻重程度,反映一定重量的货物所占船舶的舱容、箱容、库容。

五、海运航线与主要港口

(一)海运航线的分类

船舶在两个或多个港口之间从事货物运输的线路称为航线。根据船舶营运方式和航程远近的不同,有不同类型的航线。

1. 按船舶营运方式分类

(1)定期航线。定期航线是指使用固定的船舶,按固定的船期和港口航行,并以相对固定的运价经营客货运输业务的航线。定期航线又称班轮航线,主要装运杂货物。

(2)不定期航线。不定期航线是临时根据货运的需要而选择的航线,船舶、船期、挂靠港口均不固定,是以经营大宗、低价货物运输业务为主的航线。

2. 按航程的远近分类

(1)远洋航线(ocean going shipping line)。远洋航线指航程距离较远,船舶航行跨越大洋的运输航线,如远东至欧洲航线、远东至美洲航线等。我国习惯上以亚丁湾为界,把去往亚丁湾以西,包括红海两岸和欧洲以及南北美洲广大地区的航线划为远洋航线。(注:亚丁湾位于也门西南沿海亚丁湾的西北岸,扼红海与印度洋的出入口。)

(2)近洋航线(near-sea shipping line)。近洋航线指我国各港口至邻近国家港口间的海上运输航线的统称。我国习惯上把航线在亚丁湾以东地区的亚洲和大洋洲的航线称为近洋航线。

(3)沿海航线(coastal shipping line)。沿海航线指本国沿海各港之间的海上运输航线,如上海至广州、青岛至大连航线等。

3. 按航行的范围分类

按航行的范围可将航线分为大西洋航线、太平洋航线、印度洋航线和环球航线。

(二)世界主要大洋航线

1. 太平洋航线

太平洋沿岸各国和地区经济发达,海运量不断上升,是主要的世界航运中心。太平洋航线分为以下几组航线:远东—加勒比海、北美东海岸航线;远东—北美西海岸航线;远东—南美西海岸航线;远东—东南亚航线;远东—澳大利亚、新西兰航线;澳大利亚、新西兰—北美东西海岸航线;北美—东南亚航线。

2. 大西洋航线

大西洋水域辽阔,海岸线曲折,有许多优良港湾和深入大陆的内海。北大西洋两侧是西欧、北美两个世界经济发达的地区,又有苏伊士运河和巴拿马运河通印度洋和太平洋。大西洋航线有以下几组:西北欧—北美东海岸航线;西北欧、北美系海岸—加勒比海航线;西北欧、北美东海岸—地中海、苏伊士运河—亚太航线;西北欧、地中海—南美东海岸航线;西北欧、北美大西洋岸—好望角、远东航线;南美东海—好望角航线。

3. 印度洋航线

由于印度洋的特殊地理位置,其航线可以将大西洋与太平洋连接起来,因此经过印度洋的航线众多。印度洋航线有以下几组:横贯印度洋东西的航线;进出印度洋北部国家各港的航线;进出波斯湾沿岸国家的航线;出非洲东岸国家的航线。

4. 世界集装箱海运干线

目前,世界海运集装箱航线主要有:远东—北美航线;北美—欧洲、地中海航线;远东—欧洲、地中海航线;远东—澳大利亚航线;澳、新—北美航线;欧洲、地中海—西非、南非航线。其中,规模最大的三条集装箱航线是:远东—北美航线,远东—欧洲、地中海航线和北美—欧洲、地中海航线。

5. 我国对外贸易主要海运航线

随着我国对外贸易的发展,海上运输航线不断扩大。目前,我国对外贸易的主要海运航线包括近洋航线和远洋航线。

(1) 近洋航线包括:中国—韩国航线;中国—日本航线;中国—越南航线;中国内地—中国香港航线;中国—俄罗斯远东航线;中国—菲律宾航线;中国—新马航线;中国—北加里曼丹航线;中国—泰国湾航线;中国—印度尼西亚航线;中国—孟加拉湾航线;中国—斯里兰卡航线;中国—波斯湾航线;中国—澳大利亚、新西兰航线等。

(2) 远洋航线包括:中国—红海航线;中国—东非航线;中国—西非航线;中国—地中海航线;中国—西欧航线;中国—北欧、波罗的海航线;中国—北美航线;中国—中南美航线等。这些航线除经营水定期航线外,还开辟有若干直达班轮航线和集装箱班轮航线,如:开辟了从中国到日本、朝鲜、中国香港、波斯湾、红海、非洲、地中海、欧洲各国、美洲各国等国家和地区的直达班轮航线,也有从中国到澳大利亚、新西兰、日本、美国、加拿大等国家的集装箱航线。

(三) 主要港口

从运输的角度看,港口可分为支线港、中转港、腹地港。其中,支线港是拥有规模较小的码头或部分中型规模的码头,主要挂靠支线运输船舶和短程干线运输船舶,世界上大多数港口均属于这种类型。中转港是地理位置优越,在水路运输发展过程中已成为海上运输主要航线的连接点,同时又是支线的汇集点。此类港口拥有大型码头,主要功能是在港区范围内卸船、收货、堆存货物和装船发送货物。腹地港是国际运输主要航线的端点港,与内陆发达的交通运输网相连接,主要服务于内陆腹地货物的集散运输,同时兼营海上转运业务。这些港口在海上货物运输中起着非常重要的作用。

1. 世界主要港口

世界主要港口有鹿特丹(荷兰)、纽约(美国)、神户(日本)、横滨(日本)、新加坡(新加坡)、汉堡(德国)、安特卫普(比利时)、伦敦(英国)、长滩(美国)、洛杉矶(美国)等。

2. 我国对外贸易主要港口

我国对外贸易主要港口包括:大连(辽宁省)、秦皇岛(河北省)、天津(天津)、青岛(山东省)、连云港(江苏省)、上海(上海)、宁波(浙江省)、广州(广东省)、湛江(广州湾内)、高雄(台湾)、基隆(台湾)、香港(香港)等。

任务反馈

我国对外贸易主要海运航线及港口的分布,如表 3-1 所示。

表 3-1 我国对外贸易主要海运航线及港口的分布

范围		航线	主要港口
近洋航线	由我国沿海出发去往太平洋及印度洋部分水域的对外贸易海运航线。通常是把苏伊士运河以东地区,包括大洋洲在内的区域划分为近洋航线地区	中国—韩国(Korea)航线	韩国仁川(Inchon)、釜山(Pusan)等
		中国—日本(Japan)航线	神户(Kobe)、横滨(Yokohama)、大阪(Osaka)、名古屋(Nagoya)、东京(Tokyo)、门司(Moji)、川崎(Kawasaki)、四日市(Yokkaichi)等
		中国—越南(Vietnam)航线	海防(Haiphong)、胡志明市(Ho Chi Minh City)等
		中国内地—中国香港(Hong Kong)航线	维多利亚港(Victoria Harbour)
		中国—俄罗斯远东航线	纳霍德卡(Nakhodka)、东方港(Vostochny)、海参崴(Vladivostok)等
		中国—菲律宾(Philippines)航线	马尼拉(Manila)、宿务(Cebu)等
		中国—新马航线	新加坡(Singapore)、巴生(Port Klang)、马六甲(Malacca)、槟城(Penang)等
		中国—北加里曼丹(Kalimantan)航线	文莱(Brunei)、诗亚(Sibu)、古晋(Kuching)等
		中国—泰国湾航线	曼谷(Bangkok)、磅逊(Kompong Som)等
		中国—印度尼西亚(Indonesia)航线	雅加达(Jakarta)、泗水(Surabaya)、三宝垄(Semarang)等
		中国—孟加拉湾航线	仰光(Rangoon)、吉大(Chittagong)、加尔各答(Calcutta)、马德拉斯(Madras)等
		中国—斯里兰卡(Sir Lanka)航线	科伦坡(Colombo)等
		中国—波斯湾(Persian Gulf)航线	孟买(Bombay)、卡拉奇(Karachi)、班达阿巴斯(Bandar Abbas)、科威特(Kuwait)、霍拉姆萨赫尔(Khorramshahr)、麦纳麦(Manama)、多哈(Doha)、迪拜(Dubai)、巴士拉(Basra)等
		中国—澳大利亚(Australia)、新西兰(New Zealand)航线	布里斯班(Brisbane)、悉尼(Sydney)、墨尔本(Melbourne)、阿德雷德(Adelaide)、费力曼特尔(Fremantle);新西兰的奥克兰(Auckland)、惠灵顿(Wellington)

项目 3
国际海运代理业务

续表

范围	航线	主要港口
远洋航线	中国—红海(Red Sea)航线	亚丁(Aden)、荷台达(Hodeida)、亚喀巴(Apabah)、阿萨布(Assab)、苏丹(Sudan)、吉达(Jidda)
	中国—东非航线	摩加迪沙(Mogadiscio)、蒙巴萨(Mombasa)、桑给巴尔(Zanzibar)、达累斯萨拉姆(Dar es Salaam)、路易港(Prot Louis)等
	中国—西非航线	马塔迪(Matadi)、黑角(Point Noire)、拉各斯(Lagos)、塔科腊迪(Takoradi)、阿比让(Abidjan)、蒙罗维亚(Monrovia)、弗里敦(Freetown)、科纳克里(Conakry)、达喀尔(Dakar)、努瓦克肖特(Nouakchott)等
	中国—地中海航线	亚历山大(Alexandria)、的黎波里(Tripoli)、阿尔及尔(Alger)、巴塞罗那(Barcelona)、马赛(Marseilles)、热那亚(Genoa)、威尼斯(Venice)、里耶卡(Rijeka)、贝鲁特(Beirut)、卡塔吉亚(Lattakia)、康斯坦察(Constanta)、敖德萨(Odessa)、瓦尔纳(Varna)、伊斯坦布尔(Istanbul)等
	中国—西欧航线	伦敦(London)、利物浦(Liverpool)、勒阿弗尔(Le Havre)、敦刻尔克(Dunkirk)、鹿特丹(Rotterdam)、阿姆斯特丹(Amsterdam)、安特卫普(Antwerp)、汉堡(Hamburg)、布莱梅(Bremen)等
	中国—北欧、波罗的海航线	哥本哈根(Copenhagen)、哥德堡(Gothenburg)、斯德哥尔摩(Stockholm)、赫尔辛基(Helsinki)、奥斯陆(Oslo)、卑尔根(Bergen)、格但斯克(Gdansk)、格丁尼亚(Gdynia)、圣彼得堡(St. Petersburg)等
	中国—北美航线	温哥华(Vancouver)、西雅图(Seattle)、波特兰(Portland)、旧金山(San Francisco)、洛杉矶(Los Angeles)、奥克兰(Auckland)、长滩(Long Beach)、马萨特兰(Mazatlán)、火奴鲁鲁(Honolulu)、蒙特利尔(Montreal)、魁北克(Quebec)、多伦多(Toronto)、哈利法克斯(Halifax)、圣约翰(St. Johns)、波士顿(Boston)、纽约(New York)、费城(Philadelphia)、巴尔的摩(Baltimore)、诺福克(Norfolk)、扎尔斯顿(Charleston)、萨凡纳(Savannah)、新奥尔良(New Orleans)、休斯敦(Houston)、维拉克鲁斯州(Veracruz)、坦皮科(Tampico)
	中国—中南美航线	巴尔博雅(Balboa)、克里斯托巴尔(Cristóbal)、哈瓦那(Havana)、圣多斯(Santos)、里约热内卢(Rio de Janeiro)、蒙得维的亚(Montevideo)、布宜诺斯艾利斯(Buenos)、卡亚俄(Callao)安托法加斯塔(Antofagasta)、瓦尔帕莱索(Valparaiso)等

(范围栏注：除近洋航线以外的中国至世界各地港口的航线)

任务 2 国际海运代理业务操作流程

【从业知识目标】
◆ 了解并掌握国际海运出口代理业务操作流程。
◆ 了解并掌握国际海运进口代理业务操作流程。

【执业技能目标】
◆ 能够完成国际海运代理业务。

任务提出

绘制进出口海运代理业务流程图。

知识要点

一、海运出口代理业务操作流程

1. 签订委托代理合同

按照《中华人民共和国民法通则》的规定,委托人与代理人之间必须签订代理合同。以确定代理的范围以及双方的权利和义务,在授权范围内代理人的行为后果由被代理人承担,因此委托代理合同是明确双方权利和义务的重要依据。国际货运代理企业作为代理人接受委托办理有关业务,应当与进出口收货人、发货人签订书面委托协议。将委托方的要求和被委托方的义务在协议中做出明确的规定。当双方发生纠纷时,应当以所签订的书面协议作为解决争议的依据。

2. 审核信用证

出口商对信用证的审核主要从以下方面进行:政策方面的审核;对开证银行资信情况的审核;对信用证是否已经生效、有无保留或限制性条款的审核;信用证不可撤销性的审核等;而货运代理审核信用证主要进行专项审核,特别是对装运条款的审核。代理人在收到委托人交来的信用证和贸易合同复印件后,重点审核以下几个方面。

(1) 信用证的金额与支付货币。

信用证的金额与支付货币必须与销售合同中规定的金额和支付货币一致。信用证上金额总值的阿拉伯数字和大写文字金额必须一致,若两者不一致,应要求改正。信用证金额是开证银行承担付款责任的最高金额,因此,发票和汇票金额不能超过信用证金额,否则将被全部拒付。如果合同订有商品数量的"溢短装"条款时,信用证金额也应按溢装幅度增加或规定相应的机动条款。信用证未有此规定的,装货时不能使用"溢短装"权力。

(2) 信用证的到期日、交单期和最迟装运日期。

必须规定一个到期日和一个交付期交单,承兑交单的地点,或除了自由议付信用证外,一个议付交单的地点,规定的付款、承兑或议付的到期日将被解释为交单到期日。据此,未规定到期日的信用证是无效信用证,不能使用。凡晚于到期日提交的单据,银行有权拒收。信用证规定一个运输单据出单后必须向信用证指定银行提交单据要求付款、承兑或议付的特定期限,即交单期。如信用证未规定交单期,按惯例银行有权拒收迟于运输单据日期21天后提交的单据。但无论如何,单据也不得迟于信用证到期日提交。如信用证规定的交单期距装运期过近,或者交单期过短(如2~3天),则应提前交运货物,或要求开证人修改信用证推迟交单期限,以免造成货物发运后因单据准备不及时造成交单逾期而收不到货款。

最迟装运日期是指卖方将全部货物装上运输工具或交付给承运人接管的最迟日期。在实际业务中,运输单据的出单日期通常就是装运日期。假如信用证未规定装运日期,受益人所提交的运输单据的装运日期不得迟于信用证的到期日。

信用证的到期日同最迟装运日期应有一定的间隔,以便装运货物后能有足够的时间办理制单、交单议付。

(3) 转运和分批装运。

信用证的转运和分批装运条款必须与合同规定相符。按照UCP500(国际商会第500号出版物)的规定,信用证未规定"不准分批装运"和"不准转运",可以视为"允许分批装运"和"允许转运"。信用证规定在指定时间内分批定量装运时,如其中任何一期未按规定装运,信用证对该期和以后各期货物均为失效。

在海运情况下,即使信用证禁止转运,只要提交的提单或不可转让海运单证明有关货物是装在集装箱、拖车及滚装船中装运的,如果同一单据包括全程海运,银行也将接受。另外,当信用证中仅规定"可分批装运",卖方不一定要分批装运,也可一次装运。

(4) 开证申请人和收益人。

开证申请人大都是买卖合同的一方——当事人(买方),但也可能是对方的客户(实际买方或第二买方),因此,对其名称和地址均应仔细核对,防止错发错运。在实际业务中,有时会发生信用证受益人与发货人名称不同的问题。对此,如信用证中规定"可转让",就可通过转让解决,如未规定可以转让,则应要求加列;否则,只能按信用证受益人名义发货、制单,向银行交单收货。

(5) 付款期限。

信用证的付款期限必须与买卖合同的规定相一致,如信用证中的付款期限迟于销售合同的规定,则必须要求改正。

3. 备货报检

一般来说,卖方应根据出口成交合同及信用证中有关货物品种、规格、数量、包装等规定,按时、按质、按量地准备好应交的出口货物。但是实际业务中,货主出口货物如不在装运港所在地,货运代理人可根据委托代理合同,代办或协助卖方将货物集中到港口所在地。

凡属法定报检范围的商品,或合同规定必须经中国进出口商品检验检疫局检验出证的商品,或需经检疫的动植物及其产品,在货物备齐后,必须在商检机构规定的地点和期限内,持买卖合同等必要的单证向商检机构或国家商检部门、商检机构指定的检验机构报检。只有取得商检局发给的合格的检验证书,海关才准放行。经检验不合格的货物,一般不得出口。

4. 托运订舱

(1) 托运。

托运是指出口商委托货运代理或自己向承运人或其代理(船务代理)办理海上出口货物的运输业务。货运代理的海运出口部门可以直接接受货主的委托,也可接受本公司代运部的委托,根据他们的具体要求,及时向船公司或船务代理办理订舱手续。在办理订舱时应注意以下事项。

① 货、证是否齐全。订舱所需的托运单、装货单、收货单等单证已经备全,货物已经备妥。

② 根据船期表了解所需要的船舶能否按装船期相应的时间到港,并注意营运船舶的截单期。

③ 选择合理的航线。一般来说,直达船快于中转船,在直达船中尽可能选择挂靠港少,或选择挂靠的是第一港或第二港,以达到快速运达的要求。

④ 应选择运价较为低廉的船只和转船费低的转口港。但必须注意船舶状况和港口的换装能力。

⑤ 对于杂货船班轮要考虑港口的条件、船舶吃水、泊位长度、吊杆或起重机负荷等因素,以保证船舶能够安全靠泊和正常装卸。

⑥ 要考虑特殊商品的运输安全,如超大件货物能否装运,鲜活商品的冷藏舱条件,冷冻商品的冷冻条件等。

(2) 订舱。

订舱是指发货人或其代理人向承运人或其代理机构申请货物运输,洽谈船舶舱位,承运人或其代理人对这种申请给予承诺的行为。订舱的目的是发货人根据班轮运输的特点,在贸易合同规定的装运期内,及时出运货物、保证履约,以保证货主在国际贸易市场中的信誉。订舱的具体程序如下。

① 货运代理将缮制好全套托运单(一式 9 联或集装箱场站收据),若单独订舱单是一式两份,注明要求配载的船舶、航次,在截单期前送交船公司或其代理,这可以看做是"要约"。

② 船公司或其代理审核货名、重量、尺码、卸货港或到达地后,认为可以接受,即在托运单上填写船名、航次、提单号,留其需要各联(若一式两份的订舱单,留下一份),并在装货单一联上盖好图章,连同其余各联退回货运代理。船公司或其代理在装货单签章后,订舱即告完成,即船方"承诺"。这表示托运人与承运人之间的运输合同成立。

5. 代理保险

出口货物订妥舱位后,属于卖方保险的,根据委托代理合同中的委托项目,有委托保险要求的,货运代理人可办理货物运输险的投保手续,否则,由货主自己投保。

6. 货物集港

在货运代理人接受托运、订妥舱位后委托单位必须在船只截港期以前交付货物,当港口的船舶到港装货计划确定后,按照港口港务公司进货通知并在规定的期限内,由托运人或代理人办理集运手续,将出口货物及时运到港区集中,等待装船。

7. 代理报关

如果委托代理合同的代理项目中有需要代理报关一项时,当货物集中港区后,货运代理要编制出口货物报关单,向海关申报,经过海关查验放行后,货物方可装运出口。

8. 货物装船

在班轮运输的情况下,承托双方一般是以船舷为责任界限,即船公司的责任与风险是从货物越过船舷开始的,装货前的货物责任和风险由托运人承担。因此,装船是承、托双方货物交接、责任划分的分界线。但是在实际的业务中,较为常见的做法是托运人将货物送到港口的码头仓库或前方堆场,然后由港务(或装卸)公司集中装船,由船公司负担装卸费,特别是集装箱运输,托运人送集装箱至港口码头检查桥交接,港内这一段水平运输由港务(装卸)公司负责。即使如此,承、托双方的责任关系仍没有改变。

9. 换取提单,发装船通知

装船完毕后,货运代理从理货人员处取得经大副签收后的收货单,到船公司或其代理(船务代理)交付预付运费,用收货单换取已装船的提单,交给货主,准备结汇。

货物装船后,卖方应及时向买方发装船通知,以便对方了解装运情况,做好进口接货和办理进口手续的准备。特别是按 CFR、FOB 贸易术语成立的出口合同,由买方自办保险,卖方应及时向买方发出装船通知,以便对方能按时办理投保。

10. 制单结汇

货物装运后,出口企业或其代理人应立即按照信用证的要求,正确缮制各种单据,并在信用证规定的有效期和交单期内,递交银行办理议付和结汇手续。其步骤如下。

(1) 制单。

制单工作必须做到正确、完整、及时、简明和整洁。

(2) 审单。

审单是指在制单之后,根据信用证和出口合同对各种单证进行审核,以确保"四个"一致。

在进行审单时,应特别注意下列问题:单据种类及份数是否符合要求;各种单据内容是否完整,签章是否遗漏;各种单证的相应栏目的填写是否一致;单据的名称和内容是否与信用证的规定相符;各种单据的签发日期是否符合要求。

(3) 结汇。

出口货物装运之后,并且单据备妥且经审核无误后,出口企业或其代理人便可在信用证规定的交单有效期内,递交银行办理议付结汇手续。

在信用证付款条件下,目前我国出口商在银行可以办理出口结汇的做法主要有三种:收妥结汇、押汇和定期结汇。

① 收妥结汇。

收妥结汇又称收妥付款,是指信用证议付行收到出口企业的出口单据后,经审查无误,将单据寄交国外付款行索取货款的结汇做法。

② 押汇。

押汇又称买单结汇,是指议付行在审单无误情况下,按信用证条款贴现受益人(出口公司)

的汇票或者以一定的折扣买入信用证项下的货运单据,从票面金额中扣除从议付日到估计收到票款之日的利息,将余款按议付日外汇牌价折成人民币,拨给出口企业。

③ 定期结汇。

定期结汇是指议付行根据向国外付款行索偿所需时间,预先确定一个固定的结汇期限,并与出口企业约定该期限到期后,无论是否已经收到国外付款行的货款,都主动将票款金额折成人民币拨交出口企业。

二、海运进口代理业务操作流程

在我国货运代理业务中,海运进口的货运代理业务是涉及面较广、线较长、货种较复杂的货运代理业务。完整的海运进口业务,从国外接货开始,安排装船,安排运输,代办保险,直至货物运到我国港口后的卸货、接运、报关、报检、转运等,涉及多种运输方式和多个港口部门。

1. 接受货主委托

为了确定代理的范围和代理人的职责权限,代理人与被代理人之间必须订立代理协议,委托协议是确定双方关系的重要依据。

(1) 协议中应明确的项目。

① 委托人(被代理人)及受托人(代理人)的全称、注册地址。

② 代办的范围,如是否包括海洋运输,是否包括装运前的装箱工作、集港运输等,到达目的港后是提单交货还是送货上门等。

③ 委托方应该提供的单证及提供的时间,提供的时间应根据该单证需用的时间而定。

④ 服务收费标准及支付时间、支付方式。

⑤ 委托方及受托人特别约定。

⑥ 违约责任条款。

⑦ 有关费用如海洋运费、杂费及关税等支付时间。

⑧ 发生纠纷后,协商不成的解决途径及地点。

(2) 慎重审查具体业务内容。

接受委托是对责任的承诺,因此应该谨慎小心,如果草率接受而最后无力完成就要承受违约的经济赔偿责任,因此必须慎重审查。审查的具体业务内容如下。

① 装货港口。要认真了解国外装运港的具体情况,如有无直达班轮航线,港口的装卸条件,运费和附加费的水平,港口和码头泊位的水深,各种价格条件下收发货人各应承担的责任和费用的具体情况和惯例。

② 选择港的接受。有时在成交时明确规定一个装运港有困难,可以接受选择港条款,但必须将港口名称一一列出,一般为两个,最多不超过三个,应规定装运港由买方选择,如果必须卖方选择,要求卖方及时将所交货物名称、数量和装货港口通知买方。

③ 货量。这是确定运输条件的重要因素之一,因为有的适宜使用班轮,有的适宜于程租。

④ 如果该港口虽然通航班轮,但班次较稀疏,应争取一次装运或尽可能少的批次装运。

⑤ 如果使用程租船,也要注意每批交货的数量,一般来讲,大吨位的船只其吨运价低于较小吨位的船只。

⑥ 货名及规格。对于托运的货物要详细审核,如是否是危险品,危险品按照其性质必须有其特定的装运条件,有的危险品必须装在水线以下,有的甚至必须装冷冻舱,这是接受托运时必须注意的。

⑦ 装运日期。应注意是否能及时订到舱位或租到合适的船只。

⑧ 注意港口有无重名。世界港口中重名的不少,如美国、加拿大、圭亚那等都有乔治敦港,英国和澳大利亚都有阿德罗森港,因此接受托运时要注意港口后是否有国别。

⑨ 是否需要特种服务。在购买成套二手设备时经常遇到的,这时需要对拆装时所需工时,拆装后待运期间的储存,由装运港集中的运输条件等均要作尽可能符合实际的估计。

2. 租船订舱

货运代理人与委托人签订委托代理合同以后,就承担了安排进口货物运输的责任,面对选择运输形式和承运人,代办订舱或代签租船合同,安排装船并进行货物交接等项业务。租船订舱的一般步骤如下。

(1) 选择运输形式和承运人。

海上货物运输可以是班轮运输,也可以是程租船运输,或航次期租、包运租船等等。这些运输形式的选择主要根据货物的数量和其具体情况而定。一般来说,货量较少时,只能选择班轮运输;货量较多时,能够整船运输或根据货源情况可以与其他货物共同租船时,往往使用程租船的形式。

无论是班轮运输,还是租船运输,都应该对承运人进行选择,往往首先要选择资金雄厚、信誉高、船舶状况好、业务能力强的承运人,也就是选择一个可以把大批货物交给他而且值得信赖的承运人;其次是选择合适的运价。班轮虽然有固定的费率,但货量大的情况下也是可以讨价还价的,即使是费率本,也是各有差异。另外,就是运输时间的选择,船舶航速、航线、挂靠港都有差别,无论怎样选择都必须保证装运期这一前提。

(2) 代办订舱。

租船订舱是一种契约行为。货运代理人接受货主的委托,代表货主租船订舱就是代表委托人签订货物运输合同。在委托租船订舱时,应将进口货物名称、重量、尺码、合同号、包装种类、装货港口、交货期、成交条件、发货人名称和地址、通信联络方式和号码详细通知承运人或其代理人,必要时附上合同副本。对特种货物如超长、超重件或危险品等,要列明最大体积、尺寸、重量、危险性质、国际危规页码和联合国编号等。经过承托双方对条件和价格的商榷,承运方表示接受,合同即成立,双方就要履行各自的义务,享受其权利,承担其责任。

(3) 装运货物。

货运代理人在订妥舱位或在租船合同成立后,应及时将船名和船期通知委托方,以便向卖方发出装船通知,同时货运代理人或船方通知装货港的船务代理,及时与卖方或其货运代理人联系,按时将备妥的货物发到装货港口,以便船货衔接,及时安排装船。

3. 代理保险

进口货物在国外装船后,卖方应按合同规定,向买方发出装船通知,以便买方做好接货准备,办理投保手续。

进口货物的运输保险一般有两种方式。

(1) 预约保险。

我国大部分外贸企业都和保险公司签订海运进口货物的预约保险合同,简称"预保合同"。这种保险方式,手续简便,对外贸企业进口的货物的投保险别、保险费率、适用的保险条款、保险费及赔偿的支付方法等都作了明确的规定。

预约保险合同对保险公司承担每艘船舶每一航次的最高保险责任,一般都作了具体规定,如承运货物超过此限额时,应于货物装运前书面通知保险公司,否则,仍按原定限额作为最高赔付金额。

(2) 逐笔投保。

在没有与保险公司签订预约保险合同的情况下,对进口货物就需逐笔投保。进口公司在接到卖方的发货通知后,必须立即向保险公司办理保险手续。在一般情况下,进口公司填制《装货通知》代投保单交保险公司,《装货通知》中必须注明合同号、起运口岸、运输工具、起运日期、目的口岸、估计到达日期、货物名称和数量、保险金额等内容,或填写《运输险投保单》,保险公司承保后,进口公司向保险公司缴纳保险费,然后保险公司给进口公司签发一份正式保险单,进口次数少的企业一般采用逐笔投保的方式。

若货物在运输中,在投保之前发生损失时,保险公司不负赔偿责任。

保险公司对海运货物保险的责任期限,一般是从货物在国外装运港装上海船时生效,到卸货港装运单据载明的国内目的地收货人仓库为止。保险公司对在卸货港港口的责任,以货物卸离海船后60天为限,如不能在此期限内转运,可向保险公司申请延期,延期最多为60天。应当注意的是:散装货物以及木材、化肥、粮食等货物,保险责任均至卸货港的仓库或场地终止,并以货物卸离海船60天为限,不实行国内转运期间保险责任的扩展。少数货物(如新鲜蔬菜、水果、活牲畜等)于卸离海船时,保险责任即告终止。

4. 准备单证

各项进口单证是进口货物在卸船、报关、报检、接交和运输各环节必不可少的,因此,必须及时收集整理备用。这些单证主要包括:提单正本、发票、装箱单、品质证明和产地证明、保险单、机电产品进口登记表、其他如熏蒸证明等。

5. 报检报关

货运代理人接到《进口通知单》后,属法定商检货物需进行动植物检疫或药检的货物,先申请检验,取得检验合格证书或商检在进口货物报关单上盖放行章后,凭进口货物报关单,并随发票、提单等有关单据申请报关,海关查验、征税后放行。

6. 卸船交接

进口货物到港后,货运代理人受收货人委托,负责在港口卸船接交工作。卸船接交工作步骤如下。

(1) 卸船前的准备。

接到《进口货物到货通知书》以后,要将其到站、收货人、品名、提单、标志等项目逐项与《进口流向单》核对,核对无误后登记上账,做好接货准备。同时,还需与港务公司保持联系,准确掌握靠船时间、靠泊位置。船靠泊后及时将《货物流向单》送至船所靠的港务公司的货商、调度部门和仓库,如需要更改和补充说明,则须用联系单注明更改的事项送交有关部门。

(2) 卸船。

我国港口规定,由船方申请外轮理货公司代表船方理货,港务公司代表货方,港口货运代理作为货主的代表,派员在现场监卸。货物从船上卸下,进入港务公司的仓库的货物,由理货公司与港务公司的仓库员办理交接,实行双边交接。货物卸毕后,应下船舱检查,防止漏卸。在卸船作业结束后两小时内,为整理货物单证、办理交接手续和签证的正常时间,由船方会同理货组长、货运代理派出的监卸人员与港方人员办理交接手续。

(3) 处理残损和溢短。

在卸船过程中,如发现进口货物残损,应进行检验,并要查明残损的原因,如果是原残,即发货人交货时或在起卸时就有残损者,应及时同理货人员填制《货物残损单》,由理货人员要求船方或其代理人签证,它是表明货物残损情况的证明,以便于向责任方索赔。如果是卸货过程中的工残,应向港方索取商务记录,作为向港方索赔的依据。

7. 审核账单

货运代理人要替货主把好运费关,认真审核账单,并及时支付运费给船方,如货物买卖合同订有滞期/速遣条款,应及时向买方提供装、卸货事实记录,或按协议代表货主与船东结算。货运代理自己也应缮制船舶航次盈亏估算表,填写清楚各种费用的支付情况。

任务反馈

1. 国际海运出口代理业务操作流程图(见图3-1)

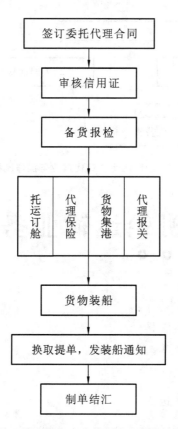

图3-1　国际海运出口代理业务操作流程图

2. 国际海运进口代理业务操作流程图（见图3-2）

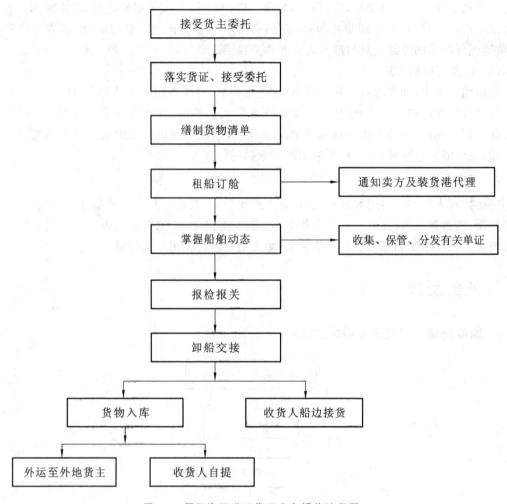

图 3-2 国际海运进口代理业务操作流程图

任务 3 国际班轮运输业务

【从业知识目标】

◆ 熟悉并掌握班轮运输基本流程。
◆ 理解并掌握班轮运费的计算。

【执业技能目标】

◆ 能够准确计算班轮货物的运价。

任务提出

某公司出口箱装货物,报价为每箱50美元CFR伦敦。已知:该货物体积每箱长45厘米、宽40厘米、高25厘米,每箱毛重35千克,运费计算标准为W/M,每运费吨基本运费为120美元,并加收直航附加费20%,港口附加费10%。英商要求改报FOB价,我方应报价多少?

知识要点

一、班轮运输业务基础

班轮运输又称定期船运输,是指船舶按事先制定的船期表,在特定的航线上,以既定的挂靠港顺序、相对确定的运价,经常从事航线上各港口间的船舶运输。根据装载器具技术的不同,班轮运输又分为杂货班轮运输和集装箱班轮运输。

（一）杂货班轮运输

杂货班轮运输的服务对象是非特定的、分散的众多货主,运输的对象多为各种性质的杂货,因此,班轮公司具有公共承运人的性质。班轮公司组织杂货班轮运输必须具备的条件有:①要有技术性能高、设备齐全的船舶;②要配备技术、业务水平高的船员;③要有一套适合小批量货物接收、运送的货运流程;④要有相关航线港口的船务代理和货运代理网络。

1. 杂货班轮运输的特点

杂货班轮运输与租船运输相比,除了具有固定船期、固定航线、固定港口和相对固定的费率(又称"四固定")这些基本特征以外,还具有以下特点。

(1) 海运提单是运输的合同。杂货班轮运输的承运人和货主之间在货物装船之前不签订书面运输合同或租船合同,而是在货物装船后,由船公司或其代理人签发提单,并以此为依据来处理运输过程中的相关问题。

(2) 交货方式相对固定。除特别约定在船边交货或船边提货外,一般船公司要求托运人将货物送到承运人指定的码头仓库交货或到指定的码头仓库提货。相应地,承运人与货主之间不规定货物的装卸船时间,不计算速遣费和滞期费,仅约定托运人或收货人必须按照承运人的送货、提货的时间要求交货、提货,否则赔偿承运人的仓储、码头作业延时等费用。

(3) 按照费率表收取运费。承运人除负责货物的装卸、理货等作业外,一般还负责仓库到码头之间或相反方向的搬运作业,并承担相关费用。这些费用均计入班轮费率表所规定的费率中,不另外收取。也有船公司的公布费率中不包含仓库到码头船边之间的运输费用,以附加费的方式向托运人收取。

2. 杂货班轮运输的优点

由于杂货班轮运输相对于租船运输而言,其船期、挂靠港口等都是相对固定的,因此为客户带来了不少的便利,其特殊的优越性具体表现在以下四个方面。

(1) 杂货班轮运输只要有舱位,不论货物数量多少、直运或转运都可以接受。它有利于一般杂货和不足整船货的小批量货物运输。货主能节省货物等待集中的时间和仓储费。

(2) 由于杂货班轮运输具有"四固定"的特点,交货时间可以保证,运价相对固定,为贸易双方洽谈贸易价格和运输条件提供了依据。

(3) 杂货班轮运输长期在固定的航线上航行,能提供专门的、优质的服务,能满足各种货物对运输的要求,能对货物运输质量提供保障。

(4) 杂货班轮运输条款的格式化、通用化,使得运输手续简便,方便双方费用的结算。

3. 杂货班轮运价的特点

(1) 杂货班轮运价是按班轮公司事先公布的运价表和规定计收运费,它具有相对固定的行情,运价相对稳定。

(2) 杂货班轮运价包括货物从装港船边(船舷)或吊钩至目的港的船边(船舷)或吊钩的全程运输费用,习惯上称为船边至船边费用、船舷至船舷费用或吊钩至吊钩费用。

(3) 在杂货班轮运价中,一般承运人和托运人双方均不涉及滞期和速遣的费用。

(4) 班轮公司或班轮公会一般都有自己的运价表,托运人以此作为支付运费的依据。由于班轮公司一般在某条航线上采取垄断经营的方式,因此,杂货班轮运价属于垄断运价。

(5) 杂货班轮运价由基本费率和附加费两部分构成。例如,班轮公司因为服务内容从码头船边延伸至仓库发生的相应的搬运费等,班轮公司一般采取征收附加费的方式向托运人收取装港码头费等。

4. 杂货班轮运价的构成

杂货班轮运价表从费率结构上可以分为等级费率运价表和单项商品费率运价表两种。

(1) 等级费率运价表。等级费率运价表是指按航线将货物分成若干等级(一般分为1~20个等级)。每个等级代表一个费率并说明计算标准,参照航线费率表即可查出基本费率。

(2) 单项商品费率运价表。单项商品费率运价表是按每项商品逐个列出相关港口间的运价计算标准和费率的。

(二) 集装箱班轮运输

任何工业化生产企业,只有扩大生产规模,提高机械化程度,才能降低单位产品的成本,企业的利润才能提高。而生产的机械化、自动化发展,则必须具备产品标准化这个前提条件,对于运输业来说也不例外。运输企业要提高劳动生产率和降低运输成本,必须遵循生产合理化的原理,采用大批量运输的生产方式,并努力促进技术创新和技术提高。运输工具和装卸工具实现机械化和自动化,运输方式和过程的合理化等成为运输企业实现利润最大化的手段和方法。集装箱运输就是在这一基础上诞生和发展起来的。

1. 集装箱班轮运输的优点

在实际运输中,传统杂货班轮运输存在手续繁杂、装卸效率低且在装运过程中存在货损货差等问题,而集装箱班轮运输与之相比则存在如下优点。

(1) 运输效率高。将不同外形、包装的件杂货物装入具有标准规格的集装箱内,以集装箱为运输、装卸、搬运的对象,提供了实现高效机械化作业的必要条件。通过提高运输装卸过程中的机械化程度,大大提高货物的装卸效率,减少了运输船舶的在港停靠时间。为适应装卸集装箱,码头出现了专业化的发展趋势,从而解决了船舶大型化、高速化而带来的运输效率被装卸效率过低而抵消的问题,使船舶经营人、货主等各方运输参与者从中受益。

(2) 便于开展多式联运。集装箱作为运输单元由一种运输方式换装到另一种运输方式进行联运时,只需搬移集装箱而不需移动箱内货物,这就大大方便了换装作业。另外,由于集装箱具有相同和密闭的特点,各监管单位只需验封就可交接,因此大大简化了交接手续。

2. 集装箱班轮运输存在的问题

(1) 初始投资大。集装箱班轮运输是一种现代化的运输方式,开展集装箱运输需要专门的设施和新的技术装备。专业化的运输方式,必须有全方位专业化的运输设备相支撑;否则,各运输环节的发展不平衡,仍然无法体现集装箱班轮运输的优越性。

(2) 管理要求高。集装箱班轮运输系统与传统的运输系统有很大差别。集装箱班轮运输采用的是现代化大规模生产的方式,因此要求有更高的作业效率。这就要求各方参与者,针对集装箱班轮运输的要求,在作业流程、作业规范等制度上作出调整。这些规范都需要管理者的认真贯彻和实施。

(3) 潜在危险性增大。①由于集装箱允许在甲板上装载,从而影响了船舶的稳定性、安全性;②集装箱船为使集装箱进入舱内,必须把舱口开大,因此,集装箱船的纵向变形适应力比普通杂货船的小了很多;③一般集装箱船没有装卸设备,当发生危险时无法采取抛弃货物自救的方式;④由于货物在装箱后处于密闭状态,在运输途中无法发现箱内货物的状况,即使货物处于危险状态下,也无法及时采取处置措施。当运输的货物为危险货物时,情况则更为严重。

二、班轮运输的基本流程

国际海洋货物班轮运输业务是一个相当复杂的过程,整个过程涉及货物的收发货人、货物运输的代理人、海上运输的承运人、内陆运输的承运人、港务、船务、码头、仓库、堆场、海关、商检、银行等。货物交接大致可分为货物的集运、码头的装运、海上运输、货物的卸船和交货五个环节,班轮运输基本流程图如图3-3所示。

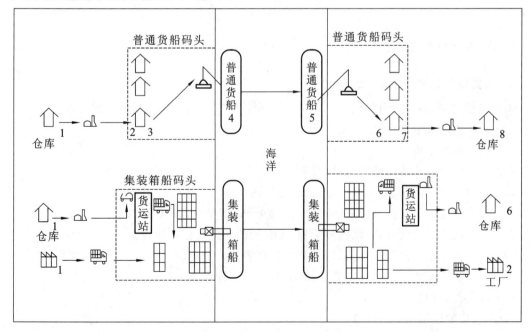

图 3-3 班轮运输基本流程图

三、班轮运费的计算

（一）班轮运价与运费的概念

1. 班轮运价

运价是承运单位货物而付出的运输劳动的价格。运价就是运输产品价值的货币表现，表现为运输单位产品的价格。海上运输价格，简称为海运运价。运输产品表现为货物的空间位移，所以，运价又是运距的增函数。

2. 班轮运费

运费是承运人为根据运输契约完成货物运输而向托运人收取的报酬。

3. 班轮运价本

运价本又称费率本或运价表，是船公司承运货物时据以收取运费的费率表的汇总。运费支付方式分运费预付和运费到付两种。

若提单运费支付条款为在运费预付的情况下，一般货主应付清运费后，再向船公司或其代理人申领提单。运费预付的支付方式通常适用于 CIF 贸易条款下的运输。对于承运人而言，当承担较大运输风险的货物或货物运输目的地的商业信誉普遍不佳时，都会要求采取运费预付的支付方式。

运费到付一般要求收货人必须在目的港提取货物之前付清运费。如因收货人未及时付清运费而造成货物不能按时提取，收货人必须承担由此产生的一切费用。只有这些费用在支付运费时一并结清后，货主才被准允提货。运费到付的支付方式通常适用于 FOB 贸易条款下的运输。如果是中转货物需在中转港支付运费，则托运人必须在有关单据上注明付款人名称和地址。

（二）杂货班轮运费

1. 杂货班轮运费计算标准

不同的船公司使用不同的运价本，因此有不同的规定。航运界通用的一般标准如下。

(1) 按货物的重量计算。
(2) 按货物的体积计算。
(3) 按货物重量或体积吨计算，取高者。
(4) 起码运费(minimum rate/minimum freight)。
(5) 按货物毛重每一担(112 磅或 50.8 千克)为计费单位，以"CWT"表示。
(6) 对于从价运费的计算，则按照货物 FOB 价的一定百分比计收。
(7) 按货物重量或体积或价值，选择其中较高者为计费单位。
(8) 按货物重量或体积选择高者，再加上从价运费计算。
(9) 以每件货物为单位。
(10) 按临时议定的价格计算。

此外，一般运价本中还规定：不同的商品如混装在同一包装内，则按其中收费等级高的商品计收全部货物的运费;同一种货物因包装不同而计费标准及等级不同时,如果托运时未申明具体的包装形式和体积、毛重,全部货物要按运价高的包装计收运费;同一提单列有两种以上不同计价标准的货物时,如托运时未分别列出货名和数量,则计价标准和运价全部按较高者计收;捆扎货物按每捆至两端的全长作为计费标准等。

在运价表中,计算单位为运费吨。目前,世界各国大多采用国际单位制,以吨(t)和立方米(m^3)为计费单位。我国的法定计量单位采用"米制"。在运费计算中,重量单位用吨,体积单位用立方米,以1吨或1立方米为1个计费单位。某些欧洲国家(如英国)的航运界仍然采用长吨(英吨)和立方英尺(ft^3)为计费单位。在使用相应运价本计算运费时,要注意计量单位的换算。

另外,附加运费的种类有:燃油附加费、货币贬值费、港口附加费、港口拥挤费、选卸附加费、绕航附加费、超额责任附加费、超长附加费、旺季附加费等。

2. 杂货班轮运费的计算

(1) 根据商品的英文名称在货物分级表中查出该商品所属等级及其计费标准。货物分级表是班轮运价表的组成部分,它有货名、计算标准和等级三个项目,如表3-2所示。

表3-2 货物分级表

货名	计算标准	等级
农业机械(包括拖拉机)	W/M	9
棉布及棉织品	M	10
小五金及工具	W/M	10
玩具	M	20

(2) 根据商品的等级和计费标准,在航线费率表中可查出这一商品的基本费率。

(3) 查出该商品本身所经航线和港口的有关附加费率。

(4) 商品的基本费率和附加费率之和即为该商品每一运费吨的单位运价。以该商品的计费重量和体积乘以单位运价即得运费总额。

运费总额 = 基本费率 × 运费吨 + 附加费

$$F = f \cdot Q + \sum S$$

或

运费总额 = 基本费率 × 运费吨 × (1 + 附加费率)

$$F = f \cdot Q (1 + S_1 + S_2 + \cdots + S_n)$$

(三) 集装箱班轮运费的计算

集装箱班轮运费的计算办法与普通班轮运费的计算办法一样,也是根据费率本规定的费率和计费办法计算运费,同样也有基本运费和附加费之分。不过,由于集装箱货物既可以交集装箱货运站(CFS)装箱,也可以由货主自行装箱整箱托运,因而在运费计算方式上也有所不同。主要表现在当集装箱货物是整箱托运,并且使用的是承运人的集装箱时,集装箱班轮运费计收有最低计费吨和最高计费吨的规定。此外,对于特种货物运费的计算以及附加费的计算也有其规定。

1. 集装箱班轮运价的基本形式

目前,集装箱班轮运输有几种不同的运价形式,其中主要包括包箱费率和运量折扣费率。

(1) 包箱费率。包箱费率是为适应海运集装箱化和多式联运发展的需要而出现的一种运价形式。这种费率形式是按不同的商品和不同的箱型,规定了不同的包干费率,即将各项费率的计算单位由"吨"(重量吨或体积吨)简化为按"箱"计。对于承运人来说,这种费率简化了计算,同时也减少了相关的管理费用。

(2) 运量折扣费率。运量折扣费率是为适应集装箱运输发展的需要而出现的又一费率形式。它实际上就是根据托运货物的数量给予托运人一定的费率折扣,即托运货物的数量越大,支付的费率就越低。当然,这种费率可以是包箱费率,也可以是某一特定商品等级费率。由于这种运量激励方式是根据托运货物数量确定费率,因而大的货主通常可以从中受益。

2. 集装箱班轮运费的各种计算方法

(1) 拼箱货班轮运费的计算。目前,各船公司对集装箱运输的拼箱货运费的计算,基本上是依据件杂货物运费的计算标准,按所托运货物的实际运费吨计费,即尺码大的按尺码吨计费,重量大的按重量吨计费。另外,在拼箱货班轮运费中还要加收与集装箱有关的费用,如拼箱服务费等。由于拼箱货涉及不同的收货人,因而拼箱货不能接受货主提出的有关选港或变更目的港的要求,所以,在拼箱货班轮运费中没有选港附加费和变更目的港附加费。

(2) 整箱货班轮运费的计算。对于整箱托运的集装箱货物运费的计收:一种方法是同拼箱货一样,按实际运费吨计费;另一种方法,也是目前采用较为普遍的方法,是根据集装箱的类型按箱计收运费。

在整箱托运集装箱货物且所使用的集装箱为船公司所有的情况下,承运人有按集装箱最低利用率和集装箱最高利用率支付班轮运费的规定。

① 规定集装箱最低利用率的主要目的是,如果所装货物的吨数(重量或体积)没有达到规定的要求,则仍按最低利用率时相应的运费吨计算运费,以确保承运人的利益。

② 按集装箱最高利用率计收运费是指当集装箱内所载货物的体积吨超过集装箱规定的容积装载能力(集装箱内容积)时,运费按规定的集装箱内容积计收,也就是说超出部分免收运费。至于计收的费率标准,如果箱内货物的费率等级只有一种,则按该费率计收,如果箱内装有不同等级的货物,计收运费时通常采用下列两种做法:一种做法是箱内所有货物均按箱内最高费率等级货物所适用的费率计算运费;另一种做法是按费率高低,从高费率起往低费率计算,直至货物的总体积吨与规定的集装箱内容积相等为止。

规定集装箱最高利用率的目的主要是鼓励货主使用集装箱装运货物,并能最大限度地利用集装箱的内容积。

(3) 附加费的计算。与普通班轮一样,集装箱班轮运费除计收基本运费外,也要加收各种附加费。附加费的标准与项目,根据航线和货种的不同而有不同的规定。有关附加费计收规定与普通班轮运输的附加费计收规定相似。

(4) 货物滞期费。在集装箱运输中,货物运至目的地后,承运人通常给予箱内货物一定的免费堆存期,但如果货主未在规定的免费期内前往承运人的堆场提取货箱,或去货运站提取货物,承运人则根据超出的时间向货主收取滞期费。货物的免费堆存期通常是从货箱卸下船时起算,其中不包括星期六、星期天和节假日。一旦进入滞期时间,便连续计算,即在滞期时间内若有星期六、星期天或节假日,该星期六、星期天及节假日也应计入滞期时间。免费堆存期时间的长短以及滞期费的计收标准与集装箱箱型、尺寸以及港口的条件等有关,同时也因班轮公司而异,有时对于同一港口,不同的船公司有不同的计算方法。

根据班轮公司的规定,在货物超过免费堆存期后,承运人有权将箱货另行处理。对于使用承运人的集装箱装运的货物,承运人有权将货物从箱内卸出,存放于仓储公司仓库,由此产生的转运费、仓储费以及搬运过程中造成的事故损失费与责任均由货主承担。

集装箱超期使用费。如货主所使用的集装箱和有关设备为承运人所有,而货主未能在免费使用期届满后将集装箱或有关设备归还给承运人或送交承运人指定地点,承运人可按规定根据超出时间向货主收取集装箱超期使用费。

任务反馈

计算步骤及结果如下。

每箱体积:$0.45 \times 0.40 \times 0.25 = 0.045$ 立方米

每箱毛重:35 千克 $= 0.035$ 吨

海运公司选择尺码吨计收运价:

1 尺码吨运费 $= 120 \times (1 + 20\% + 10\%) = 156$ 美元

每箱运费 $= 0.045 \times 156 = 7.02$ 美元

每箱 FOB 价 $= CFR - F = 50 - 7.02 = 42.98$ 美元

我方应报每箱 FOB 价为 42.98 美元。

任务 4 租船运输业务

【从业知识目标】

◆ 理解并掌握租船运输业务的定义、特点和分类。

◆ 熟悉租船运输业务基本流程。

【执业技能目标】

◆ 能够完成国际租船业务。

任务提出

制订一份租船确认书。

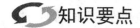 知识要点

一、租船运输业务基础

(一)租船运输的定义和特点

租船运输又称不定期船运输,指根据协议承租人向船舶所有人租赁船舶用于货物运输,并按商定运价,向船舶所有人支付运费或租金的运输方式。租船运输具有如下特点:以运输货值较低的大宗货物为主;无固定航线、装卸港口、船期;无固定的运价。

(二)租船运输业务的分类

1. 定程租船

定程租船简称程租,它是船舶所有人按双方事先议定的运价与条件向租船人提供船舶全部或部分仓位,在指定的港口之间进行一个或多个航次运输指定货物的租船业务。简单地说,对这种方式可用四个"特定"来概括,即特定的船舶、特定的货物、特定的航次、特定的港口。程租可分为以下几种。

(1)单航次程租,即只租一个航次的租船。船舶所有人负责将指定货物由一港口运往另一港口,货物运到目的港卸货完毕后,合同即终止。

(2)来回航次租船,即洽租往返航次的租船,一艘船在完成一个单航次后,紧接着在上一航次的卸货港(或其附近港口)装货,驶返原装货港(或其附近港口)卸货,货物卸毕合同即终止。

(3)连续航次租船,即洽租连续完成几个单航次或几个往返航次的租船。在这种方式下,同一艘船舶,在同方向、同航线上,连续完成规定的两个或两个以上的单航次,合同才告结束。

程租具有以下特点。

(1)船舶的经营管理由船方负责;

(2)规定一定的航线和装运的货物种类、名称、数量以及装卸港;

(3)船方除对船舶航行、驾驶、管理负责外,还应对货物运输负责;

(4)在多数情况下,运价按货物装运数量计算;

(5)规定一定的装卸期限或装卸率,并计算滞期费和速遣费;

(6)船租双方的责任义务,以程租合同为准。

2. 定期租船

定期租船简称期租,它是船舶所有人把船舶出租给承租人使用一定时期的租船方式,在这期限内,承运人可以利用船舶的运载能力来安排货运。租期内的船舶燃料费,港口费用以及拖轮费用等营运费用,都由租船人负担,船东只负责船舶的维修、保险、配备船员和供给船员的给养和支付其他固定费用。期租船的租金在租期内不变,支付方法一般按船舶夏季载重线时的载重吨每吨每月若干货币单位计算,每30天(或每日每月)或每半月预付一次。

3. 光船租船

光船租船是一种比较特殊的租船方式,也是按一定的期限租船,但与期租不同的是船东不

提供船员,只将一条船交租船人使用,由租船人自行配备船员,负责船舶的经营管理和航行各项事宜。在租赁期间,承租人实际上对船舶有着支配权和占有权。

4. 包运租船

包运租船是指船东在约定的期限内,派若干条船,按照同样的租船条件,将一大批货物由一个港口运到另一个港口,航程次数不作具体规定,合同针对待运的货物。运费可以按照合同签订日的费率决定,也可采用每次运费率的方法,也就是说,费率可以根据市场的变化灵活变动,减少合同双方的损失。

包运租船可以减轻租船压力,对船东来说,营运上比较灵活,可以用自有船舶来承运,也可以再租用其他的船舶来完成规定的货运任务,可以用一条船多次往返运输,也可以用几条船同时运输。包运租船的货物通常是大宗低价值散货。

二、租船运输业务基本流程

1. 询价

询价又称询盘,通常是指承租人根据自己对货物运输的需要或对船舶的特殊要求通过租船经纪人在租船市场上要求租用船舶的做法。询价主要以电报或电传等书面形式提出。承租人所期望条件的内容一般应包括:需要承运的货物种类、数量、装货港和卸货港、装运期限、租船方式或期限、期望的运价(租金)水平以及所需用船舶的详细说明等内容。询价也可以由船舶所有人为承揽货载而首先通过租船经纪人向租船市场发出。由船舶所有人发出的询价内容应包括:出租船舶的船名、国籍、船型、船舶的散装和包装容积、可供租用的时间、希望承揽的货物种类等。

2. 报价

报价又称发盘。当船舶所有人从船舶经纪人那里得到承租人的询价后,经过成本估算或者比较其他的询价条件,通过租船经纪人向承租人提出自己所能提供的船舶情况和运费率或租金率。报价的主要内容有:除对询价的内容作出答复和提出要求外,最主要的是关于租金(运价)的水平和选定的租船合同范本及对范本条款的修改、补充条款。报价有硬性报价和条件报价之分,硬性报价是报价条件不可改变的报价,并在有效的时间内接受才能有效,否则失效。与此相反,条件报价是可以改变报价条件的报价。

3. 还价

还价又称还盘。在条件报价的情况下,承租人与船舶所有人之间对报价条件中不能接受的条件提出修改或增删的内容,或提出自己的条件称为还价。还价意味着询价人对报价人报价的拒绝和新的报价开始。因此,船东对承租人的还价可能全部接受,也可能接受部分还价,对租船运输不同意部分提出再还价或新报价。这种对还价条件作出答复或再次作出新的报价称为反还价或称反还盘。

4. 报实盘

在一笔租船交易中,经过多次还价与反还价,如果双方对租船合同条款的意见一致,一方可以以报实盘的方式要求对方做出是否成交的决定。报实盘时,要列举租船合同中的必要条款,将双方已经同意的条款和尚未最后确定的条件在实盘中加以确定,同时还要在实盘中规定有效期限,要求对方答复是否接受实盘,并在规定的有效期限内作出答复。若在有效期限内未作出答复，所报实盘即告失效。同样，在有效期内，报实盘的一方对报出的实盘是不能撤销或修改的，也不能同时向其他第三方报实盘。

5．接受订租

接受订租又称受盘，指当事人对实盘所列条件在有效期内明确表示接受，至此，租船合同即告成立。原则上，接受订租是租船程序的最后阶段。接受订租后，一项租船洽商即告结束。

6．订租确认书

订租确认书是租船程序的最后阶段，当事人之间签署一份租船确认书（fixture note），一项租船业务即告成交。订租确认书无统一格式，但其内容应详细列出船舶所有人和承租人在洽租过程中双方承诺的主要条款。订租确认书经当事人双方签署后，各保存一份备查。

任务反馈

FIXTURE NOTE
订租确认书

THIS F/N IS MUTUALLY AGREED BY AND BETWEEN THE PARTIES UNDERSIGNED WITH THE FOLLOWING TERMS AT 20AUG09：

该租船确认书是由下列签字各方共同协商，在2009年8月20日达成如下条款：

THE CHARTERER：

THE OWNER：

承租人：

船舶所有人：

1. BLT 2004 JAPAN -B/C-50354 DWT AT 11,925M-LOA：189,80M

BEAM 32,26M-DEPTH MOULDED 16,90M-GRT/NRT 27989/17077-

5HOHA 20,24 X17,97M

4 CRANES 30MT-4 GRABS/12CBM-

2231822 CBFT GRAIN

2144048CBFT BALE-CRANES OUTREACH 8,5M

SS/DD PASSED JAN 2009-INSURED IN LLOYDS-NORTH OF ENGLAND P+I CLUB

ST VINCENT FLAG

ALL DTLS ABT

2. CARGO：50 000MT 10PCT MOLOO HARMLESS NICKEL ORE IN BULK．

货量：50 000吨的散装无害镍矿，10%的增减船舶所有人选择。

3. LOAD PORT 1SA OF SURIGAO，IN THE PHILIPPINES

装港：菲律宾的苏里高的一个安全泊位或者锚地。

4. DISCH PORT：1SB RIZHAO OR LIANYUNGANG，CHINA

卸港：中国日照或连云港的一个安全泊位。

5. LOAD RATE：6 000 MT PWWD SHINC

装货速率：每晴天工作日6 000MT，包括节假日。

6. DISCH RATE:12 000MT PWWD SHINC
卸货速率：每晴天工作日 12 000MT，包括节假日。

7. LAYCAN:24AUG /30AUG 2009
受载日期：2009 年 8 月 24/30 日。

8. LAYTIME:NOR TO BE TENDER UPON VSLS ARRIVAL AT L/D PORT, LAYTIME TO COMMENCE W/I 12RUNNING HOURS AFTER TENDERING OF NOTICE OF READINESS UNLESS LOADING/DISCHARGING IS SOONER COMMENCED. IN WHICH CASE ACTUAL TIME USED SHALL BE COUNTED AS LAYTIME.
装卸起算时间：船舶抵装/卸港，递交船舶准备就绪通知书 12 小时后起算装卸时间，或者以实际装卸货物开始时间起算，以早者为准。

9. FREIGHT:USD PMT FIOST BSS 1/1
运费：运费是美元每吨，一装一卸，船东不负责装/卸费用及平舱、理舱费用。

10. DEM/DES:USD11 000 PD PR/DHD WTS AT BENDS. IN CASE CGO DOCUS NOT BE OF READINESS WHEN VSL ARRIVAL AT BENDS, DES /DEM IF ANY TO BE SETTLED WITHIN 10 DAYS AFTER COMPLETION OF DISCHARGING.
滞期速遣费：滞期费 11 000 美元每天，速遣费是滞期费的一半。
船舶抵达装/卸港后，速遣费/滞期费需在航次结束后 10 天内结清。

11. PAYMENT:FULL FREIGHT 20 PCT TO BE PAID TO OWNERS NOMINATED BANK ACCOUNT WITHIN 5(Five) BANKING DAYS AFTER COMPLETION OF LOADING.
运费支付：20％运费必须在船舶装船完毕后 5 个银行工作日内付到船舶所有人指定账户上。

BALANCE 80％ WILL BE PAID WITHIN 10 DAYS AFTER COMPLETION OF DISCHARGING, OWNER SIGNING AND RELEASING O. B/L AGAINST CHTR'S FRT REMITTING BANK SLIP.
在卸货完毕的 14 天内支付余下的 80％运费，船舶所有人凭租家运费支付银行水单签放提单。

12. FREIGHT IS DEEMED TO BE EARNED ON COMPLETION OF LOADING AND SHALL BE DISCOUNTLESS AND NON-RETURNABLE WHETHER SHIP AND/OR CARGO LOST OR NOT.
运费视作装船结束后即已赚取，无论船舶灭失与否，不得抵扣，不得退回。

13. OWS TO GUARANTEE VSLS GEAR, GRABS ARE IN GOOD WORKING CONDITIONS AS PER MENTIONED ON THE PARTICULARS OF VSLS. IF VSLS CRANE/GRABS IS OUT OF ORDER THEN TIME NOT TO BE COUNTED AS LAYTIME PER CRANES PRORATA.
船舶所有人保证船吊及抓斗处于船舶规范规定描述的良好的工作状态，如果船吊及抓斗不能正常工作，按比例扣减装卸时间。

14. OWS AGENT BENDS.
装卸港代理由船舶所有人指定。

15. N. O. R. TO BE TENDERED UPON VSLS ARRIVAL AT BOTH ENDS, WHETHER IN BERTH OR NOT, WHETHER IN PORT OR NOT, WHETHER FREE

PRATIQUE OR NOT, WHETHER CUSTOM CLEARANCE OR NOT.

在船舶到达装卸港时,无论是否靠泊,无论是否在港,无论是否清关,无论是否入港许可,准备就绪通知书在抵港后递交,不受任何时间限制。

16. CONGEN BS/L TO BE USED, CARGO QTY ON BS/L TO BE DETERMINED BY SHIPPERS DRAFT SURVEY JOINTLY WITH MASTER AT LOADING PORT.

使用金康提单,提单上的货物数量按照发货人及船长的联合水尺检验确定。

17. OVERAGE PREMIUM FOR OWNERS ACCT.

如果有船舶超龄保险由船舶所有人支付。

18. OWS/MASTER WILL GIVE ETA NOTICE 5/3/2/1 AND 6 HRS BOTH ENDS.

船舶所有人或船长必须给予船舶预计抵达的5天、3天、2天、1天及6小时的到港通知。

19. AS CARGO ON FREE IN/OUT STOWED/TRIMMED BASIS, OWS TO HOLD CHTRS/SHIPPERS/RCVRS/STEVEDORES RESPONSIBLE FOR STEVEDORES DAMAGE TO SHIP.

由于船舶所有人不负责装货、卸货、平舱、理舱,因此船舶所有人有权要求承租人、发货人、收货人、装卸公司对装卸过程中造成的船舶损害负责。

20. CHTRS WILL TAKE SPECIAL CARE TO ENSURE NO DAMAGE OCCURS DURING OPERATION.

在作业过程中承租人必须采取足够的措施避免损害船舶。

21. LIGHTERAGE/LIGHTERING/SHORE CRANE/FLOATING CRANE/SHIFTING, IF ANY, SHALL BE FOR OWNERS' TIME AND ACCOUNT AT BENDS.

如果在装卸港需要安排驳船/过驳/岸吊/浮吊/移泊,由船舶所有人承担时间和费用。

22. TAXES/DUES ON CARGO TO BE FOR CHTRS ACCT.

因货物发生的税收/税赋由承租人支付。

23. TAXES/DUES ON VSL/FREIGHT TO BE FOR OWNERS ACCT.

因船舶或运费发生的税收/税赋由船舶所有人支付。

24. IF THE ORIGINAL BS/L IS NOT AVAILABLE AT DISCHPORT THE OWS SHUD DISCHARGING THE CGO AGAINST CHTRS SINGLE LOI ACCORDING TO OWNER P&I WORDING N COPY BS/L. DELY THE CARGO BSS ORIG BS/L ONLY.

船舶所有人凭正本提单放货,如正本提单无法在船舶抵达卸货港前到达目的港,承租人可凭提单副本及船东保险公司提供的保函卸货,放货要凭正本提单。

25. OWS CONFIRM THAT VSL HAS BEEN COVERED UNDER P&I CLUB AND HAVING VALID SHIPPING CERTIFICATES.

船舶所有人保证船舶加入了船东互保协会,拥有合法的航行证书。

26. ANY DISPUTES ARISING UNDER THIS CHARTER PARTY ARE TO BE REFERED TO ARBITRATION TO INTERNATIONAL ECONOMIC AND TRADE ARBITRATION COMMISSION OF CHINA IN SHANGHAI ACCORDING TO CHINA'S LAWS AND INTERNATIONAL PRACTICES WHEN APPLYING ITS RULES OF PROCEDURE.

该租约下发生的任何纠纷提交中国国际经济贸易仲裁委员会,适用按照其规定的仲裁程序运用中国法律和国际惯例在上海进行仲裁。

27. OTHERS ASPER C/P GENCON 94.

其他未尽事宜根据金康合同1994年版。

28. ENGLISH/CHINESE IS IN SAME FORCE OF LAW CONFLICTS BETWEEN THESE TWO LANGUAGES ARISING THEREFROM, IF ANY, SHALL BE SUBJECT TO CHINESE VERSION.

中英文具有相同的法律效力，如文字解释有异议，以中文为准。

THE CHARTERERS　　　　　　　　　　THE SHIP OWNERS
承租人　　　　　　　　　　　　　　　船舶所有人

http://www.cifa.org.cn/ 中国国际货运代理协会
http://www.sinotrans.com/ 中国外运股份有限公司
http://www.coscocs.com/ 中国远洋海运集团有限公司
http://www.cosfre.com/ 中远国际货运有限公司

习题巩固

一、单项选择题

1. 集装箱码头堆场在验收货箱后，即在（　　）上签字，并将签署的该单证交还给货运代理人或发货人。
　　A. 提单　　　　　B. 场站收据　　　C. 提货单　　　　D. 装货单

2. 在订舱后，货运代理人通常应提出使用集装箱的申请，船方会给予安排并发放（　　）。凭该单，货运代理人就可安排提取所需的集装箱。
　　A. 提单　　　　　　　　　　　　　B. 装货单
　　C. 集装箱设备交接单　　　　　　　D. 集装箱装箱单

3. 船方一旦接受订舱，就会着手编制（　　），然后分送集装箱码头堆场、集装箱空箱堆场等有关部门，并将据此安排办理空箱及货运交接等工作。
　　A. 订舱清单　　　　　　　　　　　B. 装货单
　　C. 集装箱设备交接单　　　　　　　D. 集装箱装箱单

4. 装箱人应根据订舱清单的资料，并核对场站收据和货物装箱的情况，填制（　　）。
　　A. 提单　　　　　　　　　　　　　B. 装货单
　　C. 集装箱设备交接单　　　　　　　D. 集装箱装箱单

5. 签发海运提单的日期是（　　）。
　　A. 货物集港的日期　　　　　　　　B. 货物开始装船的日期
　　C. 货物全部装船完毕的日期　　　　D. 船舶起航的日期

6. 我国某出口商托运一票货物通过海运去长滩，通常应选择（　　）。
　　A. 远东—北美西岸航线　　　　　　B. 远东—北美东岸航线
　　C. 远东—欧洲航线　　　　　　　　D. 远东—地中海航线

7. 根据《国际海运危险货物规则》的规定,油漆、清漆属于(　　)类的危险品。
   A. 爆炸品　　　　B. 气体　　　　C. 易燃液体　　　　D. 有毒物质
8. 以下组织中,(　　)和其他三者的基本性质不一样。
   A. IMO　　　　B. BIMCO　　　　C. ICS　　　　D. CMI
9. 目前国际海上货物运输业务中,集装箱货物通常选择由(　　)进行运输。
   A. 多用途船　　　　　　　　　　B. 全集装箱船
   C. 杂货船　　　　　　　　　　　D. 半集装箱船
10. 对美国出运危险货物或在香港转运危险货物,还需要增加一份《国际海运危险货物规则》推荐使用的(　　)。
   A. 危险货物专用提单　　　　　　B. 危险货物申报单
   C. 危险货物专用舱单　　　　　　D. 危险货物专用收据

二、多项选择题

1. 准确计量货物对货物运输有着非常重要的意义,下列说法中错误的有(　　)。
   A. 货物的量尺体积取货物外形平均长、宽、高的乘积
   B. 货物的准确计量直接决定集装箱货物的运价和运费计算
   C. 货物的重量一般以净重计算
   D. 货物的体积和重量可以通过测量货物的积载因数的方法计算出
2. 现代海上运输的特征是船舶的(　　)。
   A. 多样化　　　　B. 专业化　　　　C. 大型化　　　　D. 高速化
3. 班轮公会限制或调节班轮公会内部相互竞争的主要手段有(　　)等。
   A. 合同费率制　　B. 延期回扣制　　C. 协定费率　　　D. 统一经营
4. 为了促进海上货物运输事业的发展,逐步形成和发展并沿袭至今的特殊制度包括(　　)等。
   A. 共同海损制度　　　　　　　　B. 海上救助制度
   C. 承运人责任限制制度　　　　　D. 船舶所有人责任限制制度
5. 属于《国际海运危险货物规则》危险品九大类分类类别的包括(　　)。
   A. 爆炸品　　　　　　　　　　　B. 易燃气体
   C. 易燃液体　　　　　　　　　　D. 易燃固体
6. 货主委托货代理办理运输事宜的单证中,基本单证主要包括(　　)等。
   A. 外汇核销单　　　　　　　　　B. 商业发票
   C. 配额许可证　　　　　　　　　D. 出口许可证
7. 货主委托货运代理办理运输事宜的单证中,特殊单证主要包括(　　)等。
   A. 装箱单　　　　B. 重量单　　　　C. 动植物检疫证　　D. 原产地证书
8. 货运代理人在处理退关工作时应做到(　　)。
   A. 跟踪处理　　　B. 抓紧时间　　　C. 尽量拖延　　　D. 信息保密
9. 货运代理人在处理接运工作时要做到及时、迅速,其主要工作包括(　　)等。
   A. 加强内部管理　　　　　　　　C. 汇集单证
   B. 及时告知收货人　　　　　　　D. 及时与港方联系
10. 货运代理人在进行危险货物托运单的缮制时,除一般普通货物共同需要的内容以外,还

需增加( )等内容。
  A.危险货物性质   B.危险货物类别
  C.危险货物别名   D.危险货物联合国编号

三、判断题

1. 货物积载因数的大小说明货物的轻重程度。( )
2. 国际海事组织 IMO 是政府间的国际组织,是联合国在海事方面的一个技术咨询和海运立法机构,《国际海运危险货物规则》就是 IMO 制定的。( )
3. 液体危险货物的闪点越低,说明其危险性越大。( )
4. 《国际海运危险货物规则》规定,危险货物的所有标志均须满足至少一个月海水浸泡后,既不脱落,又清晰可辨。( )
5. 按照港口费收规定和运价本规定,通常将单件重量为 9 吨以上的货物称为重件货物;将长度超过 5 米的货物视为长大件货物。( )
6. 特殊货物如散装油料、冷藏货及鲜货、活货的订舱,应在进口订舱联系单上列明具体货运温度等要求。( )
7. 在货主委托货运代理时,会有一份货运代理委托书。在订有长期货运代理合同时,可能会用货物明细表等单证代替委托书。( )
8. 货运代理人向货主交货有两种情况,一是象征性交货,二是实际性交货。如果是象征性交货,货运代理则不必进行交货工作的记录。( )
9. 进口货物入境后,一般在港口报关放行后再内运,但经收货人要求,经海关核准也可运往另一设关地点办理海关手续,称为转关运输货物,不属于海关监管货物。( )
10. 所有进口货物都须先完成卸货地订舱手续。( )

四、简答题

1. 在对海上货物承运人进行选择时,主要应考虑哪些问题?
2. 试分析货运代理人与无船承运人两者之间的主要区别与联系。
3. 简述拼箱货物、集拼业务流程及涉及的相关核心单证。
4. 简述提单的定义与主要功能。
5. 简述整箱货与拼箱货的基本概念,并请说明它们之间的区别与联系。

五、计算题

1. 由天津新港运往莫桑比克首都马普托门锁 500 箱,每箱体积为 0.025 立方米,毛重为 30 千克。(去马普托每运费吨为 650 港元,另外加收燃油附加费 20%,港口附加费 10%,计收标准为 W/M)。
  计算:该批门锁的运费为多少?
2. 某票货从张家港出口到欧洲费力克斯托,经上海转船。$2×20'$FCL,上海到费力克斯托的费率是 USD 1 850.00/$20'$FCL,张家港经上海转船,其费率在上海直达费力克斯托的费率基础上加 USD 100/$20'$FCL,另有货币贬值附加费 10%,燃油附加费 5%。
  计算:托运人应支付多少运费?
3. 出口某商品 100 公吨,报价每公吨 1 950 美元 FOB 上海。客户要求改报 CFR 伦敦价,已知该货为 5 级货,计费标准为 W,海运费吨运费 70 美元。若要保持外汇净收入不变,应如何报价?若还需征收燃油附加费 10%、港口附加费 10%,又应如何计算?
4. 某公司出口货物共 200 箱,对外报价为每箱 438 美元 CFR 马尼拉,菲律宾商人要求将价格改报为 FOB 价,试求每箱货物应付的运费及应改报的 FOB 价为多少?(已知该批货物每箱的体积为 45 厘米×35 厘米×25 厘米,毛重为 30 千克,商品计费标准为 W/M,每运费吨基本运费为 100 美元,到马尼拉港需加收燃油附加费 20%,货币附加费 10%,港口拥挤费 20%。)

5. 某公司出口一批商品共 1 000 公吨,出口价格为每公吨 2 000 美元 CIFXXX 港。客户现要求改报 FOBC5% 上海价。查该商品总重量为 1 200 公吨,总体积 1 100 立方米,海运运费按 W/M 计收,每运费吨基本运费率为 120 美元,港口附加费 15%,原报价的保险金额按 CIF 价另加成 10%,保险险别为一切险,保险费率为 1%,求该商品的 FOBC5% 上海价。

6. 某进出口公司委托一国际货运代理企业代办一小桶货物以海运方式出口国外。货物的重量为 0.5 吨,小桶(圆的)的直径为 0.7 米,桶高为 1 米。货运代理最后为货主找到一杂货班轮公司实际承运该货物。货运代理查了船公司的运价本,运价本中对该货物运输航线、港口、运价等的规定为:基本运价是每运费吨支付 100 美元;燃油附加费按基本运费增收 10%;货币贬值附加费按基本运费增收 10%;计费标准是 W/M;起码提单按 1 运费吨计算。你作为货运代理人,请计算该批货物的运费并告诉货主以下内容。

(1) 该批货物的计费吨(运费吨)是多少?

(2) 该批货物的基本运费是多少?

(3) 该批货物的附加运费是多少?总的运费是多少?

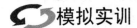

模拟实训

海运进出口代理业务角色扮演

实训目标

通过此次活动,使学生深入理解海运货运代理进出口业务各环节流程的工作内容,掌握各环节的工作重点,并能够准确演示各环节的业务技能。

实训准备

(1) 推选主持人:从学生中推选出一名主持人。

(2) 分组:每组 10 人,每人负责进出口业务的一个环节的工作,可根据班级具体人数确定分组数量,多出的同学任评委。

(3) 角色分工:每组同学中,每个人从主持人手中抽取一个牌子。牌子上写有各环节的名称即角色名称,但没有每个环节的操作内容。

(4) 每组抽签决定活动顺序。

环境要求

(1) 资料:海运货运代理进出口业务流程;流程中的各环节名称;事先做好的牌子(牌子上分别印有每个环节的名称)。

(2) 场地:教室或物流实训室。

操作步骤

(1) 主持人宣布游戏规则,并宣布比赛开始。

(2) 角色扮演:主持人随机安排每位同学分别读出自己手中牌子的环节名称(即各自所扮演

的角色),并据此说出自己所扮演的角色的主要工作内容(即海运货运代理进出口业务流程中的该环节的业务内容)。

(3)安排流程排序:主持人宣布开始,各组同学以最快速度按海运货运代理进出口业务基本流程的正确顺序排队,要求每位同学举起手中的牌子。

实训考核

编号	评分标准	分值
1	角色归位正确	30
2	能够准确演示本环节的工作内容	50
3	排序所用时间	20
合 计		100

项目 4 国际海上运输单证业务

任务 1 海运提单业务

【从业知识目标】

◆ 理解并掌握海运提单的概念、作用和种类。

◆ 了解有关海运提单的国际公约。

◆ 掌握海运提单的基本格式和内容。

◆ 熟悉并掌握海运提单的使用。

【执业技能目标】

◆ 能够独立审核所签发海运提单并确认其有效性。

◆ 能够准确完成海运提单的流转程序。

任务提出

东莞某 A 货运代理有限公司业务员小赵，承揽了一笔香港 B 公司出口录音带至尼日利亚的代理业务。由于 B 公司指定要马士基（中国）航运有限公司运输，而 A 公司与马士基没有业务往来，于是小赵委托深圳 C 船务代理公司向马士基公司订舱。货物在盐田港装船后，承运人签发了以 B 公司为托运人的正本提单给 C 公司。C 公司将提单快递给小赵，但在寄送中提单丢失。

一个月后货物运抵目的港，香港 B 公司顺利收款后，希望让收货人不凭提单提取货物，承运人要求向其先支付 222 100 港元的保证金，由承运人确认放货正确后退回。鉴于事情发生情况，建议由香港 B 公司、东莞 A 公司、深圳 C 公司三方各承担三分之一。由于小赵以前没有遇到过这种情况，担心公司会不同意。他应该如何处理呢？

项目 4
国际海上运输单证业务

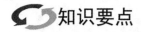知识要点

一、海运提单的含义和作用

(一)海运提单的含义

海运提单是用于证明海上运输合同和货物已由承运人接管或装船,以及承运人据以保证交付货物的凭证。

(二)提单的性质和作用

(1) 货物收据。承运人签发提单,即书面确认已经收到发货人委托其运送的货物。

(2) 物权凭证。提单的流通性决定了提单所具有的物权凭证的特性。依商业惯例,提单的转让就表明了货物所有权的转移。

(3) 运输契约证明。持有提单,即可表明发货人和承运人之间已经有运输合同关系存在。

二、海运提单的种类

(一)按表现形式不同,可以分为纸质提单和电子提单

(1) 纸质提单。

(2) 电子提单:电子提单不同于传统纸质提单,它是无纸单证,即按照一定规则组合而成的电子数据。各有关当事人凭密码通过 EDI 进行电子提单相关数据的流转,既解决了因传统提单晚于船舶到达目的港,不便于收货人提取货物的问题,又具有一定的交易安全性,因而有着广阔的应用前景。

(二)按提单内容繁简程度不同,可以分为全式提单和简式提单

1. 全式提单

全式提单是指提单除正面印就的提单格式所记载的事项,背面列有关于承运人与托运人及收货人之间权利、义务等详细条款的提单。由于条款繁多,所以又称繁式提单。

2. 简式提单

简式提单又称短式提单、略式提单,是相对于全式提单而言的,是指提单背面没有关于承运人与托运人及收货人之间的权利、义务等详细条款的提单。这种提单一般在正面印有"简式"(short form)字样,以示区别。简式提单中通常列有如下条款:本提单货物的收受、保管、运输和运费等事项,均按本提单全式提单的正面、背面的铅印、手写、印章和打字等书面条款和例外条款办理,该全式提单存本公司及其分支机构或代理处,可供托运人随时查阅。

(三)按提单使用效力不同,可以分为正本提单和副本提单

1. 正本提单

正本提单指提单上经承运人、船长或其代理人签字盖章并注明签发日期的提单。正本提单上要注明有"Original"字样,以示与副本提单有别。正本提单一般一式三份,也有一式二份、四份和五份的,以便托运人遗失其中一份,可凭其他各份提单提货,其中一份完成提货手续后,其

余各份自动失效。

2. 副本提单

副本提单通常指的是正本提单的复制件。副本提单即提单上没有承运人签字,副本提单正面注有"副本"(copy)和(或)"不可转让"(non-negotiable)的字样,且通常没有背面条款。副本提单船方不签字,其份数是按照托运人要求或是由船方自行确定。盖章,只供工作上参考使用,不具有法律效力。

(四)按货物是否已装船,可以分为已装船提单和收货待运提单

1. 已装船提单

已装航提单指由船长或承运人的代理人在货物装上指定的船舶后签发的提单。已装船提单的正面载有装货船舶的名称和装船日期,表明货物确已装船。一般,买方在信用证中要求卖方提供已装船提单。银行一般也只接受已装船提单。

2. 收货待运提单

收货待运提单指船方在收到货物后,在货物装船以前签发的提单。船方有时由于船期的原因,会在船方指定的仓库预收货物,然后由船方依仓库收据签发收货待运提单。收货待运提单表明货物已由船方保管,并准备装到即将到港的某船上,而未确认货物已装船。买方一般不愿接受收货待运提单。银行通常也不愿意接受收货待运提单作为议付的担保。目前,收货待运提单多用于集装箱运输。如信用证规定应提供"已装船提单",就应在集装箱装船以后,换取已装船提单。

(五)按货物外包装状况,可以分为清洁提单和不清洁提单

1. 清洁提单

清洁提单指在提单上未附加表明货物表面状况有缺陷的批注的提单。承运人如签发了清洁提单,就表明所接受的货物表面或包装完好,承运人不得事后以货物包装不良等为由推卸其运送责任。银行在结汇时一般只接受清洁提单。

2. 不清洁提单

不清洁提单指在提单上批注有表明货物表面状况有缺陷的提单。船方在货物装船时,如发现货物的表面状况不良,可以在提单上进行批注,以表明上述不良是在装船以前就存在的,从而减轻船方的货损责任。买方一般不愿接受这种提单,因为包装不良的货物在运输中很容易受损。银行除非在信用证规定可以接受该类提单的情况下,一般会拒绝接受不清洁提单办理结汇。

阅读与思考

2007年4月,我国T公司向荷兰M公司出售一批纸箱装货物,以FOB条件成交,目的港为鹿特丹港,由M公司租用H远洋运输公司的货轮承运该批货物。同年5月15日,该合同货物在青岛港装船。当船方接收货物时,发现其中有28箱货外表有不同程度的破碎,于是大副在收货单上批注"该货有28箱货外表破碎"。当船方签发提单,欲将该批注转提单时,卖方T公司反复向船方解释说买方是老客户,不会因一点包装问题提出索赔,要求船方不要转注收货单上的批注,同时向船方出具了下列保函:"若收货人因包装破碎货物受损为由向承运人索赔时,由我方承担责任。"船方接受了上述保函,签发了清洁提单。

该货船起航后不久,接到买方M公司的指示,要求其将卸货港改为法国的马赛港,收货人

变更为法国的F公司。经过一个多月的航行载货船到达马赛港，船舶卸货时法国收货人F公司发现该批货物有40多箱包装严重破碎，内部货物不同程度受损，于是以货物与清洁提单不符为由，向承运人提出索赔。后经裁定，向法国收货人赔偿20多万美元。此后，承运人凭保函向卖方T公司要求偿还该20多万美元的损失，但T公司以装船时仅有28箱货外表破碎为由，拒绝偿还其他的十几箱的损失。于是承运人与卖方之间又发生了争执。

试分析相关当事人的责任。

（六）按提单收货人不同，可以分为记名提单、不记名提单和指示提单

1. 记名提单

记名提单指提单正面载明收货人名称的提单。在这种情况下，承运人只能向该收货人交付货物。记名提单一般不能转让。在国际贸易中，除了某些金、银、珠宝等贵重物品的运输外，一般不使用记名提单。

2. 不记名提单

不记名提单指提单正面未载明收货人名称的提单。不记名提单的收货人一栏中空白不填或填写"持有人"的字样。在签发不记名提单的情况下，承运人应向提单的持有人交付货物。这种提单由于未写明收货人的名称，因此转让十分简便，无需背书，只要将提单交给受让人即可。这种提单风险较大，因此在实践中也很少使用。

3. 指示提单

指示提单指提单正面载明凭指示交付货物的提单。实践中比较常用。其中，在收货人一栏中填写"凭指示"（to order）字样的提单叫不记名指示提单；在收货人一栏中填写"凭某某指示"（to order of ××）的提单为记名指示提单。指示提单的转让必须经过背书。

（七）按运输方式不同，可以分为直达提单、转船提单和多式联运提单

1. 直达提单

直达提单指货物自装货港装船后，中途不经换船直接驶到卸货港卸货而签发的提单。直达提单上仅列有装运港和目的港的港口名称。在国际贸易中如信用证规定货物不准转船，卖方就必须取得承运人签发的直达提单后才能向银行办理议付货款。

2. 转船提单

转船提单上注有"在某港转船"字样，承运人只对第一程运输负责。按照海牙规则，如船舶不能直达货物目的港，非中转不可，一定要事先征得托运人同意。船舶承运转船货物，主要是为了扩大营业、获取运费。转运的货物，一般均属零星杂货，如果是大宗货物，托运人可以租船直航目的港，也就不发生转船问题。

3. 多式联运提单

多式联运提单指货物由海上、内河、铁路、公路、航空等两种或两种以上运输方式进行联合运输而签的适用于全程运输的提单。它有如下几个特点。

（1）多式联运是以两种或两种以上不同运输方式组成的运输方式，多式联运提单是参与两种或两种以上运输工具协同完成所签发的提单；

(2) 组成多式联运的运输方式中第一程必须是海运;

(3) 多式联运提单如果贸易双方同意,并在信用证中明确规定,可由承担海上区段运输的船公司、其他运输区段的承运人、多式联运经营人或无船承运人签发。

（八）按提单签发或交单时间的不同,可以分为预借提单、倒签提单、顺签提单和过期提单

1. 预借提单

预借提单又称无货提单,指受益人因故未能及时取得提单,而信用证即将过期。承运人应发货人(托运人)的要求,在货物尚未装船或装船尚未完毕的情况下预签的已装船提单。

2. 倒签提单

倒签提单指因货物实际装船日期晚于信用证中所规定的最晚装期,托运人为掩盖真实的装船日期或为了符合信用证中装运日期的规定,要求承运人不按实际装船日期签发的提单。

我国某出口公司先后与伦敦B公司和瑞士S公司签订两个出售农产品合同,共计3 500长吨,价值8.275万英镑。装运期为当年12月至次年1月。但由于原定的装货船舶出故障,只能改装另一艘外轮,致使货物到2月11日才装船完毕。在我公司的请求下,外轮代理公司将提单的日期改为1月31日,货物到达鹿特丹后,买方对装货日期提出异议,要求我公司提供1月份装船证明。我公司坚持提单是正常的,无需提供证明。结果买方聘请律师上货船查阅船长的船行日志,证明提单日期是伪造的,立即凭律师拍摄的证据,向当地法院控告并由法院发出通知扣留该船,经过4个月的协商,最后,我方赔款2.09万英镑,买方才肯撤回上诉而结案。

试分析倒签提单的风险。

3. 顺签提单

顺签提单是指货物装船后,承运人或者船务代理应货主的要求,以晚于该票货物实际装船完毕的日期作为签发日期的提单。这是为了符合有关合同关于装运日期的规定,应托运人的要求而顺签日期签发。但是在这种情况下,如果货物在实际装船后提单顺签日期前发生货损,发货人将面临索赔问题。

4. 过期提单

过期提单是指出口商取得提单后未能及时到银行,或过了银行规定的交单期限未议付而形成过期提单,习惯上也称为滞期提单。一般银行不接受过期提单,但过期提单并非无效提单,提单持有人仍然可凭提单要求承运人交付货物。

按照《UCP600》规定,凡超过发运日期21个日历日后提交的提单为过期提单,但在任何情况下都不得迟于信用证的有效期和交单期。

（九）按提单签发人不同,可以分为船公司提单和货运代理提单

1. 船公司提单(MB/L)

船公司提单指船公司为自己船只承运的货物签发的提单。

2. 货运代理提单（HB/L）

货运代理提单指由货运代理签发的提单。现在大部分船公司不接受货运代理提单提货，出货运代理提单的大部分是凭船公司电放放货。

三、有关海运提单的国际公约

由于提单的利害关系人常分属于不同国籍，提单的签发地或起运港和目的港又分处于不同的国家，而提单又是由各船公司根据本国有关法律规定自行制定的，其格式、内容和词句并不完全相同，一旦发生争议或涉及诉讼，就会产生提单的法律效力和适用法规的问题，因此，统一各国有关提单的法规，一直是各国追求的目标。当前已经生效，在统一各国有关提单的法规方面起着重要作用或有关国际货物运输的国际公约有三个。

（一）海牙规则（Hague Rules）

海牙规则的全称是《统一提单若干法律规定的国际公约》（International Convention for the Unification of Certain Rules of Law Relating to Bill of Lading），于1924年8月25日由26个国家在布鲁塞尔签订，1931年6月2日生效。公约草案是1921年在海牙通过，因此定名为海牙规则，欧美许多国家在内的50多个国家都先后加入了这个公约。1936年，美国政府以这一公约作为国内立法的基础制定了1936年美国海上货物运输法。海牙规则使得海上货物运输中有关提单的法律得以统一，在促进海运事业发展，推动国际贸易发展方面发挥了积极作用，是目前仍被普遍使用的、最重要的国际公约，我国于1981年承认该公约。海牙规则的特点是较多的维护了承运人的利益，在风险分担上很不均衡，因而引起了作为主要货主国的第三世界国家的不满，纷纷要求修改海牙规则，建立航运新秩序。

（二）维斯比规则（Visby Rules）

在第三世界国家的强烈要求下，修改海牙规则的意见已为北欧国家和英国等航运发达国家所接受，但他们认为不能急于求成，以免引起混乱，主张折中各方意见，只对海牙规则中明显不合理或不明确的条款作局部的修订和补充，维斯比规则就是在此基础上产生的。所以维斯比规则也称为海牙-维斯比规则（Hague-Visby Rules），它的全称是《关于修订统一提单若干法律规定的国际公约的议定书》（Protocol to Amend the International Convention for the Unification of Certain Rules of Law Relating to Bill of Lading），或简称为"1968年布鲁塞尔议定书"，1968年2月23日在布鲁塞尔通过，于1977年6月生效。目前已有英国、法国、丹麦、挪威、新加坡、瑞典等20多个国家和地区参加了这一公约。

（三）汉堡规则（Hamburg Rules）

汉堡规则是《1978年联合国海上货物运输公约》（United Nations Convention of the Carriage of Goods by Sea, 1978），1976年由联合国贸易法律委员会草拟，1978年经联合国在汉堡主持召开有71个国家参加的全权代表会议上审议通过。汉堡规则可以说是在第三世界国家的反复斗争下，经过各国代表多次磋商，并在某些方面作出妥协后通过的公约。汉堡规则全面修改了海牙规则，其内容在较大程度上加重了承运人的责任，保护了货方的利益，代表了第三世界发展中国家的意愿，这个公约已于1992年生效。但因签字国为埃及、尼日利亚等非主要航运货运国，因此，目前汉堡规则对国际海运业影响不是很大。

四、海运提单的条款

(一)提单正面的确认条款

上列外表情况良好的货物(另有说明者除外)已装在上列船上并应在上列卸货港或该船所安全到达并保持浮泊的附近地点卸货。(Shipped on board the vessel named above in apparent good order and condition (unless otherwise indicated) the goods or packages specified herein and to be discharged at the above mentioned port of as near thereto as the vessel may safely get and be always afloat.)

(二)提单正面的不知条款

重量、尺码、标志、号数、品质、内容和价值是托运人所提供的,承运人在装船时并未核对。(The weight, measure, marks, number, quality, contents and value, being particulars furnished by the Shipper, are not checked by the Carrier on loading.)

(三)提单正面的承诺条款

托运人、收货人和本提单的持有人兹明白表示接受并同意本提单和它背面所载的一切印刷、书写或打印的规定、免责事项和条件。(The Shipper, Consignee and the Holder of this Bill of Lading hereby expressly accept and agree to all printed, written or stamped provision, exceptions and conditions of this Bill of Lading including those on the back hereof.)

(四)提单正面的签署条款

为证明以上各节,承运人或其代理人已签署本提单一式×份,其中一份经完成提货手续后,其余各份失效。(In witness Where of, the Carrier or his Agents has signed Bills of Loading ( ) all of this tenor and date, one of Which being accomplished, the others to stand void.)

(五)提单背面的条款

提单背面是承运人责任限制条款,用来明确承运人对货物灭失和损坏负有赔偿责任,并应支付赔偿金时对每件货物支付最高赔偿金额的条款。此外,还有许多其他条款,承运人的运价成本条款、通知与支付条款、集装箱条款、托运人集装箱条款、索赔通知与实效条款、运费与附加条款、共同海损与救助条款、管辖条款和新杰森条款等。

五、海运提单的内容及缮制规范

1. 托运人(Shipper)

托运人即委托运输的人,在进出口贸易中通常就是出口人。
本栏应填写出口人的名称和地址。一般为信用证的受益人、合同的卖方,也可以是第三方。

2. 收货人(Consignee)

收货人即提单的抬头,应按信用证规定填写。
  ◆ 记名抬头——直接填写收货人名称和地址,如"To ABC Co."。
  ◆ 不记名抬头——填"To Bearer"。

◆ 指示抬头——按L/C规定填写,如"To order"、"To order of ×××"。填写"To order"、"To order of Shipper"两种情况都是托运人指示提单。如果填写"To order of ×××",则称为记名指示提单,记名指示人可以是银行,也可以是贸易商。

3. 通知人(Notify Party)

按信用证规定填写,须注明被通知人的详细名称和地址。在信用证方式下,应按信用证规定填写。如来证规定:"Full set of B/L…notify applicant",应在本栏中将开证申请人的全称及地址填上。如信用证无规定时,正本提单可留空填,但随船的副本提单须填列开证申请人的详细名称和地址。

4. 收货地(Place of Receipt)

应填写实际接收货物的地点。在一般海运提单中,没有此栏,但在多式联运提单中有此栏。

5. 装运港(Port of Loading)

装运港即起运港,应按信用证规定填写。

6. 海运船名(Ocean Vessel)和航次(Voyage No.)

应填写实际载货船舶的名称和本次航行的航次,没有航次的可以不填航次。

7. 转运港(Port of Transshipment)

货物发生转运时,应填写转运港口名称,必要时加注所在国家名称。

8. 卸货港(Port of Discharge)

卸货港即目的港,应按信用证规定填写。

9. 交货地点(Place of Delivery)

应填写最终目的地名称。如货物的目的地就是目的港的话,该栏可以留白,也可以填写目的港名称。

10. 提单号码(B/L No.)

提单上必须注明承运人及其代理人规定的提单编号,以便核查,否则提单无效。

11. 签发的提单份数(Nos. of Original Bs/L)

收货人凭正本提单提货。正本提单的份数应按信用证的要求,在本栏内用大写(如TWO、THREE等)注明。每份正本提单的效力相同,凭其中一份提货后,其余各份失效。根据信用证规定填写,用英文大写注明,如"TWO"或"THREE"等。

(1) 信用证规定的每一种单据须至少提交一份正本。
(2) 如果信用证要求提交单据的副本,提交正本或副本均可。
(3) 提单为唯一的正本提单,或如果以多份正本出具,提单中须标明全套正本的份数。
(4) 一般从货运代理处会得到三正三副的提单,根据信用证的要求交给银行。

12. 标记与号码,箱号码与封号(Marks & Nos, Container/Seal No.)

(1) 提单上的标记、号码应与信用证和其他单据中的唛头一致。若没有唛头,用"N/M",不能空白。
(2) 填写集装箱号码。铅封号是海关查验货物后作为封箱的铅制关封号,应如实注明。

13. 箱数与件数(Numbers of Packages or Shipping units)

(1) 按货物实际装运情况填写外包装的件数,在此栏下面的空白处或大写栏内加注大写件数。

(2) 散装货可注明"In bulk"字样,无需列明大写件数。

(3) 如有多种货物采用多种包装,则应分别列明各种货物的件数和包装种类并加列合计总件数。

14. 货物描述(Description of Goods)

货物描述按信用证和发票货名填写,如发票名称过多或过细,提单可打货物的总称,但不能和发票货名相矛盾。

15. 毛重(Gross Weight)

毛重以千克(kg)为单位填写装运货物的毛重,按千克以下四舍五入处理。

16. 尺码(Measurement)

尺码以立方米(m^3)为单位填写货物的尺码,立方米以下保留小数点后三位数。

17. 总包装件数(Total Packages)

由大写英文数字、包装单位和"ONLY"组成,如"ONE HUNDRED CARTONS ONLY"。

18. 运费和费用(Freight and Charges)

除非有特别规定外,本栏只填写运费的付费情况,如"Freight Prepaid"或"Freight to Collect",不填具体金额。

注意:在信用证中如有规定"FREIGHT TO BE PREPAID"时,提单上不能照打,而应该写成"Freight Prepaid"。

19. 运费支付地(Freight Payable at)

填写实际支付运费的地点。

20. 签单地点及日期(Place and Date of Issue)

签单地点通常为装运地点。签发日期即为装运日期。

提示:签发地点一般是装货港,如不一致,也可以接受。每张提单必须有签发日期。

21. 签章(Signature)

(1) 签章可以是承运人或其具名代理或代表。

(2) 船长或其具名代理或代表签署。

(3) 承运人、船长或代理人的任何签字或证实,必须表明"承运人"或"船长"的身份。

(4) 代理人的任何签字必须标明其代理承运人还是船长。

22. 已装船批注、装船日期

(1) 提单上预先印就"已装船"文字或相同意思的文字,这种提单通常被称为"已装船提单",不必另行加注"已装船"批注,提单的签发日期就是装船日期。

(2) 如果提单载有"预期船只"或类似的关于船名的限定语,则需以已装船批注明确发运日期以及实际船名。通常这种提单被称为收妥备运提单。对于收妥备运提单,这时需在提单上加注"已装船"的批注,并在旁边显示装船日期,该装船日期即为装运日期,而提单的签发日期不能视作装船日期。

样单 4-1：

Shipper 托运人		B/L No.
Consignee 收货人		COSCO
Notify Party 通知人		中国远洋运输(集团)总公司
Place of Receipt 收货地	Ocean Vessel 船名	China Ocean Shipping(GROUP)CO.
Voyage No. 航次	Port of Loading 装运港	Original
Port of Discharge 卸货港	Place of Delivery 交货地点	Combined Transport Bill of Lading
Marks & nos. Kinds of Packages Description of Goods g. W. (kg)MEAS(m^3) 唛头包装与件数商品名称毛重体积		
Total Number of Containers or Packages(In Words)总件数		

Freight & Charges 运费支付	Revenue Tons 计费吨数	Rate 价格	Per	Prepaid 预付	Collect 到付
Prepaid at 预付	Payable at 应付		Place and Date of Issue 签发地点与日期		
Total Prepaid 总额预付	Number of Original B(S)L 正本提单份数				
Loading on Board the Vessel Date			By		

六、海运提单的使用

（一）提单的确认

　　提单确认的意思是指货物已经交付上船，但是在船开之前的截关日当天货运代理会跟发货人进行确认。程序如下：货物报关后货运代理会把提单确认件传真给发货人，发货人根据提单上显示的内容（包括数量、重量体积、品名、唛头、运费条件、买卖双方的名称等等）与自己实际出货情况核对。如需修改则及时告知货运代理，修改后，货运代理会再传真给发货人修改并进行核对，直至完全准确，然后签发正本提单。

　　如果船开之后，就没有做提单确认的必要了，因为那时候船公司已经将上船之前的提单信息传给目的港，如果再需要修改，船公司将会对每票提单收取一定的费用（或者是美金或者是人民币),一般在100~200元人民币不等。

如果不做提单确认的话,不但会引起以上这些修改费用,而且收货人会提不到货,从而造成一些延误之后,在目的港造成滞留费用、码头费用,以及由此引起收货方的索赔都是有可能产生的,所以提单确认对于收货人和发货人都非常重要。

(二)提单的背书

提单的背书仅限于对指示提单。指示提单一经背书即可转让,意味着背书人确认该提单的所有权转让。指示提单背书分为以下几种情况。

(1)空白背书的记名指示提单(to order of……,不注明被背书人):托运人、收货人或进口方银行作为第一背书人将提单所有权转让给不定的其他人;

(2)空白背书的不记名指示提单(to order,不注明被背书人):托运人作为第一背书人将提单所有权转让给不定的其他人;

(3)记名背书的记名指示提单(to order of……,注明被背书人):托运人、收货人或进口方银行作为第一背书人将提单所有权转让给特定的其他人。此种流通性强,采用较为普遍。记名背书除同空白背书需由背书人签章外,还要注明被背书人的名称。如被背书人再进行转让,必须再加背书(如信用证出口业务中,出口商以发货人的身份作成议付行的记名背书,信用证规定提单收货人是议付行,在寄单前,议付行作成记名背书给开证行,进口商付款赎单时,若提单抬头人或被背书人是开证行,由开证行背书给进口商)。

(三)提单的更正和补发

1. 提单的更正

(1)提单签署前的更正。

在实际业务中,提单通常是在托运人办妥托运手续后,货物装船前,在缮制有关货运单证的同时缮制的。在货物装船后,托运人如果对这种事先缮制的提单提出合理的更正要求,承运人或代理人通常都会同意。

> **知识卡片**
>
> 在哪些情况下,托运人会对提单提出更正要求?
> ① 事先缮制的提单,与实际装载情况不符需要更正;
> ② 货物装船后,可能发现托运人申报材料的错误而需要更正;
> ③ 信用证要求的条件有所变更;
> ④ 由于其他原因,托运人提出更正提单内容的要求。

(2)提单签署后的更正。

货物已装船,提单已签署,托运人提出提单更正的要求,这时,承运人或其代理人要考虑各方面的关系后,在不妨碍其他提单利害关系人利益,不影响承运人的交货条件的前提下,征得有关方面同意,更改并收回原签提单。因更改提单内容而引起的损失和费用,则应由提出更改要求的托运人承担。如果提出提单更改时船舶已开航,应立即电告船长作相应的更改。

2. 提单的补发

如果提单遗失,托运人要求补发时,应分不同情况予以处理。

(1) 正本提单结汇后,在寄送途中遗失。这种情况一旦发生,收货人可在目的港凭副本提单和具有信用的银行出具保证书提取货物,并依照一定的法定程序声明提单作废,而无须另行补发提单。

(2) 提单在结汇前遗失。这时应由托运人提供书面担保,经承运人或其代理人同意后补签新提单并另行编号。同时把有关情况转告承运人在目的港的代理人,并声明原提单作废,以免发生意外纠纷。

(四) 电放提单

电放提单也就是电报放货的简称,它是通过电子报文或者电子信息形式把提单信息发送至目的港船公司。收货人可凭加盖电放章的提单电放件和电放保函进行换单提货。

电放提单的基本应用模式是:在船公司收取货物后,托运人(卖方)向船公司提出电放申请并提供保函,船公司接受申请后向托运人签发电放提单(在已经签发传统提单情况下则在收回以后再签发电放提单);船公司之后马上以电讯方式(包括电报、电传等)通知目的港船务代理,允许该票货物由托运人指定的收货人凭身份或者自己盖章后的电放提单传真件提货;等货物到达目的港后,收货人就可以凭身份证明或者盖章后的电放提单传真件向船公司提取货物。

任务反馈

根据提单业务的基本知识,小赵分析如下。

(1) 作为承运人,正常放货的情况就是要求收货人提供提单。如果没有提单,一般都需要收货人提出要求电放,或无单放货的对应方做出保证并提供保证金。因此,承运人的要求是合理的。

(2) 虽然提单是C公司在邮寄过程中丢失的,自己作为货运代理人对此没有过错,但作为货运代理人还是有义务向托运人交付提单。而且,自己转委托C公司订舱,也没有征求托运人的意见,根据《中华人民共和国合同法》规定,转委托未经同意的,受托人应当对转委托的第三人的行为承担责任,因此自己还是应该承担相应责任。

(3) 在出现问题后,应积极采取补救措施,保证收货人尽快提取货物,维护客户的利益。而且托运人也没有过于追究自己责任,只是要求配合承运人,由三方当事人提供保证金,因此,也是合理的。

综合以上情况,小赵决定去和经理说明清楚情况,争取获得公司同意,向船公司提供担保,保证收货人提取货物,然后再找C公司要求其承担担保的利息及其他相关损失和费用。

任务 2 海运单业务

【从业知识目标】
◆ 了解并掌握海运单的概念和作用。
◆ 掌握海运单和海运提单的区别和联系。
◆ 熟悉并掌握海运单的流转程序。

【执业技能目标】
◆ 能够明确海运单的适用范围,正确使用海运单。

任务提出

货运代理员小王接了几笔出口代理业务后,深知海运提单对发货人的重要性,但对于其他海运单据的使用,显得经验不足。经理想考考小王对海运单的掌握情况,给了小王一份案例:

国内电子产品出口商 A 公司自 2008 年起与新西兰 B 公司开展进出口贸易;合作初期 B 公司付款较为及时,双方合作关系良好。2009 年初,A 公司继续出运价值 50 万美元的货物,合同约定的付款方式为 D/P AT SIGHT。按照 B 公司指示,A 公司及时将货物直接发往最终买家澳大利亚 C 公司。在发货时,A 公司使用了"海运单"而非"海运提单"。应付款日过后,B 公司却表示,由于最终买家 C 公司破产,未向其支付货款,因此拒绝对 A 公司履行付款义务。在多番催讨无果的情况下,A 公司遂委托中国信保代为进行海外追讨。

中国信保在收到 A 公司的委托之后立即将案件交由新西兰当地律师处理,律师随即发函 B 公司,要求其对本案项下未付欠款做出合理解释并尽快履行付款责任。B 公司依旧借口最终买家 C 公司破产,其未收到 C 公司付款而拒付本案项下货款。鉴于上述情况,中国信保一方面要求新西兰律师继续同 B 公司交涉,明确指出其未收到最终买家付款的事实不能成为拖欠 A 公司的理由,要求立即履行合同约定的付款义务;另一方面则指示 A 公司积极联系当地其他买家,必要情况下转卖或者退运本案项下货物以避免更大的损失。而就在 B 公司迟迟不付款,A 公司准备安排退运的时候,经调查得知 C 公司早已提货,货物已经被列为其破产财产。

由于贸易合同为 A 公司与 B 公司订立,A 公司是按照 B 公司指示才将货物出运至澳大利亚,已完成了合同项下的交货义务。那么,无论货物是否被提走,B 公司均应承担完全的付款责任,因此当地律师立即要求 B 公司付款,否则将考虑采取法律措施。此时 B 公司却回复称,按照原本设计的贸易流程,C 公司在向其付款之前不会得到正本货运单据,更不可能提货,而由于 A 公司在发货时使用了海运单(sea waybill),导致 C 公司不需出示正本单据就把货提走。故 B 公司主张,是 A 公司的过失导致其失去对货权的控制,难以收到货款,并因此拒绝承担任何付款责任。至此,本案的焦点从简单的拖欠货款变为复杂的贸易纠纷,追回货款的希望变得十分渺茫。

经理要求小王回答以下问题:
(1) 使用海运单有何风险?
(2) 通过这个案例,可以总结哪些经验,帮助客户(出口企业)减少损失?

知识要点

一、海运单的含义和作用

(一) 含义

海运单是指证明海上货物运输合同和承运人接收货物或者已将货物装船的不可转让的单证。海运单的正面内容与提单的基本一致,但是印有"不可转让"的字样。有的海运单在背面订有货方定义条款、承运人责任、义务与免责条款、装货、卸货与交货条款、运费及其他费用条款、留置权条款、共同海损条款、双方有责碰撞条款、首要条款、法律适用条款等内容。

（二）作用

(1) 海运单可作为承运人接管货物或货物已装船的货物收据；

(2) 海运单可作为承运人与托运人之间订立海上货物运输合同的证明。

二、海运单的产生背景

1. 运输技术的提高

第二次世界大战后，科学技术飞速发展，新科技被广泛地应用于航海领域，使船舶的安全性能大大提高，航海的速度大大地加快。集装箱运输方式的迅猛发展，世界各大港口装卸设备的现代化，使得港口的装卸效率提高，国际海上货物运输所需的时间大大缩短。因而经常会出现代表货物的提单晚于货物到达目的港的情况，尤其是在近洋贸易当中，这种现象就更加普遍。由于提单的制作流程冗长而复杂，造成货到而提单未到的情况，使得买方无法及时提货。这不仅给港口造成货物滞留的情况，而且也给买方增加了额外的费用和风险。为了解决这种难题，贸易界出现了银行担保提货、电放等"偏方"，这种方式不仅违反了提单"见单交货"的原则，而且还会造成在发生贸易纠纷时，当事人得不到法律保护的严重后果。海运单就是在这种情况下产生的，它的出现缓解了提单晚于货物到港的问题。

2. 传统的以船舷为界的交货界限有所改变

20世纪70年代以来，集装箱运输方式风靡全球，被人们称为运输史上的一次革命。随着运输技术的不断革新，集装箱运输和国际多式联运方式的迅速发展，使得传统的海洋运输由以往的"港至港交货"，变为集装箱"货运站至货运站"或"堆场至堆场"，以至于发展到"卖方库门到买方库门"的交货方式。在这种情况下，以"船舷"为界的传统交货方式（2010年后贸易术语的规定改为"船上"交货）有所改变，而提单的出具仍然要等到货物上船后才能办理，这种传统的提单流转程序难以满足国际海运发展的要求。

3. 推广普及电子商务的需要

电子商务是企业运用现代信息科技、网络技术和现代通信技术，使得商务活动所涉及的贸易当事人，通过网络传递单证信息，从而实现商务活动的"无纸化交易"。但是由于提单具有物权凭证的这一重要功能，在目前要通过电子数据传输来体现这一功能尚有一定困难。因为作为电子数据的电子提单既无法进行正本手签，又不能进行背书转让。提单的物权凭证这一功能，成了网络信息时代电子提单发展的一大障碍。因此，联合国贸易与发展会议主张在进出口贸易中，凡是在近洋贸易，假如能肯定货物不在路途中销售，而且到货目的港明确，积极鼓励使用海运单。因为海运单不具备物权凭证这一功能，以此来实现运输单据的网上操作。

三、海运单和海运提单的区别和联系

(1) 海运提单是货物收据、运输合同的证明，也是物权凭证，海运单只具有货物收据和运输合同这两种性质，它不是物权凭证。

（2）海运提单可以是指示抬头形式，也可以是背书流通转让，海运单是一种非流动性单据，海运单上标明了确定的收货人，不能转让流通。

（3）海运单和海运提单都可以做成"已装船"形式，也可以是"收妥备运"形式。海运单的正面各栏的格式和缮制方法与海运单提单基本相同，只是海运单收货人栏不能做成指示性抬头，应缮制确定的具体收货人。

（4）海运提单的合法持有人和承运人凭提单提货和交货，海运单上的收货人并不出示海运单，仅凭提货通知或其身份证明提货，承运人凭收货人出示适当身份证明交付货物。

（5）海运提单有全式提单和简式提单之分，而海运单是简式单证，背面不列详细货运条款，但载有一条可援用海运提单背面内容的条款。

（6）海运单和记名提单，两者都具有收货人，不作背书转让，我国法律对于记名提单还是当做提单来看的，但事实上，记名提单不具备物权凭证的性质。在有些国家收货人提货需要出具记名提单。但在有些国家，比如美国，只要能证明收货人身份也可以提货。如此，记名提单在提货时和海运单无异。海运单并不经过银行环节，这一点与记名提单不同。

四、有关海运单的法律问题

（1）海运单的法律适用。海运单是海上货物运输合同的证明，因而调整海上货物运输合同的汉堡规则和有关国内法适用于海运单。然而，调整提单法律问题的海牙规则、海牙-维斯比规则能否适用于海运单，目前观点不一。

（2）收货人的法律地位。海运单规则规定了代理原则，规定托运人不仅为其自身利益，同时也作为收货人的代理人，为收货人的利益订立运输合同。因而收货人被视为海运单所证明的运输合同的当事人，可以依据海运单向承运人主张权利并承担义务。

（3）货物支配权。在使用海运单的情况下，托运人有权在承运人向收货人交付货物之前的任何时候书面变更收货人，实现对货物的支配。

五、海运单的优点

（1）海运单仅涉及托运人、承运人、收货人三方，程序简单，操作方便，有利于货物的转移。

（2）海运单是一种安全凭证，它不具有转让流通性，可避免单据遗失和伪造提单所产生的后果。

（3）海运单不是物权凭证，扩大海运单的使用，可以为今后推行EDI电子提单提供实践的依据和可能。

六、海运单的适用范围

（1）跨国公司的总公司或相关的子公司间的业务往来。

（2）在赊销或双方买方付款作为转移货物所有权的前提条件，提单已失去其使用意义。

（3）往来已久、充分信任且关系密切的贸易伙伴间的业务。

（4）无资金风险的家用的私人物品、商业价值的样品。

（5）在短途海运的情况下，往往是货物先到而提单未到，宜采用海运单。

七、海运单的流转程序

（1）承运人签发海运单给托运人。通常只签发一份正本海运单。但是如果经请求，则也可以签发两份或两份以上的正本海运单。

（2）承运人在船舶抵达卸货港前向海运单上记名的收货人发出到货通知书。到货通知书表明这批货物的运输是根据海运单进行的。

（3）收货人在目的地出示有效身份证件，并将其已签署的到货通知书交给承运人的办事机构或当地代理人，同时出示海运单副本。

（4）承运人或其代理人签发提货单给收货人。

（5）一旦这批货物的运费和其他费用结清，同时办好所有手续，收货人就可以提货。

任务反馈

小王在网上查找、收集了相关海运单的知识并认真学习后，总结了海运单存在的风险如下。

（1）对出口商而言，除非采用放账或预付款的支付方式，控制收汇风险的方法多为把控货权，要求收货人先行付款方能提取货物。而由于海运单无物权凭证效力，单据项下的货物往往是货到而单未到，进口方已先行提货，如果进口收货人借故拒付、拖欠货款，甚至像本案一样进入破产清算程序，出口方就会被迫处于钱货两失的尴尬境地。

（2）对进口商而言，使用海运单多是希望加快贸易流程，避免因单据遗失、破损等原因而丧失提货的权利。但是由于运输合同由出运人与承运人之间订立，收货人与承运人之间并无直接契约关系，在货物发生损害或灭失的情况下向承运人主张权利是缺乏法律依据的。另外，使用海运单时在货物交付收货人之前出货人均有权变更收货人的名称，这会导致收货人无法向承运人主张诉权，原本订立的进口合同也难以得到有效执行。

（3）对银行而言，海运单的风险多出现在信用证贸易中。在信用证流程中，银行具有第一性的付款义务。在银行向出口商付款后向进口商主张付款权利的最大筹码即是手中掌握的货运单据，即使面临进口商拖欠货款、倒闭清算的情况，银行也可以通过对货物进行拍卖而挽回大部分损失。但是海运单的使用无疑会增加银行的收汇风险，海运单上的收货人名称往往是进口商而非开证行，如果进口商不付款赎单，银行则会遭受较大损失。

同时，通过经理提供的案例，小王总结了如下经验教训。

（一）细节决定成败

本案出口商在合理履行交货义务的情况下遭遇进口商无理拒付，本可以通过追究其法律责任或者凭借手中的原始单据采用退运、转卖货物的方式规避风险，却仅仅由于使用了海运单这种无物权凭证效力的贸易单据，导致其不得不承担巨额损失。由此可以看出，在国际贸易中，细节决定成败，即使是贸易单据的选择这样的小问题也有可能引发意想不到的风险。因此，出口商在注重把控大的贸易风险的同时更应重视每一个交易细节，避免发生像本案一样由于忽略贸易细节而引发巨额损失。

（二）重视掌握货权

在国际贸易中，除非采取放账或预付款方式交易，出口商都应将有效控制货权作为防范风险的重要手段，而选择具有物权凭证的贸易单据则是其必要条件。本案出口商在贸易中采用D/P AT SIGHT 的交易方式，似乎是注意到了货权的重要性，却致命性地忽略了贸易单据的正确选择，错误地使用了没有物权凭证效力的海运单，最终导致在进口商拒付的情况下不得不面临钱货两失的风险。因此，掌握货权不应仅仅局限于采用适合的支付方式，还要使用相应的贸易单据。另外，若像本案一样存在中间商贸易，由于合同主体与提货方不同，在向中间商主张付款义务时，其往往会以提货人未向其付款为由拒付，无形中增加了出口商的收汇风险。为避免中间商贸易中可能引发的纠纷，出口商更应掌握货权，确保在收到货款的情况下再放货。

（三）留存书面证据

本案出口商一再表示使用海运单是受买家的指示，之前一直延续此种交易习惯而未发生过被拒付的情况。但是由于出口商无法提供书面证据证明其上述观点，律师很难以此向本案新西兰进口商主张付款责任。贸易过程中风险无处不在，而留存书面证据则是广大出口商在面临贸易纠纷时主张合法权利、维护自身利益的重要保证。

任务 3　集装箱单证业务

【从业知识目标】
- ◆ 熟悉并掌握各类集装箱单证的种类及作用。
- ◆ 理解并掌握各类集装箱单证的流转程序。
- ◆ 了解集装箱单证的基本格式和内容。

【执业技能目标】
- ◆ 能够准确完成各类集装箱单证的流转程序。

任务提出

大连 A 货运代理公司业务员小刘接到了操作员小李移交过来的一笔业务，由于当时正巧有个业务电话打进来，于是小李将客户提交的商业单据以及托运单、业务联系单等相关单据交给小刘后就匆忙地离开了。小刘只好先自己看看相关单据，了解一下情况：袋装 HDPE 的进口全套业务，该批货物选择 CIF 术语，L/C 方式付款，在釜山港装船，装于 5 个集装箱内，要求最终将货物存于大连货运代理 A 仓库（大连开发区保税区 52 号，电话：0411-8762×××）。小刘仔细翻看了小李留下的单据，发现客户提交的单据里只有合同、商业发票和装箱单……

请问：小李留下的单据中缺少了什么单据？作为货运代理业务员的小刘接下来应该做哪些事情？此笔业务中涉及集装箱运输，交接过程中需要申领什么单据？

项目 4
国际海上运输单证业务

知识要点

一、场站收据

（一）场站收据的含义

场站收据是国际集装箱运输专用出口货运单证，它是由承运人签发的证明已收到托运货物并对货物开始负有责任的凭证。场站收据一般是在托运人口头或书面订舱时，与船公司或船务代理达成货物运输的协议，船务代理确认订舱后由船务代理交托运人或货运代理填制的单据，在承运人委托的码头堆场、货运站或内陆货站收到整箱货或拼箱货后签发生效，托运人或其代理人可凭场站收据向船务代理换取已装船或待装船提单。

（二）场站收据的作用

与传统件杂货运输使用的托运单证相比，场站收据是一份综合性单证，它把货物托运单（订舱单）、装货单（关单）、大副收据、理货单、配舱回单、运费通知等单证汇成一份，这对于提高集装箱货物托运效率和流转速度有很大意义。一般认为场站收据的功能作用如下。

(1) 船公司或船务代理确认订舱并在场站收据上加盖有报关资格的单证章后，将场站收据交给托运人或其代理人，意味着运输合同开始执行；
(2) 它是出口货物报关的凭证之一；
(3) 它是承运人已收到托运货物并对货物开始负有责任的证明；
(4) 它是换取海运提单或联运提单的凭证；
(5) 它是船公司、港口组织装卸、理货、配载的资料；
(6) 它是运费结算的依据；
(7) 如信用证中有规定，它可作为向银行结汇的单证。

阅读与思考

在英国一案例中，买卖合同的出口商签订了运输合同并交付运费，但出口商的供应商由于直接交付货物取得了大副收据。供应商和出口商约定凭大副收据支付货款，但出口商并没有支付，而是凭保函从承运人处取得了提单。供应商凭大副收据起诉承运人。法院该如何判定？

法院判供应商败诉。大副收据和提单不同，它不是物权凭证，也不可以转让。持有大副收据并不能赋予交付货物的一方以任何权利。承运人有权把提单签发给托运人。大副收据是换发提单的证明之一，但不是唯一或最终证明。如果有其他证明能够证明有权得到提单的其他人，则大幅收据的效力结束。

（三）场站收据的组成

场站收据是集装箱运输重要出口单证，其组成格式在许多资料上说法不一。不同的港、站使用的也有所不同，这里以 10 联单的格式来说明场站收据的组成情况（见表 4-1）。

表 4-1 场站收据的组成格式

序号	名　　称	颜色	用　　途
1	集装箱货物托运单—货方留底	白色	托运人留存备查
2	集装箱货物托运单—船务代理留底	白色	编制装船清单、积载图、预制提单
3	运费通知(1)	白色	计算运费
4	运费通知(2)	白色	运费收取通知
5	装货单—场站收据副本(1)	白色	报关并作为装货指示
	缴纳出口货物港杂费申请书	白色	港方计算港杂费
6	场站收据副本(2)—大副联	粉红色	报关,船上留存备查
7	场站收据	淡黄色	报关,船务代理凭以签发提单
8	货运代理留底	白色	缮制货物流向单
9	配舱回单(1)	白色	货运代理缮制提单等
10	配舱回单(2)	白色	根据回单批注修改提单

(四)场站收据的流转程序

在集装箱货物出口托运过程中,场站收据要在多个机构和部门之间流转。在流转过程中涉及的有托运人、货运代理、船务代理、海关、堆场、理货公司、船长或大副等。场站收据10联单的流转程序如图4-1 所示。

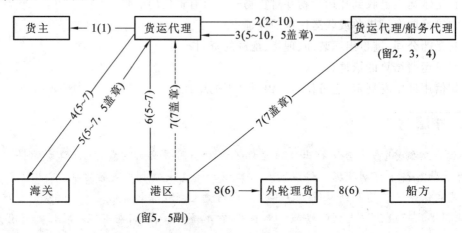

图 4-1 场站收据 10 联单的流转程序

(1) 发货人或代理填制场站收据一式10联,留下第1联(发货人留底联),将其余9联送船务代理订舱。发货人或代理填制场站收据时应注意:

① 场站收据各栏由托运人用计算机或打字机填制以求清晰。托运人应正确完整地填写和核对场站收据的各项目,尤其是以下内容。

• 货物装卸港、交接地;

- 运输条款、运输方式、运输要求;
- 货物详细情况,如种类、唛头、性质、包装、标志等;
- 装船期,能否分批出运;
- 所需箱子规格、种类、数量等。

② 场站收据的收货方式和交货方式应根据运输条款如实填写,同一单内不得出现两种收货方式或交货方式。

③ 冷藏货出运应正确填报冷藏温度。

④ 危险品出运应正确填报类别、性能、《国际危规》页数和联合国编号(UNNO),如《国际危规》规定主标以外还有副标,在性能项目栏用"主标/副标"方式填报。

⑤ 第2、3、4联和第8、9、10联右下角空白栏供托运人备注用。

⑥ 托运人对场站收据内容变更必须及时通知变更时已办好手续的各有关方,并在24小时内出具书面通知,办理变更手续。

(2) 船务代理接受场站收据第2～10联,经编号后自留第2联(船务代理留底联)、第3联(运费计收联(1))、第4联运费计收联(2),并在第5联(关单联)上盖章确认订舱,然后退回发货人第5～10联。

船务代理订舱签单时,应将场站收据编号用打字机打上,在第5联上盖章签单时应仔细核对托运人所填项目是否完整,如有问题应及时联系托运人或其货运代理。应注意的栏目主要有:

① 是否指定船公司、船名;
② 是否规定货物运抵日期或期限;
③ 有无特殊运输要求;
④ 对发货人提出的运输要求能否做到;
⑤ 是否应收订舱押金。

(3) 发货人或货运代理将第5～10联送海关报关,海关核对无误后在第5联(关单联)上盖章放行。托运人或代理的出口货物一般要求在装箱前24小时向海关申报,海关在场站收据上加盖放行章后方可装箱。如在海关盖章放行前装箱或先进入堆场的集装箱,必须经海关同意并在装船前24小时将海关盖章的场站收据送交收货的场站业务员。发货人和承运人应切记,未经海关放行的货物不能装箱出运,一旦发现则以走私货处理。

(4) 海关在第5联盖章放行后,自留第9联,将其余联(第5～8联、第10联)退回发货人或代理。

(5) 发货人或代理负责将箱号、封志号、件数等填入第5～7联,并将货物连同第5～8联,第10联在规定时间一并送堆场或货运站。场站收据中出口重箱的箱号允许装箱后由货运代理或装箱单位正确填写,海关验放时允许无箱号,但进场完毕时必须填写所有箱号、封志号和箱数。

(6) 堆场或货运站在接受货物时进行单、货核对。如果无误,则在第7联上填入实收箱数、进场完毕日期并加盖场站公章签收,然后退回发货人。堆场或货运站自留第5联(关单联)。

各承运人委托场站签发场站收据必须有书面协议,各场站与承运人签订委托协议后签发的场站收据可以向船务代理换取提单,已签出场站收据的集装箱货物在装船前的风险和责任由船公司承担。如采用CY交接条款,货主对箱内货物的准确性负责;如采用CFS交接条款,装箱单位对货物负责。堆场或货运站签发场站收据第7联时应注意以下内容:

① 第5联(关单联)上是否有海关放行章。没有海关放行,不得签发场站收据,并不安排集

装箱装船;

② 进堆场或货运站的货物与单证记载内容是否相符;

③ 进堆场的箱号、关封号是否与单证记载相符;

④ 一起送交的单证,其内容是否单单相符;

⑤ 货箱未进堆场或货运站不能签收;

⑥ 船公司是否已给舱位;

⑦ 堆场内一旦发生倒箱,新箱号是否报海关;

⑧ 一批货分批进堆场,最后一箱进场完毕后签收场站收据;

⑨ 拼箱货物以箱为单位一票一单签发场站收据。

(7) 发货人凭签收的第7联去船务代理处换取待装船提单,或在装船后换取已装船提单。船务代理在货箱装船后,应核对单据与集装箱装船的情况是否一致。如不一致,应迅速与港方和理货联系,避免出现差错。凭场站收据正本船务代理应立即签发待装船提单。在船舶开航后24小时内,船务代理应核对并签发已装船提单。船务代理签发集装箱提单时应注意以下内容。

① 货物是否实际装上船舶;

② 货物是否在装运期内装船出运场;

③ 如货物是预付运费,该运费是否已支付;

④ 海运提单记载内容与装箱单、商检证、发票、信用证是否一致;

⑤ 场站收据上运输条款与海运提单记载内容是否一致;

⑥ 场站收据上对货物有无批注;

⑦ 货运代理人是否已先签发货运代理提单;

⑧ 签发几份正本提单。

(8) 货物装船时,堆场将第6、8、10联送外轮理货,外轮理货于货物实际装船后在第8联(外轮理货联)签收并自留。

(9) 等货箱全部装上船舶,外轮理货将第6联(大副联)和第10联(空白联)交船方留存。第10联也可供有关方使用。

堆场业务员必须在装船前将场站收据第6联(大副联)分批送外轮理货人员,最后一批不得迟于开装前4小时。外轮理货在港区的理货员收齐港区场站业务员送来的场站收据大副联后,在装船时将装船集装箱与单据核对无误后交大副。

外轮理货人员应根据交接条款在承运人指定的场站和船边理箱,并在有关单证上加批注,提供理货报告和理箱单。如有变更应及时更正场站收据,并在船开航后24小时内通知船务代理。船舶开航后24小时内,外轮理货人员将装船集装箱理箱单交船务代理。

港区场站业务员在船舶开航后立即将已签场站收据而未装上船的出口箱信息通知船务代理,并在24小时内开出工作联系单。港区场站受船公司委托签发场站收据,应对由于其工作中的过失而造成的后果负责。

(五) 场站收据填制规范

(1) 发货人(Shipper):托运人,或货主,或信用证上的卖方,或无船承运人等。

(2) 收货人(Consignee):货主,或信用证上的买方,或无船承运人,或某指示人等。

(3) 通知人(Notify Party):详列通知方的名称、地址、电话、传真等;当没有通知人时写"SAME AS CONSIGNEE"。

(4) 场站收据号(D/R No.)：也称为关单号，可作为船务代理接受订舱时提供的号码或作为提单号码。

(5) 委托方(Forwarder)：货运代理人的业务编号、托运人的名称、托运人的编号等。

(6) 前程运输(Pre-carriage by)：联程运输时写相对收货地之前一段的货物运输承运方式或承运人填列在此栏中。一般海运托运单中此栏不填。

(7) 收货地(Place of Receipt)：货物实际收货地点(一般为港口所在城市)。

(8) 船名/航次(Ocean Vessel/Voyage No.)：船务代理在接收订舱时按照配船要求确定。

(9) 装货港(Port of Loading)：货物实际装运海港名称。

(10) 卸货港(Port of Discharge)：将货物卸下的港口(一般是船舶班轮航线上的港口，但未必是货物的交货地)。

(11) 交货地点(Place of Delivery)：承运人将货物实际交付的地点(可以是船舶班轮航线上的港口，也可以是通过其他船舶转运过去的交货港口，或通过铁路、公路运输方式转运过去的内陆交货地点)。

(12) 目的地(Final Destination)客户或应贸易文件要求需要在提单上显示的货物交付的最终目的地。因为承运人是以交货地作为联运的交货点所以承运人一般在出具的提单上并不显示此项内容。经承运人的同意，承运人或其签单代理人可以在提单的"包装种类与货名"栏中的包装、货名下空白处显示该项内容。

(13) 集装箱号(Container No.)：此栏对应正本提单的相应栏写提单上显示的集装箱号显示在此栏靠下的空白部分。在场站收据联单中若有集装箱号的显示需要则填制在下列第21栏中。

(14) 标记与号码(Seal No./Marks Nos.)：贸易合同上、发票上、装箱单上标明的、信用证等文件规定的货物标记与号码。

(15) 箱数或件数(No. of Containers or Packages)：贸易合同上、发票上、装箱单上标明的、信用证等文件规定的货物件数。

(16) 包装种类与货名(Kind of Packages & Description of Goods)：贸易合同上、发票上、装箱单上标明的、信用证等文件规定的货物的包装种类、商品名称、商品规格等。

(17) 毛重(Gross Weight)：每一类货物的包装毛重单位是KGS(千克)；两类及两类以上要有合计数。

(18) 尺码(Measurement)：每一类货物的包装尺码(体积)单位是CBM(立方米)；两类及两类以上要有合计数。

(19) 交接方式、箱量、箱型、运费条款：货物的交接方式，如FCL、箱量(如1×20′)、箱型(GP)、运费条款(FREIGHTPREPAID)等。

(20) 集装箱数或件数合计(大写)：若是多票托单自拼整箱，则相应托单上根据货物的件数、包装用英文大写字母予以表示托单上的件数(如3票托单拼1×20′GP，其中1票的货物包装是10CTNS，则大写为SAY TEN CARTONS ONLY)；若是1票托单中多个集装箱，则用英文大写字母予以表示集装箱数量或包装件数(如100CTNS，装2×20′普箱FCI，CY/CY交接。可以表示为SAY TWO CONTAINERS ONLY 或 SAY ONE HUNDRED ONLY)。

(21) 集装箱号(Container No.)/运费与附加费(Freight Charges)：集装箱号在第7联中是写在"集装箱号"栏，由理货公司人员在此栏中填写集装箱号码和封志号等；运费与附加费在第8联中是写在"运费与附加费"栏，一般在此栏填写与集装箱海运有关的海运运费和海运附加费的结算金额，由货运代理填写或由船务代理确认后填列货主与船公司所约定的费用。

样单 4-2：

Shipper(发货人)	委托号：
	Forwarding Agents
Consignee(收货人)	B/L No.(编号)
Notify Party(通知人)	第一联
Pre-carriage by(前程运输) Place of Receipt(收货地点)	集装箱货物托运单 货主留底

Ocean Vessel(船名)	Voyage No.(航次)	Port of Loading(装货港)
Port of Discharge(卸货港)	Place of Delivery(交货地点)	Final Destination(目的地)

Container No. (集装箱号)	Seal No. (铅封号) Marks & Nos. (标记和号码)	No. of Containers or Packages (箱数或件数)	Kind of Packages & Description of Goods (包装种类与货名)	Gross Weight 毛重(千克)	Measurement 尺码(立方米)

Total No. of Containers or Packages (IN WORDS)集装箱数或件数 合计(大写)					
FREIGHT & CHARGES (运费与附加费)	Revenue Tons (运费吨)	Rate(运费率)	Per(每)	Prepaid (运费预付)	Collect (到付)

Ex. Rate： (兑换率)	Prepaid at(预付地点)	Payable at(到付地点)	Place of issue(签发地点)		
	Total Prepaid(预付总额)	No. of Original B/L(正本提单份数)	货值金额		

Service Type on Receiving □-CY，□-CFS，□-DOOR	Service Type on Delivery □-CY，□-CFS，□-DOOR	Reefer Temperature Required(冷藏温度)	℉	℃

Type of Goods (种类)	□ Ordinary　□Reefer　□Dangerous　□Auto （普通）　（冷藏）　（危险品）　（裸装车辆） □Liquid　□Live Animal　□Bulk （液体）　（活动物）　（散货）	危险品	Glass： Property： IMDG Code Page： UN No.

发货人或代理名称地址：		联系人：	电话：
可否转船：	可否分批：	装期：	备注	装箱场站名称
有效期：	制单日期：			
海运费用支付 如预付运费托收承付，请核准银行账号				

二、交货记录

（一）交货记录的含义

交货记录是集装箱运输承运人把货物交付给收货人或其代理人时，双方共同签署的证明货物已经交付及货物交付时情况的单证；同时，它也证明承运人对货物的责任已终止。

（二）交货记录的作用

交货记录是国际集装箱进口货运业务中的主要单证，在实际进口业务中又称小提单或提货单，但实际应用中交货记录或提货单所起的作用及其对不同当事人的责任划分不尽相同。对承运人来说，交货记录一经签发即已表明同意交货，尽管事实上并没有交付货物。对收货人来说，只要拿到交货记录即已表明具备提货条件，尽管实际上并没有提货。从另一层意义上去理解，交货记录则是承运人、收货人的责任转移，即交货记录签发等于承运人责任终止的同时收货人责任开始。

（三）交货记录的组成

标准交货记录格式一套共5联，其联式内容如表4-2所示。

表4-2　交货记录格式

第1联	到货通知书	白色
第2联	提货单	白色
第3联	费用账单(1)	蓝色
第4联	费用账单(2)	红色
第5联	交货记录	白色

（四）交货记录的流转程序

（1）船舶抵达卸货港前，船公司或其代理人根据装船港船务代理传送的舱单或提单副本制作交货记录一式5联，并向收货人或其代理人发出到货通知书（交货记录第1联）。船公司代理人在发出到货通知书前，首先应查清收货人是谁。在实际进口业务中，提取货物的人有时并非收货人自己，如：

① 同一票货既有船公司签发提单，又有无船承运人签发提单时，到货通知书中的收货人通常是无船承运人的代理人；

② 同一票货在由中间商做买卖时，即中间商既是第一买方，又是第二卖方时，中间商是收货人；

③ 如收货人委托货运代理人做进口业务时，货运代理人即是收货人。

（2）收货人或其代理人在收到第1联（到货通知书）后，凭正本提单和到货通知书到船务代理处换第 2 联(提货单)、第 4 联(费用账单)和第 5 联(交货记录)。

(3) 船务代理在第 2 联(提货单)上盖章签发,并把第 2 联(提货单)、第 4 联(费用账单)、第 5 联(交货记录)退交收货人或代理,自留第 1 联(到货通知)和第 3 联(费用账单)。承运人的代理人在收回正本提单、签发提货单时应注意以下内容。

① 收货人是否在提单记载的目的港提货;

② 在到付运费情况下,收货人是否已付清全部运费;

③ 承运货物的船舶是否属自己代理的船公司的船舶;

④ 是凭货运代理提单还是过期提单换提货单;

⑤ 如收货人没有交出正本提单,又要求签发提货单时,承运人是否已认可,或承运人对此有什么指示;

⑥ 如收货人要求凭副本提单换提货单时,承运人是否在副本提单上盖章,是否提供经承运人认可的担保;

⑦ 正本提单一共有多少份,变更提货地必须收回全套提单;

⑧ 记名海运提单转让放货必须由记名收货人出具书面交货通知书;

⑨ 指示海运提单背书转让是否具有连续性;

⑩ 正本提单上对货物、箱子有无批注,对箱号、关封号有无说明。

(4) 收货人或其代理人用提货单、费用账单、交货记录共 3 联,随同进口货物报关单一起到海关报关。

(5) 海关核准后在提货单上盖放行章,并将提货单、费用账单、交货记录共 3 联退回收货人或代理人。

(6) 收货人或其代理人凭承运人、代理人、海关盖章的提货单和交货记录去堆场或货运站提货,凭费用账单结清站费用。堆场或货运站在凭提货单交货之前应查核以下内容。

① 承运人、代理人、海关是否已盖章同意放行;

② 单单是否相符,单货是否相符;

③ 箱号、关封号与记载是否相符;

④ 因堆场或货运站办交付货物而引起的费用(如再次搬运费、滞期费等),收货人是否已支付。

堆场或货运站核对货运代理提货单是否有效、查看有关放行章后,如无异议,将第 2 联(提货单)、第 4 联(费用账单)留下,作为放货、结算及收取费用的依据;在第 5 联(交货记录)上盖章,以示确认手续完备,受理作业申请,安排提货作业计划,并同意放货。

(7) 堆场或货运站验单放货。提货时若有货损,作货损交货记录并经双方签署确认。凡交货时发生货物、集装箱状况与提货单据不一致的情况按理赔程序处理。收货人或其代理无正本提单,凭保函换取提货单,在 30 天内应向船舶代理办理销保手续(凭正本提单换取保函),逾期不办造成后果的,船公司或代理人有权向海事法院提起诉讼。在提货完毕后,会同收货人或其代理人共同签收第 5 联(交货记录),以示确认提取的货物无误,并把经双方签署的第 5 联(交货记录)送至船务代理处,留存第 2 联(提货单)、第 4 联(费用账单)归档备查。

交货记录管理流程如图 4-2 所示。

项目 4 国际海上运输单证业务

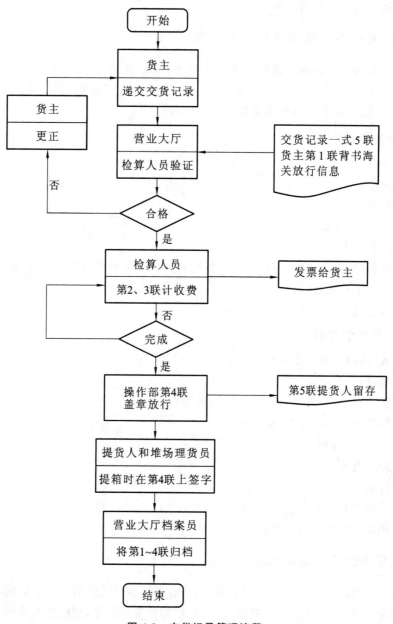

图 4-2 交货记录管理流程

三、集装箱设备交接单

（一）集装箱设备交接单的含义与作用

集装箱设备交接单是集装箱进出港区场站时，集装箱管箱人（一般码头作为其代理人）与用箱人（一般集卡司机作为其代理人）之间交接集装箱及其他设备的凭证，并兼有管箱人发放集装箱凭证的功能。

集装箱设备交接单既是一种交接凭证，又是一种发放凭证。由此可见，集装箱设备交接单对集装箱箱务管理起着重要的作用。

(二) 集装箱设备交接单的种类及内容

集装箱设备交接单分进场三联和出场三联两种,三联分别为:箱管单位留底联;码头、堆场联;用箱人、运箱人联。其填制内容基本相同,均由箱管单位填制后,交用箱人(一般是集卡司机)。设备交接手续均在集装箱码头堆场大门口办理。

1. 进场交接单的内容

(1) 送箱人。

(2) 送箱日期。

(3) 集装箱号、封号。

(4) 集装箱尺寸、类型。

(5) 集装箱所有人。

(6) 集装箱用途:①返还重箱;②出口集装箱时需登记集装箱发往的时间、地点。

(7) 送箱运载工具牌号。

(8) 集装箱进场检查记录。

2. 出场交接单的内容

(1) 提箱人(用箱人和运箱人)。

(2) 发往地点。

(3) 集装箱用途(出口载货、修理、进口重箱等)。

(4) 集装箱号、封号(铅封号、关封号)。

(5) 集装箱尺寸、类型。

(6) 集装箱所有人。

(7) 提箱日期。

(8) 提供运载工具牌号。

(9) 集装箱出场检查记录(完好或损坏)。

(三) 集装箱设备交接单的流转程序

(1) 托运人或代理订妥舱位取得装货单(码头收据),即可凭此向船方申请领取设备交接单。

(2) 由箱管单位(外轮代理或中货箱管部门)填制设备交接单,交托运人或用箱人、运箱人。

(3) 由托运人或用箱人、运箱人到集装箱堆场提箱送收箱地(或到发箱地提箱送码头堆场),经办人员核单并查验箱体后,双方签字,留下箱管单位联和码头、堆场联,将用箱人、运箱人联退还用箱人或运箱人。

(4) 码头堆场经办人员将箱管单位联退给船公司或其代理的箱管部门。

(四) 集装箱设备交接单的注意事项

(1) 在进出口运输业务中,凡是涉及集装箱等设备的交接作业时,必须缮制相应的设备交接单。在使用中,要求必须做到"一箱一单、箱单相符、箱单同行"的原则。用箱人、运箱人要凭设备交接单进出港区场站,到设备交接单指定的提箱地点提箱,并在规定的地点还箱。与此同时,用箱人还必须在规定的日期、地点将箱子和机械设备如同交付时状态还给管箱人或其代理人，对集装箱的超期使用或租用，用箱人应支付超期使用费；对使用或租用期间发生的任何箱子及设备的灭失和损坏，用箱人应承担赔偿责任。

（2）当集装箱出场时，码头检查口业务员与用箱人（一般是集卡司机）应共同审核以下几项内容。

① 用箱人名称和地址；
② 所提集装箱的箱号、规格；
③ 出场日期；
④ 出场目的，如当地装箱等。

（3）当集装箱进场时，集卡司机持设备交接单，将集装箱从装箱地运至集装箱码头堆场。检查口业务员和集卡司机要仔细审核下列事项。

① 还箱的时间和地点；
② 还箱人的名称和地址；
③ 出口船舶的船名和航次；
④ 进场目的，如准备装船等。

（4）审核完毕后，双方在设备交接单上签字，第1、2联由场站留存（第1联由港方转交给船方），第3联由提箱人留存。

（5）集装箱交接时，双方对集装箱都要进行目测检查。根据《中华人民共和国海上国际集装箱运场管理规定实施细则》规定，目测检查主要包括以下几个方面。

① 外部检查。检查集装箱外表有无损伤、变形、破口等异样。
② 内部检查。对箱内侧六面进行查看，是否有漏水、漏光、水迹、油迹、残留物、锈蚀。
③ 集装箱的箱门检查。检查箱门有无变形，能否270°开启。

（6）设备交接单一经签发不得擅自更改。如需更改，必须到船舶代理人处办理更正手续（船公司的集装箱一般委托船舶代理进行箱管），并于集装箱设备交接单更正处盖上船务代理箱管更正章。

样单 4-3：

集装箱公司

container release   IN

集装箱发放/设备交接单进场

equipment interchange receipt   No.

用箱人/运箱人(Container User/Haulier)		提箱地点(Place of Delivery)	
来自地点(Where from)		返回/收箱地点(Place of Return)	
船名/航次 (Vessel/Voyage No.)	集装箱号 (Container No.)	尺寸/类型 (Size/Type)	营运人 (Operator)

提单号(B/L No.)	铅封号(Seal. No.)	免费期限 (Free Time Period)	运载工具牌号(Truck, Wagon,Barge No.)

出场目的/状态 (pps of Gate-Outstatus)	进场目的/状态 (pps of Gate-Instatus)	进场日期 (Time-in)

进场检查记录(Inspection at the Time of Interchange)

普通集装箱 (GP Container)	冷藏集装箱 (RF Container)	特殊集装箱 (Special Container)	发电机 (Gen Set)
□正常(Sound) □异常(Defective)	□正常(Sound) □异常(Defective)	□正常(Sound) □异常(Defective)	□正常(Sound) □异常(Defective)

BR　D　M　DR　DL

损坏记录及代号(Damage & Code)破损(Broken)凹损(Dent)丢失(Missing)污箱(Dirty)危标(Dangerous Label)

左侧(Left Side)右侧(Right Side)前部(Front)集装箱内部(Container Inside)

顶部(Top) 底部(Floor Base) 箱门(Rear)	如有异状,请注明程度及尺寸(Remark)

除列明者外,集装箱及集装箱设备交接时完好无损,铅封完整无误
The container/associated equipment interchange in sound
condition and seal intact unless otherwise stated
(用箱人/运箱人签署)(码头/堆场值班员签署)
(Container user/haulier's signature)(terminal/depot clerk's signature)

项目 4 国际海上运输单证业务

样单 4-4：

集装箱公司
container release   OUT

集装箱发放/设备交接单出场
equipment interchange receipt   No.

用箱人/运箱人(Container User/Haulier)		提箱地点(Place of Delivery)	
发往地点(Delivered to)		返回/收箱地点(Place of Return)	
船名/航次 (Vessel/Voyage No.)	集装箱号 (Container No.)	尺寸/类型 (Size/Type)	营运人 (Operator)
提单号(B/L No.)	铅封号(Seal. No.)	免费期限 (Free Time Period)	运载工具牌号(Truck, Wagon, Barge No.)
出场目的/状态 (pps of Gate-Outstatus)		进场目的/状态 (pps of Gate-Instatus)	出场日期 (Time-in)
出场检查记录(Inspection at the Time of Interchange)			
普通集装箱 (GP Container)	冷藏集装箱 (RF Container)	特殊集装箱 (Special Container)	发电机 (Gen Set)
□正常(Sound) □异常(Defective)	□正常(Sound) □异常(Defective)	□正常(Sound) □异常(Defective)	□正常(Sound) □异常(Defective)

BR D M DR DL
损坏记录及代号(Damage & Code) 破损(Broken) 凹损(Dent) 丢失(Missing) 污箱(Dirty) 危标(Dangerous Label)

左侧(Left Side) 右侧(Right Side) 前部(Front) 集装箱内部(Container Inside)

顶部(Top) 底部(Floor Base) 箱门(Rear)	如有异状，请注明程度及尺寸(Remark)

除列明者外,集装箱及集装箱设备交接时完好无损,铅封完整无误
The container/associated equipment interchange in sound condition and seal intact unless otherwise stated
(用箱人/运箱人签署)(码头/堆场值班员签署)
(container user/haulier's signature)(terminal/depot clerk's signature)

四、集装箱装箱单

(一)集装箱装箱单的含义

集装箱装箱单是详细记载每一个集装箱内所装货物的名称、数量及箱内货物积载情况的单证。每个载货集装箱都要制作这样的单证,它是根据已装进箱内的货物情况制作的,是集装箱运输的辅助货物舱单。

(二)集装箱装箱单的作用

集装箱装箱单是详细记载箱内所载货物情况的唯一单证,因此在国际集装箱运输中,集装箱装箱单是一张极为重要的单证。其作用主要体现在以下几个方面:

(1) 它是向承运人、收货人提供箱内货物明细的清单;
(2) 它是集装箱货物向海关申报的主要单证之一;
(3) 它是货方、港方、船方之间货、箱交接的凭证;
(4) 它是船方编制船舶积载计划的依据,单证上所记载的货箱重量是计算船舶积载性能数据的基本数据;
(5) 它是办理集装箱货物保税运输、安排拆箱作业的资料;
(6) 它是集装箱运输货物商务索赔的依据。

(三)集装箱装箱单的内容

集装箱装箱单的主要内容包括:船名、航次、装卸港、发货地、交货地、集装箱箱号、集装箱规格、铅封号、场站收据或提单号、发货人、收货人、通知人及货物名称、件数、包装、标志、重量、尺码等。对特殊货物还需说明闪点(对危险品)、箱内温度要求(对保温或冷藏货)、是否检疫等内容。

(四)集装箱装箱单的注意事项

(1) 集装箱装箱单以箱为单位制作,由装箱人填制并经装箱人签署后生效。装箱单一般一式数份,分别由货主、货运站、装箱人留存和交船务代理、海关、港方、理货公司使用,另外还需准备足够份数交船方随船带往卸货港以便交接货物、报关、拆箱等用。

(2) 制作集装箱装箱单时,装箱人负有装箱单内容与箱内货物一致的责任。如需理货公司对整箱货物理货时,装箱人应会同理货人员共同制作装箱单。

样单 4-5：

装箱单 CONTAINER LOAD PLAN			集装箱号 Container No.		集装箱规格 Type of Container：20　40	
			铅封号 Seal No.		冷藏温度　℉　℃ Reefer. Temp. Required	
船名航次 Ocean Vessel Voy. No.		收货地点 Place of Receipt 场站门 CYCFS Door	装货港 Port of Loading	卸货港 Port of Discharge	交货地点 Place of Delivery 场站门 CY CFS Door	
箱主 Owner	提单号码	1.发货人 Shipper 2.收货人 Consignee 3.通知人 Notify	标志和号码 Marks & Numbers	件数及 包装种类 No. & Kind of Packages	货名 Description of Goods	重量(千克) Weight(kg)	尺码(立方米) Measurement (m³)
		门 Door　底 Front 底 Front　门 Door			总件数 Total Number of Packages 重量及 尺码总计 Total Weight & Measurement		
危险品要注明危险品标志分类及闪点 In case of dangerous goods, please enter the lable classification and flash point of the goods	重新铅封号开封原因 New Seal No. Reason for Breaking seat			装箱日期 Date of Vanning： 装箱地点 at： (地点及国名 Place & Country)		皮重 Tare Weight	
	出口 Export	驾驶员签收 Received by Drayman	堆场签收 Received by CY	装箱人 Packed by： 发货人货运站 (Shipper/CFS)签署 Signed		总毛重 Gross Weight	
	进口 Import	驾驶员签收 Received by Drayman	货运站签收 Received by CFS		发货人或货运站留存 1. Shipper/CFS (1)一式十份此栏每份不同		

任务反馈

通过相关学习可知,小李留下的单据中缺少提单。小刘应该开展以下代理进口提货业务。

(一) 收集并审核单据

根据审单过程中发现的问题,找小李追要提单。

审核单据过程中,除了要保证单单相符,还需查清该进口货物属于哪个船公司承运,哪家作为船舶代表。

(二) 掌握船舶动态

根据提单上的相关信息,查清该进口货物属于中远的船承运、换单地点在中远大连分公司代理处(大连××路××号)。

(三) 接货准备

(1) 与中远船公司代理部门联系,确定船于2015年12月20日15:00到港,船舶停靠在大连大窑湾集装箱码头。

(2) 通过与船公司或其代理联系,了解到中远规定如果集装箱由船方提供,20'GP每个箱子的押箱费为1万元,40'GP为2万元,结合提单信息,可以确定在办理换单时要向船公司交纳5万元的押箱费和200元的换单费;同时根据船舶到港信息,确定可于2015年12月17日前办理换单手续。

(3) 提前联系好场站确认好提箱费、掏箱费、装车费、回空费。

(4) 凭正本提单去船公司或船舶代理部门办理押箱换单手续,并申领集装箱设备交接单。

(四) 报关报检

略。具体流程将在项目八中展示。

(五) 货物交接

根据客户代为提货到指定地点的要求,到港口交港杂费,到船公司办理提箱计划,在规定的时间内将货物送到大连货运代理A仓库,完成送货任务。

货物提完后,在规定的时间内将集装箱回空,从场站取回设备交接单证明箱体无残损,到船公司或船舶代理部门取回押箱费。

学习资源

http://tradedoc.mofcom.gov.cn/ 贸易单证指南

http://www.csscinfo.com.cn/ 中国海事网

http://www.snet.com.cn 中国航贸网

习题巩固

一、单项选择题

1. 经过背书才能转让的提单是（　　）。
   A. 指示提单　　　　B. 不记名提单　　　C. 记名提单　　　　D. 清洁提单

2. 某公司出口一批货物,该批货物于2014年3月15日开始装运,5天后装船完毕,应托运人的要求,船公司以2014年4月4日作为提单的日期签发提单,则该提单成为（　　）。
   A. 顺签提单　　　　B. 倒签提单　　　　C. 过期提单　　　　D. 预期提单

3. 根据《UCP500》的规定,如果信用证没有规定交单期,则银行有权拒收迟于提单签发日后（　　）天提交的单据。
   A. 15　　　　　　　B. 16　　　　　　　C. 5　　　　　　　　D. 21

4. 某外贸公司出口一批货物于2014年8月3日装运,并于同日船舶开航。经外贸公司要求,船公司签发已装船提单的日期为2014年7月28日,则该提单为（　　）。
   A. 倒签提单　　　　B. 顺签提单　　　　C. 过期提单　　　　D. 预期提单

5. 海运提单收货人栏记载:"TO ORDER",这表明该提单是（　　）。
   A. 不可转让　　　　　　　　　　　　　　B. 经背书后,可转让
   C. 不经背书即可转让　　　　　　　　　　D. 可以由持有人提货

6. 证明海上货物运输合同和货物已经由承运人接收或装船,承运人保证据以交付货物的单证是（　　）。
   A. 海运提单　　　　B. 大副收据　　　　C. 场站收据　　　　D. 海运单

7. 某外贸公司出口的一批货物于2014年9月7日开始装运,9月9日装船完毕,9月10日船舶开航,该外贸公司于2014年9月11日凭大副签名的收货单向船公司换取正本提单,提单的日期为（　　）。
   A. 2014年9月7日　　　　　　　　　　　B. 2014年9月9日
   C. 2014年9月10日　　　　　　　　　　 D. 2014年9月11日

二、多项选择题

1. 海运单是（　　）。
   A. 货物收据　　　　B. 有价证券　　　　C. 物权凭证　　　　D. 海运合同的证明

2. 提单收货人栏记载:"TO ORDER",这表明（　　）。
   A. 该提单是记名提单　　　　　　　　　　B. 该提单是空白抬头提单
   C. 该提单可背书转让　　　　　　　　　　D. 该提单是指示提单

3. 使用海运单的风险是（　　）。
   A. 承运人易遭受无单放货的指责或索赔
   B. 收货人没有正本海运单而提货困难
   C. 托运人可能在将货装船出运后难以收回货款,造成钱货两空
   D. 银行可能会面临进口商不付款赎单带来的收汇风险

三、名词解释

1. 海运提单
2. 清洁提单

3. 指示提单
4. 倒签提单
5. 过期提单
6. 海运单
7. 场站收据

四、简答题

1. 什么是海运提单？简述其性质和作用。
2. 简述海运提单的主要分类。
3. 简述海运提单的业务流程。
4. 简述电放提单的含义。
5. 什么是海运单？与海运提单有何区别？
6. 集装箱单证有哪些？简述其含义和作用。

模拟实训

根据提供的资料审核填制好的提单，找出错误并加以改正。
BENEFICIARY:ABC LEATHER GOODS CO.,LTD.
123 HUANGHE ROAD,TIANJIN CHINA
APPLICANT:XYZ TRADING COMPANY
456 SPAGNOLI ROAD,NEW YORK 11747 USA
…
DRAFTS TO BE DRAWN AT 30 DAYS AFTER SIGHT ON ISSUING BANK FOR 90% OF INVOICE VALUE.
…
YOU ARE AUTHORIZED TO DRAWN ON ROYAL BANK OF NEW YORK FOR DOCUMENTARY IRREVOCABLE CREDIT NO.98765 DATED APR.15,2012.EXPRITY DATE MAY31,2012 FOR NEGOTIATION BENEFICIARY.
AVAILABLE WITH ANY BANK IN CHINA BY NEGOTIATION
…
FULL SET OF CLEAN ON BOARD OCEAN BILLS OF LADING,MADE OUT TO ORDER,BLANK ENDORSED AND MARKED FREIGHT PREPAID NOTIFY APPLICANT.
…
GOODS:5 000 PCS OF LEATHER BAGS PACKED IN 10 PCS/CARTON
…
合同号：ABC234
发票号：1234567
发票日期：2012年5月5日
发票金额：108 000美元

装运港:中国天津

目的港:美国纽约

装船日期:2012年5月15日

开船日期:2012年5月15日

发票签发人:ABC皮革制品有限公司

毛重:2 408 kg

净重:2 326 kg

估计质量:21.70立方米

箱数:500箱

船名、航次号:SUN V.126

提单号码:CNS010108895

运输标记:XYZ
1234567
NEW YORK
NOS. 1-500

Shipper(insert name,dress,phone)	B/L No. CNS010108895
ABC LEATHER GOODS CO.,LTD. 123 HUANGHE ROAD,TIANJIN CHINA	中远集装箱运输有限公司 COSCO CONTAINER LINES TLX:33057 COSCO CN
Consignee(insert name,dress,phone)	FAX:+86(021)65458984 ORIGINAL
XYZ TRADING COMPANY 456 SPAGNOLI ROAD, NEW YORK 11747 USA	
Notify party(insert name,dress,phone)	
XYZ TRADING COMPANY 456 SPAGNOLI ROAD, NEW YORK 11747 USA	

Ocean/voy. No	Port of loading	
SUN V.126	SHANGHAI	Port to port BILL OF LADING Shipped on board and condition except as other…
Port of discharge	Port of destination	
LONG BEACH		

MARKS&NOS Container/ seal no.	No. of containers or packages	Description of goods	Gross weight KGS	Measurement
XYZ 1234567 LONG BEACH NOS. 1-500	5,000PCS	LEATHER GOODS	2400KGS	20.70CBM
Total number of containers or packages(in words) SAY FIVE THOUSAND PCS ONLY.					

Ex rate	Prepaid at	Payable at	Place and date of issue
		LONG BEACH	TIAN JIN MAY 30,2009
	Total prepaid	No. of original B/L	SIGNED FOR THE CARRIER
		THREE(3)	COSCO CONTAINER LINES
LADEN ON BOARD THE VESSEL DATE:MAY 30,2009 BY COSCO CONTAINER LINES				

项目 5 国际航空货运代理业务

任务 1 国际航空货运认知

【从业知识目标】
- ◆ 了解国际航空运输的营运方式。
- ◆ 掌握国际航空运输的特点。
- ◆ 熟悉国际航空运输组织。

【执业技能目标】
- ◆ 能够理解各个国际航空运输组织的作用。
- ◆ 能够根据国际航空运输的特点以及营运方式合理安排组织国际航空运输。

任务提出

中国国际货运航空有限公司(简称国货航)(Air China Cargo Co.,Ltd,Air China Cargo),总部设在北京,以上海为远程货机主运营基地,是中国唯一一家载有国旗飞行的货运航空公司。

国货航成立于2003年12月12日。2011年3月18日,中国国际航空股份有限公司(简称中国国航)与香港国泰航空有限公司(简称国泰航空)以国货航为平台完成货运合资项目。合资后,国货航中英文名称、企业标志保持不变,注册资本为人民币52.35亿元,员工4 000余人。

截至2015年12月,国货航拥有8架B777F货机,3架B747-400货机,同时,国货航拥有4架B757-200SF货机投入货邮包机运营。除此之外,国货航还独家经营中国国航全部客机腹舱。

截至2015年12月,国货航以北京、上海为枢纽,先后开通了从上海始发通往欧洲法兰克福、阿姆斯特丹、萨拉戈萨,北美纽约、芝加哥、洛杉矶、达拉斯、埃德蒙顿,日本东京、大阪,以及中国台北、成都、重庆、天津、郑州等国际、国内和地区的货机航班。同时,依托中国国航的全球航线网络,国货航在全球的空运航线达到370条,全球通航点达到181个。另外,国货航在欧洲、美国、日本等全球各地,还拥有1 285条全球地面卡车航线作为货机和客机腹舱网络的补充,使货物快速通达全球各地。

依托中航集团、中国国航的物流资源，以及与全球重要航空枢纽货站的紧密合作，国货航建立起了包括上海、北京、法兰克福、阿姆斯特丹、洛杉矶、纽约、大阪、台北等城市的全球货站保障体系，可为客户提供高品质的服务。

通过不断完善产品体系，目前，国货航形成了快运、安运、鲜运、骏运、专运、珍运、标运、邮件等多种产品，可满足客户多样化的需求。

作为拥有50多年货运发展历程的航空运输企业，国货航参与了中国民航多项航空货物运输标准的发起和制定，培养了一支经验丰富、专业敬业的员工队伍，可以为各类特殊货物提供专业、可靠的运输方案。

多年来，国货航自觉履行对社会的承诺，勇于承担社会责任。曾在汶川地震、巴基斯坦地震、印度洋海啸、墨西哥甲型流感、智利地震、日本地震、雅安地震、利比里亚"埃博拉"疫情、尼泊尔地震等重大灾害援助中，多次成功完成紧急救灾包机任务。同时，秉承安全运行、高品质运行、低碳运行的理念，关爱环境，关注未来。

国货航以"为客户创造价值，为员工创造机遇，为股东创造回报，为社会创造财富"为企业使命，以成为"进出中国客户首选的货运航空公司"为发展愿景，努力成为立足中国、具有国际竞争力的航空货运企业。

（资料来源：http://airchinacargo.aircraftnurse.com/category? cid＝8743）

介绍完该企业的情况后，经理问小顾，国际航空货物运输与其他运输方式相比有什么优缺点？

知识要点

一、国际航空货物运输的含义及特点

（一）含义

国际航空货物运输是指以航空器作为运输工具，根据当事人订立的航空运输合同，无论运输有无间断或者有无转运，运输的出发地点、目的地点或者约定的经停地点之一不在中华人民共和国境内，而将货物运送至目的地并收取报酬或提供免费服务的运输方式的统称。

（二）特点

航空货运虽然起步较晚，但发展异常迅速，特别受到现代化企业管理者的青睐，原因之一就在于它具有许多其他运输方式所不能比拟的优越性。概括起来，航空货运的主要特征有以下几点。

1. 运送速度快

到目前为止，飞机仍然是最快捷的交通工具，航空运输大大缩短了货物在途时间，对于那些易腐烂、易变质的鲜活商品；时效性、季节性强的商品；抢险、救急品的运输，这一特点尤为突出。运送速度快、在途时间短，也使货物在途风险降低，因此许多贵重物品、精密仪器也往往采用航空运输的形式。

当今国际市场竞争激烈，航空运输所提供的快速服务也使得供货商可以对国外市场瞬息万

变的行情即刻做出反应,迅速推出适销产品占领市场,获得较好的经济效益。

2. 不受地面条件影响,深入内陆地区

航空运输利用天空这一自然通道,不受地理条件的限制。对于地面条件恶劣交通不便的内陆地区非常合适,有利于当地资源的出口,促进当地经济的发展。航空运输使本地与世界相连,对外的辐射面广,而且航空运输相比较公路运输与铁路运输占用土地少,对寸土寸金、地域狭小的地区发展对外交通无疑是十分适合的。

3. 安全、准确

航空运输管理制度比较完善,所以航空货物运输的破损率低,被盗机会少,可保证运输质量,如使用空运集装箱,则更为安全。而班机运输有一定的航期,世界各航空公司都十分重视正点率,把它视为影响企业发展的重要因素之一,可以保证货物按时到达。

4. 节约包装、保险、利息等费用

由于采用航空运输方式,货物在途时间短,周转速度快,企业存货可以相应的减少。一方面有利于资金的回收,减少利息支出,另一方面企业仓储费用也可以减少。又由于航空货运安全、准确,货损、货差少,保险费用也较低。与其他运输方式相比,航空运输的包装简单,节约包装成本,这些都构成企业隐性成本的下降,收益的增加。

5. 运价较高、载量有限、易受天气影响

与其他运输方式相比,航空运输也有其局限性,主要表现如下。

(1) 航空货运的运输费用较其他运输方式(尤其海运)偏高,不适合低价值货物。

(2) 由于受到飞机本身载重、容积的限制,航空运输的货运量相比较海运运输要少得多,因此航空运输对大件货物或大批量货物的运输有一定的限制。

(3) 飞机飞行安全容易受恶劣气候的影响(如大风、大雨、雾等),航班就不能得到有效保证,可能导致货物的延误及损失。

但总的来讲,航空运输的优点突出,随着新兴技术得到更为广泛的应用,产品更趋向薄、轻、短、小、高价值,管理者更重视运输的及时性、可靠性,航空货运将会有更大的发展前景。

二、国际航空运输组织

(一) 国际航空运输协会

国际航空运输协会(international air transport association,IATA)是一个由世界各国航空公司所组成的大型国际组织。与监管航空安全和航行规则的国际民航组织相比,IATA 更像是一个由承运人(航空公司)组成的国际协调组织,管理在民航运输中出现的诸如票价、危险品运输等问题,协会的目标就是调解有关商业飞行上的一些法律问题,简化和加速国际航线的客货运输,促进国际航空运输的安全和世界范围内航空运输事业的发展。

国际航空运输协会前身是 1919 年在海牙成立但在第二次世界大战时解体的国际航空业务协会。1944 年 12 月,出席芝加哥国际民航会议的一些政府代表和顾问以及空运企业的代表聚会,商定成立一个委员会为新的组织起草章程。1945 年 4 月 16 日在哈瓦那会议上修改并通过了草案章程后,国际航空运输协会成立。同年 10 月,新组织正式成立,定名为国际航空运输协会,总部设在加拿大蒙特利尔。

(二) 国际民用航空组织

国际民用航空组织(international civil aviation organization,ICAO)是联合国的一个专门机构,是各国政府之间组成的国际航空运输机构,1944年为促进全世界民用航空安全、有序的发展而成立。民航组织总部设在加拿大蒙特利尔。

国际民用航空组织协调各国有关民航经济和法律义务,并制定各种民航技术标准和航行规则的国际组织。第二次世界大战后,为解决战后民用航空发展中的国际性问题,1944年11月1日至12月7日,在美国芝加哥召开了有52个国家参加的国际民航会议,签订了《国际民用航空公约》(简称《芝加哥公约》),并按国际民用航空临时协定设立了"临时国际民航组织"。1947年4月4日公约生效,"国际民航组织"正式成立。同年5月国际民航组织正式成为联合国的一个专门机构。

根据《芝加哥公约》第四十四条规定,国际民航组织的宗旨和目的主要有以下几点。

(1) 保证全世界国际民用航空安全地、有秩序地发展。

(2) 鼓励为和平用途的航空器的设计和操作艺术。

(3) 鼓励国际民用航空应用的航路、机场和航行设施。

(4) 满足世界人民对安全、正常、有效和经济的航空运输的需要;防止因不合理的竞争而造成经济上的浪费。

(5) 保证缔约国的权利充分受到尊重,每一缔约国均有经营国际空运企业的公平的机会。

(6) 避免缔约各国之间的差别待遇。

(7) 促进国际航行的飞行安全。

(三) 国际航空电信协会

国际航空电信协会(society international de telecommunication aero-nautiques,SITA)是联合国民航组织认可的一个非营利的组织,是航空运输业世界领先的电信和信息技术解决方案的集成供应商。

1949年12月23日,荷兰、法国、英国、瑞士、莎伯那等十一家欧洲航空公司代表在布鲁塞尔成立了国际航空电信协会,将成员航空公司的通信设备相互连接并共同使用。随着成员不断增加和航空运输业务对通信需求的增长,SITA已成为一个国际化的航空电信机构,SITA经营着世界上最大的专用电信网络。

SITA主要职责:带动全球航空业使用信息技术的能力,并提高全球航空公司的竞争能力,不仅为航空公司提供网络通信服务,还可为其提供共享系统,如机场系统、行李查询系统、货运系统、国际票价系统等。

(四) 中国航空运输协会

中国航空运输协会(China air transport association,CATA),简称中国航协,成立于2005年9月26日,是依据我国有关法律规定,经中华人民共和国民政部核准登记注册,以民用航空公司为主体,由企、事业法人和社团法人自愿参加组成的、行业性的、不以盈利为目的的全国性社团法人。截至2017年9月,协会会员4 027家,其中本级会员87家,分支机构会员3 940家。行业主管部门为中国民用航空局。

中国航空运输协会的基本宗旨:遵守宪法、法律法规和国家的方针政策。按照社会主义市场经济体制要求,努力为航空运输企业服务,为会员单位服务,为旅客和货主服务,维护行业和航空运输企业的合法权益,促进中国民航事业健康、快速、持续的发展。

三、国际航空运输营运方式

国际航空货物运输的主要方式有以下几种。

(一)班机运输

班机运输是指定期开航的、定航线、定始发站、定目的港、定途经站的飞机运输。一般航空公司都使用客货混合型飞机,一方面搭载旅客,一方面又运送少量货物。但一些规模较大的航空公司在一些资源比较充足的航线上开辟定期的货运航班,使用全货机运输。

班机运输由于固定航线、固定停靠港和定期开飞航,因此国际间货物流通多使用班机运输方式,便于收、发货人可确切掌握货物起运和到达的时间,保证货物安全准时的成交,这对市场上急需的商品、鲜活易腐货物以及贵重商品的运送是非常有利的。

由于班机运输一般是客货混载,大多以客为主,舱位有限,尤其在旅游旺季,航空公司往往首先满足旅客的要求,有限的舱位更显得不足,不能使大批量的货物及时出运,往往需要分期分批运输,这是班机运输的不足之处。

(二)包机运输

包机运输是指航空公司按照约定的条件和费率,将整架飞机租给一个或若干个包机人(包机人指发货人或航空货运代理公司),从一个或几个航空站装运货物至指定目的地。包机运输适合于大宗货物运输,费率低于班机,但运送时间则比班机要长些。

包机运输分为整包机运输与部分包机运输两种。

整包机运输即包租整架飞机,指航空公司按照与租机人事先约定的条件及费率,将整架飞机租给包机人,从一个或几个航空港装运货物至指定目的地的货物运输。包机的费用一次一议,随国际市场供求情况而变化。

部分包机运输指由几家航空货运公司或发货人联合包租一架飞机或者由航空公司把一架飞机的舱位分别卖给几家航空货运公司装载货物。部分包机运输用于托运不足一架整飞机舱位、但货量又较大的货物运送。

办理包机至少需在发运前一个月与航空公司洽谈,并签订协议,以便航空公司安排飞机运载和向起落机场及有关政府部门申请办理过境、入境、着陆等有关手续。各国政府为了保护本国航空公司利益,常对从事包机业务的外国航空公司实行各种限制。如包机的活动范围比较狭窄,降落地点受到限制,需降落指定地点外的其他地点时,一定要向当地政府有关部门申请,同意后才能降落。

(三)集中托运

集中托运指集中托运人将若干批单独发运的货物组成一整批,向航空公司办理托运,采用一份航空总运单集中发运到同一目的站,由集中托运人在目的地指定的代理收货,再根据集中托运人签发的航空分运单分拨给各实际收货人的运输方式。集中托运是航空货物运输中开展最为普遍的一种运输方式,是航空货运代理的主要业务之一。

与货运代理人不同,集中托运人的地位类似多式联运中的多式联运经营人。他承担的责任不仅仅是在始发地将货物交给航空公司,在目的地提取货物并转交给不同的收货人,集中托运人承担的是货物的全程运输责任,而且在运输中具有双重角色。他对各个发货人负货物运输责任,地位相当于承运人;而在与航空公司的关系中,他又被视为集中托运的一整批货物的托运人。

集中托运方式已在世界范围内普遍开展,形成较完善、有效的服务系统,为促进国际贸易发展和国际科技文化交流起了良好的作用。集中托运成为我国进出口货物的主要运输方式之一。

(四) 陆空联运

陆空联运是火车、飞机和卡车的联合运输方式,简称 TAT(train-air-truck),或火车、飞机的联合运输方式,简称 TA(train-air)。通过运用这几种复合一贯制运输的方式,可以真正地实现"门到门"的运输服务模式,从而能够更好地适应现代物流对及时性和准确性的要求。

我国空运出口货物通常采用陆空联运方式,因为我国幅员辽阔,而国际航空港口岸主要有北京、上海、广州等。虽然省会城市和一些主要城市每天都有班机飞往上海、北京、广州,但班机所带货量有限,费用比较高,如果采用国内包机,费用更贵。因此在货量较大的情况下,往往采用陆运至航空口岸,再与国际航班衔接。由于汽车具有机动灵活的特点,在运送时间上更容易掌握,因此一般都采用 TAT 方式组织出运。

任务反馈

小顾通过认真学习后,了解到了以下知识,并回答了经理的疑问。

(1) 国际航空货物运输是指以航空器作为运输工具,根据当事人订立的航空运输合同,无论运输有无间断或者有无转运,运输的出发地点、目的地点或者约定的经停地点之一不在中华人民共和国境内,而将货物运送至目的地并收取报酬或提供免费服务的运输方式的统称。

(2) 与其他运输方式相比,国际航空运输有着显著的优点,如运送速度快;不受地面条件影响,深入内陆地区;运输安全、准确;可以节约包装、保险、利息等费用。然而国际航空运输也有着一定的局限性,航空货运的运输费用较其他运输方式高,不适合低价值货物;航空运输的运量有限;飞机飞行安全容易受恶劣气候影响等。

任务 2 国际航空货运业务

【从业知识目标】
◆ 掌握国际航空货物出口运输代理业务流程。
◆ 掌握国际航空货物进口运输代理业务流程。

【执业技能目标】
◆ 能够组织航空出口货物运输和进口货物运输。

任务提出

国际航空货运业务主要包括国际航空货物出口运输代理业务和国际航空货物进口运输代理业务,东莞某 A 货运代理有限公司业务员小顾揽到一批空运货物,操作一票从广州到纽约的冻鸡航空出口运输,要赶在圣诞节前到达,收货人办完海关手续后前来提货时,发现这件货物由于没有冷冻保存,致使该批货物已出现异味,收货人当即提出异议。小顾调查后发现,造成货物损失的原因是托运人在填写空运单时发生错误,托运人将"冷冻保管"错写为"冷藏保管",由于保管不当,使货物变质。在这种情况下,应该由谁承担货物损失的责任呢?

知识要点

一、国际航空货物出口运输代理业务流程

航空货物出口运输代理业务流程主要包括以下二十个环节:市场销售→委托运输→审核单证→预配舱→预订舱→接单→制单→接货→标记和标签→配舱→订舱→出口报关→出仓单→提板、箱→货物装箱、装板→签单→交接发运→航班跟踪→信息服务→费用结算。

(一)市场销售

作为航空货物运输销售代理人,销售的产品是航空公司的舱位,只有飞机舱位配载了货物,航空货运才真正具有了实质性的内容,因此承揽货物处于航空货物出口运输代理业务流程的核心地位。

(二)委托运输

航空货运代理公司与出口单位(发货人)就出口货物运输事宜达成一致意向后,可以向发货人提供所代理的有关航空公司的"国际货物托运书"。对于长期出口或出口货量大的单位,航空货运代理公司一般都与之签订长期的代理协议。发货人发货时,首先需填写委托书,并加盖公章,作为货主委托代理承办航空货物出口货运的依据。航空货运代理公司根据委托书要求办理出口手续,并据以结算费用。因此,"国际货物托运书"是一份重要的法律文件。

根据《华沙公约》规定,货运单应由托运人填写,也可由承运人或其代理人代为填写。实际上,目前货运单均由承运人或其代理人代为填写。为此,作为填开货运单的依据——托运书,应由托运人自己填写,而且托运人必须在上面签字或盖章。

托运书是托运人用于委托承运人或其代理人填开航空货运单的一种表单,表单上列有货运单所需的各项内容,并应印有授权于承运人或其代理人代其在货运单上签字的文字说明。

(三)审核单证

应审核的单证包括以下内容。

(1)发票、装箱单:发票上一定要加盖公司公章(业务科室、部门章无效),标明价格术语和货价。

(2)托运书:一定要注明目的港名称和目的港所在城市名称,明确运费预付或运费到付、货物毛重、收发货人、电话/电传/传真号码。托运人签字处一定要有托运人签名。

(3) 报关单：注明经营单位注册号、贸易性质、收汇方式，并要求在申报单位处加盖公章。

(4) 外汇核销单：在出口单位备注栏内，一定要加盖公司章。

(5) 许可证：合同号、出口口岸、贸易国别、有效期，一定要符合要求并与其他单据相符。

(6) 商检证：商检证、商检放行单、盖有商检放行章的报关单均可。商检证上应有海关放行联字样。

(7) 进料/来料加工核销本：要注意本上的合同号应与发票相符。

(8) 索赔/返修协议：要求提供正本，要求合同双方盖章，外方无章时，可以签字。

(9) 到付保函：凡到付运费的货物，发货人都应提供保函。

(10) 关封。

（四）预配舱

代理人汇总所接受的委托和客户的预报，并输入计算机，计算出各航线的件数、重量、体积，按照客户的要求和货物重量、体积等情况，根据各航空公司不同机型对不同板箱的重量和高度要求，制订预配舱方案，并对每票货配上运单号。

（五）预订舱

代理人根据所指定的预配舱方案，按航班、日期打印出总运单号、件数、重量、体积，向航空公司预订舱。

（六）接单

接受托运人或其代理人送交的已经审核确认的托运书及报送单证和收货凭证。将收货记录与收货凭证核对，制作操作交接单，填上所收到的各种报关单证份数，给每份交接单配一份总运单或分运单。将制作好的交接单、配好的总运单或分运单、报关单证移交制单。

（七）制单

航空货运单包括总运单和分运单，填制航空货运单的主要依据是发货人提供的国际货运委托书，委托书上的各项内容都应体现在货运单项式上，一般用英文填写。填制航空货运单是空运出口业务中最重要的环节，货运单填写的准确与否直接关系到货物能否及时、准确的运达目的地。

（八）接货

接受货物，是指航空货运代理公司把即将发运的货物从发货人手中接过来并运送到自己的仓库。

接受货物一般与接单同时进行。对于通过空运或铁路从内地运往出境地的出口货物，货运代理人按照发货人提供的运单号、航班号及接货地点、日期，代其提取货物。如货物已在始发地办理了出口海关手续，发货人应同时提供始发地海关的关封。

接货时应对货物进行过磅和丈量，并根据发票、装箱单或送货单清点货物，核对货物的数量、品名、合同号或唛头等是否与货运单上所列一致。

（九）标记和标签

标记：在货物外包装上由托运人书写的有关事项和记号，包括托运人、收货人的姓名、地址、联系电话、传真、合同号、操作（运输）注意事项等，如：不要暴晒、防潮、小心轻放、单件超过150千克的货物等。

标签:航空公司标签是对其所承运货物的标志,航空公司标签上三位阿拉伯数字代表所承运航空公司的代号,后八位数字是总运单号码。分标签是代理公司对出具分标签的标志,分标签上应有分运单号码和货物到达城市或机场的三字代码。一件货物贴一张航空公司标签,有分运单的货物,再贴一张分标签。

（十）配舱

核对货物的实际件数、重量、体积与托运书上预报数量的差别。对预订舱位、板箱的有效利用、合理搭配,按照各航班机型、板箱型号、高度、数量进行配载。

（十一）订舱

订舱就是将所接受空运货物向航空公司申请并预定舱位。

订舱的具体做法和基本步骤是:接到发货人的发货预报后,向航空公司吨控部门领取并填写订舱单,同时提供相应的信息:货物的名称、体积、重量、件数、目的地、要求出运的时间等。

航空公司根据实际情况安排舱位和航班。货运代理订舱时,可依照发货人的要求选择最佳的航线和承运人,同时为发货人争取最低、最合理的运价。

订舱后,航空公司签发舱位确认书(舱单),同时给予装货集装器领取凭证,以表示舱位订妥。

（十二）出口报关

出口报关是指发货人或其代理人在货物发运前,向出境地海关办理货物出口手续的过程。出口报关的基本程序如下。

首先将发货人提供的出口货物报关单的各项内容输入计算机,即计算机预录入。在通过计算机填制的报关单上加盖报关单位的报关专用章。

然后将报关单与有关的发票、装箱单和货运单综合在一起,并根据需要随附有关的证明文件;以上报关单证齐全后,由持有报关证的报关员正式向海关申报。

最后海关审核无误后,海关官员即在用于发运的运单正本上加盖放行章,同时在出口收汇核销单和出口报关单上加盖放行章,在发货人用于产品退税的单证上加盖验讫章,粘上防伪标志,完成出口报关手续。

（十三）出仓单

配舱方案制订后就可着手编制出仓单:出仓单的日期、承运航班的日期、装载板箱形式及数量、货物进仓顺序编号、总运单号、件数、重量、体积、目的地三字代码和备注。

（十四）提板、箱

根据订舱计划向航空公司申领板、箱并办理相应的手续。提板、箱时,应领取相应的塑料薄膜和网。对所使用的板、箱要登记、销号。除特殊情况外,航空货运均以"集装箱"、"集装板"形式装运。

（十五）货物装箱、装板

大宗货物、集中托运货物可以在货物代理公司自己的仓库、场地、货棚进行装板、装箱,也可在航空公司指定的场地装板、装箱。

装板、装箱注意事项:不要用错集装箱、集装板,不要用错板型、箱型;不要超装箱板尺寸;要垫衬,封盖好塑料纸,防潮、防雨淋;集装箱、板内货物尽可能配装整齐,结构稳定,并接紧网索,防止运输途中倒塌;对于大宗货物、集中托运货物,尽可能将整票货物装一个或几个板、箱内运输。

(十六) 签单

货运单在盖好海关放行章后还需要到航空公司签单,只有签单确认后才允许将单、货交给航空公司。

(十七) 交接发运

交接是向航空公司交单交货,由航空公司安排航空运输。交单就是将随机单据和应有承运人留存的单据交给航空公司。随机单据包括第二联航空运单正本、发票、装箱单、产地证明、品质鉴定证书。

交货即把与单据相符的货物交给航空公司。交货前必须粘贴或拴挂货物标签,清点和核对货物,填制货物交接清单。大宗货、集中托运货,以整板、整箱称重交接,零散小货按票称重,计件交接。

(十八) 航班跟踪

单、货交接给航空公司后,航空公司会因种种原因,例如航班取消、延误、溢载、故障、改机型、错运、倒垛或装板不符规定等,未能按预定时间运出,所以货运代理公司从单、货交给航空公司后就需对航班、货物进行跟踪。

需要联程中转的货物,在货物运出后,要求航空公司提供二程、三程航班中转信息,确认中转情况,及时将上述信息反馈给客户,以便遇到不正常情况时及时处理。

(十九) 信息服务

航空货运代理公司须从多个方面为客户做好信息服务:订舱信息、审单及报关信息、仓库收货信息、交运称重信息、一程二程航班信息、集中托运信息、单证信息。

(二十) 费用结算

费用结算主要涉及发货人、承运人和国外代理人三方面的结算。

(1) 与发货人结算费用:在运费预付的情况下,收取航空运费、地面运输费、各种服务费和手续费。

(2) 与承运人结算费用:向承运人收取航空运费及代理费,同时收取代理佣金。

(3) 与国外代理结算主要涉及付运费和利润分成:到付运费实际上是发货方的航空货运代理人为收货人垫付的,因此收货方的航空货运代理公司在将货物移交收货人时,应收回到付运费并将有关款项退还发货方的货运代理人。同时发货方的货运代理人应将代理佣金的一部分分给其收货地的货运代理人。

由于航空货运代理公司之间存在长期的互为代理协议,因此与国外代理人结算时一般不采取一票一结的办法,而采取应收应付互相抵消、在一定期限内以清单冲账的办法。

二、国际航空货物进口运输代理业务流程

航空货物进口运输代理业务流程,是指代理公司对于货物从入境到提取或转运整个流程的各个环节所需办理的手续及准备相关单证的全过程。

航空货物进口运输代理业务流程包括:代理预报→交接单货→理货与仓储→理单与到货通知→制单与报关→发货与收费→送货与转运等。

(一) 代理预报

在国外发货前,由国外代理公司将运单、航班、件数、重量、品名、实际收货人及其地址、联系电话等内容发给目的地代理公司,这一过程被称为预报。到货预报的目的是使代理公司做好接货前的所有准备工作。其注意事项如下。

(1) 注意中转航班。中转航班的延误会使实际到达时间和预报时间出现差异。

(2) 注意分批货物。从国外一次性运来的货物在国内中转时,由于国内载量的限制,往往采用分批的方式运输。

(二) 交接单货

航空货物入境时,与货物相关的单据(运单、发票、装箱单等)也随即到达,运输工具及货物处于海关监管之下。货物卸下后,将货物存入航空公司或机场的监管仓库,进行进口货物舱单录入,将舱单上总运单号、收货人、始发站、目的站、件数、重量、货物品名、航班号等信息通过计算机传输给海关留存,供报关用。

同时根据运单上的收货人及地址寄发取单、提货通知。若运单上收货人或通知人为某航空货运代理公司,则把运输单据及与之相关的货物交给该航空货运代理公司。

航空公司的地面代理人向货运代理公司交接的有:国际货物交接清单、总运单、随机文件、货物。

交接时做到:单单核对,即交接清单与总运单核对;单货核对,即交接清单与货物核对。核对后,出现问题的处理方式如表5-1所示。

表 5-1 核对交接单货出现问题的处理方式

总运单	清单	货物	处理方式
有	无	有	清单上加总运单号
有	无	无	总运单退回
无	有	有	总运单后补
无	有	无	清单上划去
有	有	无	总运单退回
无	无	有	货物退回

(三) 理货与仓储

货运代理公司自航空公司接货后,即短途驳运进自己的监管仓库,组织理货及仓储。理货内容如下。

(1) 逐一核对每票件数,再次检查货物破损情况,确有接货时未发现的问题,可向民航提出交涉。

(2) 按大货、小货;重货、轻货;单票货、混载货;危险品、贵重品;冷冻品、冷藏品分别堆存、进仓。堆存时要注意货物箭头朝向,总运单、分运单标志朝向,注意重不压轻、大不压小。

(3) 登记每票货储存区号,并输入计算机。

鉴于航空进口货物的贵重性、特殊性,其仓储要求较高,应注意以下几点:防雨淋、防受潮;防重压;防升温变质;防危险品危及人员及其他货品安全;为防贵重品被盗,贵重品应设专库,由双人制约保管,防止出现被盗事故。

(四)理单与到货通知

1. 理单

(1)集中托运,总运单项下拆单。

将集中托运进口的每票总运单项下的分运单分理出来,审核与到货情况是否一致,并制成清单输入计算机;将集中托运进口总运单项下的发运清单输入海关计算机,以便实施按分运单分别报关、报检、提货。

(2)分类理单、编号。

运单分类,一般有以下几种分类法。

①分航班号理单,便于区分进口方向;

②分进口代理理单,便于掌握、反馈信息,做好对代理的对口服务;

③分货主理单,指对重要的经常有大批货物的货主,将其运单分类出来,便于联系客户,制单报关和送货、转运;

④分口岸、内地或区域理单,便于联系内地货运代理,便于集中转运;

⑤分运费到付、预付理单,便于安全收费;

⑥分寄发运单、自取运单客户理单。

分类理单的同时,须将各票总运单、分运单编上航空货运代理公司自己设定的编号,以便内部操作及客户查询。

(3)编配各类单证。

货运代理人将总运单、分运单与随机单证、国外代理人先期寄达的单证、国内货主或经营到货单位预先交达的各类单证等进行编配。

代理公司理单人员须将其逐单审核、编配。凡单证齐全、符合报关条件的即转入制单、报关程序,否则,即与货主联系,催齐单证,使之符合报关条件。

2. 到货通知

货物到目的地后,货运代理人应从航空运输的时效出发,为减少货主仓储费,避免海关滞报金,尽早、尽快地通知货主到货情况,提醒货主配齐有关单证,尽快报关。

(五)制单与报关

除部分进口货存放民航监管仓库外,大部分进口货物存放于各货运代理公司自有的监管仓库。由于货主的需求不一,货物进口后的制单、报关、运输等事项也不同,可由货运代理公司代为办理,也可由货主自行办理。

(六)发货与收费

1. 发货

办完报关、报检等手续后,货主须凭盖有海关放行章、动植物报验章、卫生检疫报验章的进口提货单到所属监管仓库付费提货。

仓库发货时,须检验提货单据上各类报关、报验章是否齐全,并登记提货人的单位、姓名、身份证号以确保发货安全。

保管员发货时,须再次检查货物外包装情况,遇有破损、短缺,应向货主做出交代。

2. 收费

货运代理公司仓库在发放货物前,一般先将费用收妥。收费内容有:单证、报关费;仓储费;装卸、铲车费;航空公司到港仓储费;海关预录入、动植检、卫检报验等代收代付费;关税及垫付佣金。

除了每次结清提货的货主的费用外,经常性的货主可与货运代理公司签订财务付费协议,实施先提货后付款,按月结账的付费方式。

(七)送货与转运

出于多种因素(或考虑便利,或考虑节省费用,或考虑运力所限),许多货主或国外发货人要求将进口到达的货由货运代理人报关、垫税、提货后直接运输到收货人手中。货运代理公司在代理客户制单、报关、垫税、提货、运输的"一揽子"服务中,由于工作熟练、衔接紧密、服务到位,因而受到货主的欢迎。

任务反馈

通过本节内容的学习,小顾了解到如下内容。

(1)作为填开货运单的依据——托运书,应由托运人自己填写,而且托运人必须在上面签字或盖章。托运书是托运人用于委托承运人或其代理人填开航空货运单的一种表单,表单上列有货运单所需的各项内容,并应印有授权于承运人或其代理人代其在货运单上签字的文字说明。

(2)在本次出口业务中,货物的损失主要应由托运人承担。根据《华沙公约》的规定,如果承运人能证明受害人自己的过失是造成损失的原因或原因之一,法院可以按照法律规定减轻或免除承运人的责任。在本次的航空出口业务中,货物的损失虽然是在航空运输途中,但造成这种损失的原因是托运人的过失。因此,应该由托运人自己承担责任。

任务 3 国际航空运价与运费

【从业知识目标】

◆ 理解航空货物运费中的运价的概念和种类。
◆ 理解并掌握航空货物中的计费重量计算。
◆ 掌握航空货物运费的计算。
◆ 了解航空运输货物的声明价值、付款规则。

【执业技能目标】

◆ 能够判断航空货物的运价。
◆ 计算航空货物的计费重量。
◆ 能够准确计算航空货物的运费。

任务提出

东莞某货运代理有限公司业务员小顾揽货后有一批高档文具需要从深圳空运到横滨。小顾掌握的信息如下：

航线(Routing):SHENZHEN,CHINA(SZX) to OSAKA,JAPAN(OSA)

货物名称(Commodity):Stationery

毛重(Gross Weight):5.3千克

体积(Dimensions):41×33×20立方厘米

公布运价如下：

SHENZHEN	CN		SZX
Y. RENMINBI	CNY		KGS
OSAKA	JP	M	320.00
		N	52.81
		Q45	44.46
		Q100	40.93

现如今，小顾需要知道货物从深圳空运到横滨运费是多少，航空运费又该如何计算。

知识要点

一、航空运费中的运价

（一）航空运价的概念

航空运价又称费率，是指承运人对所运输的每一重量单位货物（千克或磅）所收取的自始发地机场至目的地机场的航空费用。

货物的航空运价一般以运输始发地的本国货币公布，但有的国家以美元代替本国的货币。

（二）航空运价的种类

目前国际航空货物运价按制定的途径划分，主要分为协议运价和国际航协运价。

1. 协议运价

协议运价是指航空公司与托运人签订协议，托运人保证每年向航空公司交运一定数量的货物，航空公司则向托运人提供一定数量的运价折扣。目前航空公司使用的运价大多是协议运价。

2. 国际航协运价

国际航协运价是指IATA在TACT运价资料上公布的运价。国际货物运价使用IATA的运价手册，结合并遵守国际货物运输规则共同使用。按照IATA货物运价公布的形式划分，国际货物运价可分为公布直达运价和非公布直达运价。

公布直达运价包括普通货物运价(general cargo rate)、特种商品运价(specific commodity rate)、等级货物运价(commodity classification rate)、集装货物运价(unit load device rate)。

(1) 普通货物运价。

普通货物运价是适用最为广泛的一种运输价格。当一批货物不能适用特种货物运价,也不属于等级货物时,就应该适用普通货物运价。

航空公司通常根据不同的货物重量等级采用不同的运输价格。重量越大,运价越优惠。目前最为普遍的重量等级是45千克、100千克、100千克以上。而对于普通货物运价分类如下:45千克(100 lb)以下,运价类别代号为N;45千克,运价类别代号为Q;45千克以上可分为100千克、300千克、500千克、1 000千克、2 000千克等多个计费质量分界点,但运价类别代号仍以Q表示。

(2) 特种货物运价。

特种货物运价又称特种费率,为航空货物运价之一,是由参加国际航空运输协会的航空公司,根据不同航线上有经常性特种货物运输的发货人的要求,或为促进某地区的某种货物的运输,向国际航空运输协会提出申请,经同意后制定的。特种货物运价低于普通货物运价,其运价代号为C。

(3) 等级货物运价。

等级货物运价是指在规定的业务区内或业务区之间运输特别指定的等级货物的运价。IATA规定等级货物包括下列各种货物:活动物、贵重货物、书报杂志类货物,作为货物运输的行李、尸体、骨灰、汽车等。

通常等级货物运价是在普通货物运价的基础上增加或者减少一定百分比而构成的,起码重量规定为5千克。因此可以将货物分成附加的等级货物和附减的等级货物,其中附加的等级货物用代号S表示,附减的等级货物用代号R表示。

适用附加运价的商品有:活动物,贵重物品、尸体、骨灰。

适用附减运价的商品有:报纸、杂志、书籍及其他出版物,作为货物托运的行李。

(4) 集装货物运价。

集装货物运价是成组货物运价,适用于托盘或集装器(集装箱)运输,低于普通货物运价。

集装箱货物运价的选用,可依据以下规则。

① 申报整批货物的总重量或总体积:将集装货物视为一种货物,将其总重量确定为一个计费重量。运价采用适用的普通货物运价。

② 分别申报每一种货物的件数、重量、体积及货物品名:按照不同种类货物使用的运价与其相对应的计费重量分别计算运费。

非公布直达运价包括比例运价和分段相加运价。

二、航空运费中的计费重量

计费重量是指用以计算货物航空运费的重量。货物的计费重量是货物的实际毛重或者是货物的体积重量或者是较高重量分界点的重量。

1. 实际毛重

包括货物包装在内的货物重量,称为货物的实际毛重。一般情况下对于高密度货物,实际毛重可能会成为计费重量。

2. 体积重量

(1) 定义。

按照国际航协规则,将货物的体积按一定的比例折合成的重量,称为体积重量。由于货舱空间体积的限制,一般对于低密度的货物,体积重量可能会成为计费重量。

(2) 计费规则。

以最长、最宽、最高的三边的长度计算。长、宽、高的小数部分按四舍五入取整,体积重量的折算,换算标准为每6 000立方厘米折合1千克。

$$体积重量(千克)=货物体积÷6 000立方厘米/千克$$

3. 较高重量分界点的重量

一般采用货物的实际毛重与货物的体积重量两者比较取高者;但当货物按较高重量分界点的较低运价计算的航空运费较低时,则较高重量分界点的货物起始重量作为货物的计费重量。

国际航协规定,国际货物的计费重量以0.5千克为最小单位,重量尾数不足0.5千克的,按0.5千克计算;0.5千克以上不足1千克的,按1千克计算。例如:

103.001千克 → 103.5千克
103.501千克 → 104.0千克
65.5千克 → 65.5千克

三、航空运费的计算

货物的航空运费是指航空公司将一票货物自始发地机场运至目的地机场所应收取的航空运输费用。该费用根据每票货物所适用的运价和货物的计费重量计算而得。

1. 航空运费计算步骤

(1) 计算货物体积(volume)和体积重量(volume weight);
(2) 计算货物毛重(gross weight);
(3) 确定计费重量(chargeable weight);
(4) 确定适用运价(applicable rate);
(5) 求得航空运费(weight charge)。

2. 航空运费的计算

例 5-1

航线(routing):BEIJING,CHINA(BJS) to TOKYO,JAPAN(TYO)

货物名称(commodity):Sample

毛重(gross weight):25.2千克

体积(dimensions):82×48×32 cm³

计算该票货物的航空运费

公布运价如下:

BEIJING	CN		BJS
Y. RENMINBI	CNY		kg
TOKYO	JP	M	230.00
		N	37.51
		45	28.13

解 体积(volume):82×48×32 立方厘米=125 952 立方厘米

体积重量(volume weight):125 952/6 000 千克=20.99 千克=21 千克

毛重(gross weight):25.2 千克

计费重量(chargeable weight):25.5 千克

适用运价(applicable rate):GCR N 37.51 元/千克

航空运费(weight charge):25.5×37.51=956.51 元

例 5-2

航线(routing):BEIJING,CHINA(BJS)to AMSTERDAM,HOLLAND(AMS)

货物名称(commodity):PARTS

毛重(gross weight):38.6 kg

体积(dimensions):101×58×32 cm^3

计算该票货物的航空运费

公布运价如下:

BEIJING	CN		BJS
Y. RENMINBI	CNY		kg
AMSTERDAM	NL	M	320.00
		N	50.22
		45	41.53
		300	37.52

解 (1)按实际重量计算

体积(volume):101×58×32 立方厘米=187 456 立方厘米

体积重量(volume weight):187 456÷6 000 千克=31.24 千克=31.5 千克

毛重(gross weight):38.6 千克

计费重量(chargeable weight):39.0 千克

适用运价(applicable rate):GCR N 50.22 元/千克

航空运费(weight charge):39.0×50.22=1 958.58 元

(2)采用较高重量分界点的较低运价计算

计费重量(chargeable weight):45.0 千克

适用运价(applicable rate):GCR Q 41.53 元/千克

航空运费(weight charge):45×41.53=1 868.85 元

(1)与(2)比较,取运费较低者。

所以运费(weight charge):CNY1 868.85

例 5-3 航线(routing):BEIJING,CHINA(BJS)to OSAKA,JAPAN(OSA)

货物名称(commodity):FRESH APPLES

毛重(gross weight):EACH 65.2 kg,TOTAL 5 PIECES

体积(dimensions):102×44×25×5 cm^3

计算该票货物的航空运费

公布运价如下：

BEIJING	CN		BJS
Y. RENMINBI	CNY		kg
OSAKA	JP	M	230.00
		N	37.51
		45	28.13
	0008	300	18.80
	0300	500	20.61
	1093	100	18.43
	2195	500	18.8

解 查找 TACT RATES BOOKS 的品名表，品名编号"0008"所对应的货物名称为"FRUIY, VEGETABLES-FRESH"，现在承运的货物是 FRESH APPLES，符合指定商品代码"0008"。

此时，能否直接使用指定商品运价作为该商品的适用运价，还要考虑货主交运货物的计费重量是否达到或超过"0008"指定商品运价使用时的最低重量要求。

体积（volume）：$102 \times 44 \times 25 \times 5 = 561\,000$ 立方厘米

体积重量（volume weight）：$561\,000 \div 6\,000$ 千克 $= 93.5$ 千克

毛重（gross weight）：65.2×5 千克 $= 326.0$ 千克

计费重量（chargeable weight）：326.0 千克

由于货主所交运的货物重量也符合"0008"指定商品运价使用时的最低重量要求。

适用运价（applicable rate）：SCR 0008/Q 18.80 元/千克

航空运费（weight charge）：$326.0 \times 18.80 = 6\,128.80$ 元

四、航空运输货物的声明价值

按《华沙公约》规定，对由于承运人的失职而造成的货物损坏、丢失或错误等所承担的责任，其赔偿的金额为每公斤 20 美元或每磅 7.675 英镑或相等的当地货币。

如果货物的价值超过了上述值，托运人得到足额赔偿，就必须事先即向承运人作出特别声明，并在航空运单"供运输使用的声明价值"栏中注明声明金额。这样，一旦货物发生应由承运人承担责任的毁灭、遗失、损坏或延误，承运人将根据实际损失情况，按照高于赔偿责任限额的托运人声明价值予以全额赔偿。

货物的声明价值是针对整件货物而言，不允许对货物的某部分申明价值。

由于托运人声明价值增加了承运人的责任，承运人要收取声明价值费，否则即使出现更多的损失，承运人对超出的部分也不承担赔偿责任。

声明价值费的收取依据货物的实际毛重，计算公式为：

声明价值费 =（货物价值 - 货物毛重 × 20 美元/千克）× 声明价值费费率

声明价值费费率通常为 0.5%。

五、航空运输货物运费付款规则

货物的运费和声明价值费，必须全部预付或全部到付。

在运输始发站发生的其他费用,必须全部预付或全部到付;在运输途中发生的费用应到付,但某些费用,如政府所规定的固定费用和机场当局的一些税收,如始发站知道时,也可以预付;在目的地发生的其他费用只能全部到付。

不能采取运费到付的货物:

(1) 到达国国家的货币管理制度不允许从收货人处收取费用。

(2) 承运人不允许运输费用到付。

(3) 收货人是托运人本人或政府临时代理机构(除非货物是由有适当证书的政府机构托运)或自由受到限制的人。

(4) 收货人所在地为机场、宾馆或其他临时性地址。

(5) 无价样品,如报纸和其他印刷品,新闻图片、影片和电视片、礼品、酒精、饮料、尸体、骨灰、活动物、易腐货物、私人用品及无商业价值的家具,以及本身商业价值低于运输费用的货物等。

任务反馈

通过这一节的学习小顾了解到:

(1) 航空运价是指承运人对所运输的每一重量单位货物(千克或磅)所收取的自始发地机场至目的地机场的航空费用,这批高档文具属于普通货物,适用于普通货物运价。

(2) 货物的航空运费是指航空公司将一票货物自始发地机场运至目的地机场所应收取的航空运输费用。该费用根据每票货物所适用的运价和货物的计费重量计算而得。

(3) 航空运费计算步骤:

① 计算货物体积(volume)和体积重量(volume weight);

② 计算货物毛重(gross weight);

③ 确定计费重量(chargeable weight);

④ 确定适用运价(applicable rate);

⑤ 求得航空运费(weight charge)。

(4) 小顾在计算这次运费过程中,首先要算出计费重量,而计费重量是货物的实际毛重与货物的体积重量两者比较取高者,在此次任务中实际毛重为5.3千克,但按照国际航协规定,货物的计费重量以0.5千克为最小单位,因此实际毛重按照5.5千克计算。

该批货物的体积重量的计算过程为:$41 \times 33 \times 20/6\ 000$千克$= 4.51$千克,则体积重量按照5.0千克计算。比较两者,最终计费重量为5.5千克。

(5) 最终航空运费为:5.5×52.82元$= 290.51$元。

(6) 但是小顾发现,在此运价表中,有一个最低运费为320元,290.51元小于320元,因此,这批高档文具的最终运费为320元。

任务 4 国际航空货运单业务

【从业知识目标】

◆ 了解航空货运单的概念、构成、填开责任。

◆ 理解航空货运单的种类、作用。

◆ 掌握航空货运单的填制。

国际货运代理实务

【执业技能目标】
◆ 能够准确填制航空货运单。
◆ 利用所学的航空货运单的知识解决实际问题。

任务提出

东莞某货运代理有限公司业务员小顾揽到一批空运货物,其中有一包是易碎货,即陶器和瓷器(如盘子、茶杯等)。委托人在托运单上正确地描述了包裹中货物的性质,但在小顾填写的航空运单中,却未写明该包裹中易碎货物的性质。在目的地,卸货操作人员不知晓该包裹中货物的性质。至交货时发现该批货物已严重受损,收货人向其提出索赔,小顾心想货物是由于卸货操作人员的失误导致受损,于是其向此航空公司提出了追索,但航空公司拒绝赔付。航空公司拒绝赔付的理由是什么?

知识要点

一、航空货运单的概念

航空货运单是由托运人或者以托运人的名义填制,是托运人和承运人之间在承运人的航线上运输货物所订立运输契约的凭证。

航空货运单既可用于单一种类的货物运输,又可用于不同种类货物的集合运输。既可用于单程货物运输,又可用于联程货物运输。

二、航空货运单的作用

航空货运单是由承运人或其代理人签发的重要的货物运输单据,是承托双方的运输合同,其内容对双方均具有约束力。航空货运单不可转让,持有航空货运单也并不能说明可以对货物要求所有权。在货物所有权这一点,航空货运单与国际铁路运单相似,与海运提单有很大不同。具体来讲,航空货运单有以下六项作用。

1. 航空货运单是运输合同

航空货运单是发货人与航空承运人之间的运输合同。与海运提单不同,航空运单不仅证明航空运输合同的存在,而且航空货运单本身就是发货人与航空运输承运人之间缔结的货物运输合同,在双方共同签署后产生效力,并在货物到达目的地交付给运单上所记载的收货人后失效。

2. 航空货运单是货物收据

航空货运单是承运人签发的已接收货物的证明,在发货人将货物发运后,承运人或其代理人就会将其中一份交给发货人(即发货人联),作为已经接收货物的证明。除非另外注明,它是承运人收到货物并在良好条件下装运的证明。

3. 航空货运单是承运人据以核收运费的账单

航空货运单分别记载着属于收货人负担的费用,属于应支付给承运人的费用和应支付给代理人的费用,并详细列明费用的种类。

4. 航空货运单是报关单证之一

出口时,航空货运单是报关单证之一。在货物到达目的地机场进行进口报关时,航空货运单通常也是海关查验放行的基本单证。

5. 航空货运单同时可作为保险证书

如果承运人承办保险或发货人要求承运人代办保险,则航空货运单也可用来作为保险证书。

6. 航空货运单是承运人内部业务的依据

航空货运单随货同行,证明了货物的身份。货运单上载有有关该票货物发送、转运、交付的事项,承运人会据此对货物的运输做出相应安排。

三、航空货运单的构成

我国国际航空货运单由一式12联组成,包括三联正本、六联副本和三联额外副本。航空货运单各联的分发如表5-2所示。

表5-2 国际航空货运单联数构成表

序号	名称及分发对象	颜色
A	Original 3(正本3,给托运人)	浅蓝色
B	Copy 9(副本9,给代理人)	白色
C	Original 1(正本1,交出票航空公司)	浅绿色
D	Original 2(正本2,给收货人)	粉红色
E	Copy 4(副本4,提取货物收据)	浅黄色
F	Copy 5(副本5,给目的地机场)	白色
G	Copy 6(副本6,给第三承运人)	白色
H	Copy 7(副本7,给第二承运人)	白色
I	Copy 8(副本8,给第一承运人)	白色
J	Extra copy(额外副本,供承运人使用)	白色
K	Extra copy(额外副本,供承运人使用)	白色
L	Extra copy(额外副本,供承运人使用)	白色

航空运单的正本一式三份,每份都印有背面条款。

正本1:由承运人留存,作用有二:一是作为承托双方运输合同成立的证明;二是交承运人财务部门,作为记账凭证。

正本2:随货同行,在货物到达目的地,交付给收货人时作为核收货物的依据。

正本3(托运人联):在货运单填制后,此联交给托运人,作为承托双方运输合同成立的证明;同时也可作为货物预付运费时交付运费的收据;还是承运人收到货物的依据。

四、航空货运单的分类

根据签发人的不同,航空货运单分航空主运单、航空分运单两类。

1. 航空主运单

航空主运单(master air waybill,MAWB):凡由航空运输公司签发的航空货运单就称为航空主运单。它是航空运输公司据以办理货物运输和交付的依据,是航空公司和托运人订立的运输合同,每一批航空运输的货物都有自己相对应的航空主运单。

2. 航空分运单

航空分运单(house air waybill,HAWB)即集中托运人在办理集中托运业务时签发的航空运单。在集中托运的情况下,除了航空运输公司签发主运单外,集中托运人还要签发航空分运单。

航空分运单作为集中托运人与托运人之间的货物运输合同,合同双方分别为货主A、B和集中托运人;而航空主运单作为航空运输公司与集中托运人之间的货物运输合同,当事人则为集中托运人和航空运输公司。由于在起运地由集中托运人将货物交付航空运输公司,在目的地由集中托运人或其代理从航空运输公司处提取货物,再转交给收货人,因而货主与航空运输公司也没有直接的货物交接关系。

五、航空货运单的填开责任

托运人有责任填制航空货运单。托运人对货运单所填各项内容的正确性、完备性负责。由于货运单所填内容不准确、不完全,致使承运人或其他人遭受损失,托运人负有责任。根据《中华人民共和国民用航空法》第113条和第114条规定,托运人应当填写航空货运单正本一式三份,连同货物交给承运人。航空货运单不符合规定或航空货运单遗失,不影响运输合同的存在或者有效。

六、航空货运单的填制

航空货运单与海运提单类似,也有正面、背面条款之分,不同的航空公司也会有自己独特的航空运单格式。所不同的是,航运公司的海运提单可能千差万别,但各航空公司所使用的航空运单则大多借鉴IATA所推荐的标准格式,差别并不大。所以我们这里只介绍这种标准格式,也称中性运单。下面就有关需要填写的栏目说明如下。

(1) 始发站机场:需填写IATA统一制定的始发站机场或城市的三字代码,这一栏应该和(11)栏相一致。

(2) 发货人姓名、住址(Shipper's Name and Address):填写发货人姓名、地址、所在国家及联络方法。

(3) 发货人账号(Shipper's Account Number):只在必要时填写。

(4) 收货人姓名、住址(Consignee's Name and Address):应填写收货人姓名、地址、所在国家及联络方法。与海运提单不同,因为航空运单不可转让,所以"凭指示"之类的字样不得出现。

(5) 收货人账号(Consignee's Account Number):只在必要时填写。

(6) 承运人代理的名称和所在城市(Issuing Carrier's Agent Name and City):填写制单代理人的名称及其所在的城市,应清楚、详细。

(7) 代理人的IATA代号(Agent's IATA Code):在NON-CASS系统区,必须填写IATA七位数字的代号;在CASS系统区,还应填写三位数字的地址代码及检查号。

(8) 代理人账号(Account No.):根据承运人的需要,填写代理人账号。

(9) 始发站机场及所要求的航线(Airport of Departure and Requested routing):填写货物始发站机场的名称,应填写英文全称,不得简写或使用代码。

(10) 支付信息(Accounting Information):此栏只有在采用特殊付款方式时才填写。例如:

① 以现金或者支票支付货物运费,应予注明。

② 以旅费证支付货物运费,仅限于作为货物运输的行李,填写旅费证的号码及应支付的金

额,填写"客票及行李票"号码、航班、日期等。

③ 以政府提单支付货物运费,填写政府提单的号码。

④ 因无法交付而退回始发站的货物,在新的货运单的此栏内填写原货单号码。

(11) 至(To):填写目的站或者第一中转站机场的IATA三字代码。

第一承运人(By First Carrier):填写第一承运人的全称或者IATA两字代码。

至(To):填写目的站或者第一中转站机场的IATA三字代码。

第二承运人(By):填写第二承运人的全称或者IATA两字代码。

至(To):填写目的站或者第三中转站机场的IATA三字代码。

第三承运人(By):填写第三承运人的全称或者IATA两字代码。

(12) 货币(Currency):填写始发站所在国家的货币的三字代码。

(13) 收费代号(CHGS Code):填写货物运费的支付方式。

① CA,Partial Collect Credit-Partial Prepaid Cash,部分到付信用卡—部分预付现金。

② CB,Partial Collect Credit-Partial Prepaid Credit,部分到付信用卡—部分预付信用卡。

③ CC,All Charges Collect,全部货物运费到付。

④ CG,All Charges Collect by GBL,全部货物运费到付政府提单。

⑤ CP,Destination Collect Cash,目的站到付现金。

⑥ CX,Destination Collect Credit,目的站到付信用卡。

⑦ NC,Charge,免费。

⑧ PC,Partial Prepaid Cash-Partial Collect Cash,部分预付现金—部分到付现金。

⑨ PD,Partial Prepaid Credit-Partial Collect Cash,部分预付信用卡—部分到付现金。

⑩ PG,All Charges Prepaid by GBL,全部货物运费预付政府提单。

⑪ PP,All Charges Prepaid by Cash,全部货物运费预付现金。

⑫ PX,All Charges Prepaid by Credit,全部货物运费预付信用卡。

(14) 运费及声明价值费(WT/VAL,weight charge/valuation charge):此时可以有两种情况:预付(PPD,Prepaid)和到付(COLL)。

(15) 其他费用(Other)——也有预付(PPD)和到付(COLL)两种支付方式。

(16) 运输声明价值(Declared Value for Carriage):在此栏填入发货人要求的用于运输的声明价值。如果发货人不要求声明价值,则填入"NVD(No value declared)"。

(17) 海关声明价值(Declared Value for Customs):发货人在此填入对海关的声明价值,或者填入"NCV(No customs valuation)",表明没有声明价值。

(18) 目的地机场(Airport of Destination):填写最终目的地机场的全称。

(19) 航班及日期(Flight/Date):填入货物所搭乘航班及日期。

(20) 保险金额(Amount of Insurance):只有在航空公司提供代保险业务而客户也有此需要时才填写。

(21) 操作信息(Handling Information):一般填入承运人对货物处理的有关注意事项,如"Shipper's certification for live animals(托运人提供活动物证明)"等。

(22) 货物件数和运价组成点(No. of Pieces RCP,Rate Combination Point):填入货物包装件数。如10包即填"10"。

毛重(Gross Weight):填入货物总毛重。

重量单位:可选择千克(kg)或磅(lb)。

运价等级(Rate Class):针对不同的航空运价共有 6 种代码,它们是 M(Minimum,起码运费)、C (Specific Commodity Rates,特种运价)、S(Surcharge,高于普通货物运价的等级货物运价)、R(Reduced,低于普通货物运价的等级货物运价)、N (Normal,45 千克以下货物适用的普通货物运价)、Q(Quantity,45 千克以上货物适用的普通货物运价)。

商品代码(Commodity Item No.):在使用特种运价时需要在此栏填写商品代码。

计费重量(Chargeable Weight):此栏填入航空公司据以计算运费的计费重量,该重量可以与货物毛重相同,也可以不同。

运价(Rate/Charge):填入该货物适用的费率。

运费总额(Total):此栏数值应为起码运费值或者是运价与计费重量两栏数值的乘积。

货物的品名、数量、含尺码或体积(Nature and Quantity of Goods incl. Dimensions or Volume):货物的尺码应以厘米或英寸为单位,尺寸分别以货物最长、最宽、最高边为基础。体积则是上述三边的乘积,单位为立方厘米或立方英寸。

(23) 其他费用(Other Charges):指除运费和声明价值附加费以外的其他费用。根据IATA规则各项费用分别用三个英文字母表示。其中前两个字母是某项费用的代码,如运单费就表示为 AW(Air Waybill Fee)。第三个字母是 C 或 A,分别表示费用应支付给承运人(Carrier)或货运代理人(Agent)。

(24) 航空运费(Weight Charge):填写航空运费总额,可以预付或者到付,根据付款方式分别填写。

(25) 未声明价值附加费(Valuation Charge):填写按规定收取的声明价值附加费,可以预付或者到付,根据付款方式分别填写。

(26) 税款(Tax):填写按规定收取的税款额,可以预付或者到付,根据付款方式分别填写,但是,必须同时全部预付或者同时全部到付。

(27) 交代理人的其他费用总额(Total Other Charges Due Agent):填写交代理人的其他费用总额,可以预付或者到付,根据付款方式分别填写。

(28) 交承运人的其他费用总额(Total Other Charges Due Carrier):填写交承运人的其他费用总额,可以预付或者到付,根据付款方式分别填写。

(29) 全部预付货物费用的总额(Total Prepaid):合计的预付货物运费的总额。

(30) 全部到付货物费用的总额(Total Collect):合计的到付货物运费的总额。

(31) 托运人或其代理人签字、盖章(Signature of Shipper or his Agent):由托运人或其代理人签字、盖章。

(32) 填开日期(Executed on (date)):填写货运单的填开日期,年、月、日。

(33) 填开地点(at (place)):填写货运单的填开地点。

(34) 制单承运人或其代理人签字、盖章(Signature of Issuing or its Agent):由填制货运单的承运人或其代理人签字、盖章。

(35) 仅限目的站由承运人填写(For Carrier's Use only at Destination)。

(36) 汇率(Currency Conversion Rates)。

(37) 到付货物运费(CC Charge in Dest. Currency):填写根据汇率到付货物运费换算成的金额。

(38) 目的站其他费用额(Charges at Destination):填写在目的站发生的货物运费额。

(39) 填写合计金额(Total Collect Charge)。

以上所有内容不一定要全部填入航空运单,IATA 也并未反对在运单中写入其他所需的内容。但这种标准化的单证对航空货运经营人提高工作效率,促进航空货运业向电子商务的方向迈进有着积极的意义。

航空货运单

Shipper's Name and Address	Shipper's Account Number	Not Negotiable Air Waybill Issued by
		Copies1,2 and 3 of this Air Waybill Are Originals and Have the Same Validity
Consignee's Name and Address	Consignee's Account Number	Reference to conditions of contract(契约条款)
Issuing Carrier's Agent Name and City		Accounting Information:
Agent's IATA Code	Account No.	
Airport of Departure and Requested Routing	Reference number	Optional Shipping Information

To	By first Carrier	Routing and Destination	To	By	To	By	Currency	CHGS Code	WT/VAL		Other		Other	Declared Value for Carriage	Declared Value for Customs
									PPD	COLL	PPD	COLL			

Airport of destination	Flight/date	for Carrier Use Only	Flight/Date	Amount of Insurance
Handling Information				SCI

No. of Pieces RCP	Gross Weight	kg lb	Rate Class	Commodity Item No.	Chargeable Weight	Rate /Charge	Total	Nature and Quantity of Goods

Prepaid (weight charge) Collect	Other Charge
Valuation Charge	
Tax	
Total Other Charge Due Agent	Shipper's Certification Box(托运人证明)
Total Other Charge Due Carrier	
Total Prepaid	Total Collect	
Currency Conversion Rate	CC Charge in Destination Currency	Executed on (date) At (place)	Signature of Issuing carrier or its agent
For Carrier's use only at Destination	Charge at Destination	Total Collect Charges	

任务反馈

通过这一节的学习小顾了解到:

(1) 航空货运单是由托运人或者以托运人的名义填制,是托运人和承运人之间在承运人的航线上运输货物所订立运输契约的凭证。

(2) 托运人有责任填制航空货运单。托运人对货运单所填各项内容的正确性、完备性负责。由于货运单所填内容不准确、不完全,致使承运人或其他人遭受损失,托运人负有责任。

(3) 本案中,小顾要对航空运单中货物描述的不正确负责,因为正是这种不正确性导致了货损。因而,航空公司不负责赔偿。

学习资源

http://bbs.fobshanghai.com 福步外贸论坛

习题巩固

一、单项选择题

1. 航空运输的计费重量,以实际毛重表示时,计费重量的最小单位是(   )。
   A. 0.5 千克   B. 0.1 千克   C. 2 千克   D. 5 千克

2. 在国际航空货物运输中,下列(   )属于非公布直达运价。
   A. 普通货物运价   B. 等级货物运价   C. 分段相加运价   D. 集装货物运价

3. 航空货物体积重量的折算标准为每(   )立方厘米折合1千克。
   A. 3 000   B. 4 000   C. 5 000   D. 6 000

4. 航空货运中"N"表示标准普通货物运价,是指(   )千克以下的普通货物运价。
   A. 45   B. 50   C. 55   D. 60

5. 航空指定商品运价简称(   )。
   A. GCR   B. SCR   C. KGS   D. NCR

6. 根据《中华人民共和国民用航空法》第113条和第114条规定,托运人应当填写航空货运单正本(   ),连同货物交给承运人。
   A. 一式两份   B. 一式三份   C. 一式六份   D. 一式九份

7. 我国国际航空货运单,航空货运代理人持有(   )。
   A. 正本 3   B. 副本 6   C. 副本 9   D. 正本 1

8. 货运单 Not Negotiable 的意义是(   )。
   A. 航空业务权不可转让   B. AWB 是不可转让的文件
   C. AWB 上航程不可改变   D. AWB 不可以在运输始发国以外销售

9. 国际航空运输协会的英文简写是(   )。
   A. IATA   B. ICAO   C. SITA   D. CATA

二、多项选择题

1. 在航空货运中,下面哪些货物可以混运？（　　）
   A. 塑料玩具　　　　B. 活动物　　　　C. 衣服　　　　D. 金表
2. 航空货物的计费重量可以是（　　）。
   A. 货物的实际净重　　　　　　　　B. 货物的实际毛重
   C. 货物的体积重量　　　　　　　　D. 较高重量分界点的重量
3. 目前国际航空货物运价按制定的途径划分,主要分为（　　）。
   A. 法定运价　　　　B. 协议运价　　　　C. 国际航协运价　　　　D. 各国航空运价

三、名词解释

1. 国际航空货物运输
2. 集中托运
3. 班机运输
4. 部分包机
5. 协议运价
6. 体积重量
7. 航空主运单
8. 航空货运单

四、简答题

1. 国际航空货物运输的特点有哪些？
2. 国际航空运输营运方式有哪些？
3. 简述国际航空货物进口运输代理业务流程。
4. 简述国际航空货物出口运输代理业务流程简述航空货物运价的体系。
5. 简述航空运费的计算步骤。
6. 简述航空货运单的用途。

五、计算题

1. Routing: BEIJING, CHINA(BJS) to TOKYO, JAPAN(TYO)
   Commodity: Sample
   Gross Weight: 37.4 kg
   Dimensions: 90×60×42 cm³
   计算该票货物的航空运费。
   公布运价如下：

BEIJING	CN		BJS
Y. RENMINBI	CNY		kg
TOKYO	JP	M	230.00
		N	37.51
		45	28.13

2. Routing: SHA—PAR
   Commodity: Tools
   Gross Weight: 280 kg
   Dimensions: 10 boxes × 40 × 40 × 40 cm^3
   计算该票货物的航空运费。
   公布运价如下：

SHANGHAI	CN		SHA
Y. RENMINBI	CNY		kg
PARIS	FR	M	320.00
		N	68.34
		45	51.29
		500	44.21
		1000	41.03

项目 6 国际陆路货运代理业务

任务 1 国际铁路运输业务

【从业知识目标】
- ◆ 掌握国际铁路货物联运代理业务。
- ◆ 了解国际铁路货物运输联运单据的缮制。
- ◆ 掌握国际铁路货物运输联运运费的计算与核收。

【执业技能目标】
- ◆ 能够运用所学理论知识,结合实际情况做好铁路货物运输代理业务。

任务提出

2012年10月8日,天津某公司从俄罗斯购入一批化肥,经滨绥线运输。滨绥线从哈尔滨起向东至绥芬河,全长529公里。该铁路线通过我国绥芬河市及俄罗斯的格罗迭科沃与俄罗斯的远东地区铁路相连,是我国与俄罗斯远东地区及库页岛地区进出口货物的重要运输线。外运公司业务员小张负责在绥芬河车站办理货物的交接和换装时,发现化肥外包装严重受损导致化肥外漏,数量与运单记载严重不符。请问,外运公司该如何处理?

知识要点

一、国际铁路货物联运概述

(一)国际铁路货物联运的含义

国际铁路运输是指利用铁路进行进出口货物运输的一种方式。在贸易运输中,铁路运输是仅次于海洋运输的主要运输方式,特别是在内陆接壤国家间的交易中起着重要的作用。即使是以海洋运输的进出口货物,也大多是靠铁路运输进行货物的集中与分散的。与其他运输方式相比,铁路运输运量大、速度快、受气候影响较小,运输过程中风险较小,运费较低,手续简单。

国际铁路货物联运是指使用一份统一的国际联运单据,在跨及两个或两个以上国家铁路的货物运送中,并以连带责任办理货物的全称运输,在异国铁路向另一国铁路移交货物,由托运人支付全程费用的铁路货物运输组织形式。

目前铁路线与中国相互衔接的邻国有俄罗斯、哈萨克斯坦、蒙古、朝鲜和越南。随着中国对外开放程度的不断深入,加上周边国家的经济迅速发展,中国与周边国家之间的商贸往来日趋紧密,中国铁路口岸货物吞吐量也在以每年超过20%的高速度增长。除此之外,各国的铁路线也通过众多场站和码头等节点或枢纽与公路和海(水)运相衔接。在国际货物运输中,使用包含铁路在内的多种运输形式,以各种运输方式接力的形式将货物由出口国的起运地运至进口目的地的做法十分普遍。

(二)国际铁路运输的特点

国际铁路运输是在国际贸易中仅次于海运的一种主要运输方式,最大优势是运量大、速度快、运距远、成本低,运输风险明显小于海洋运输,并且能常年保持准点运营。国际铁路运输有以下几个特点。

1. 参加国多,发送路、参加路、到达路等涉及面广

运送时通常涉及两个或两个以上国家及国境站。

2. 国际铁路货物运输条件高、办理手续复杂

在办理国际铁路货物运输手续时,要求每批货物的运输条件,如包装、转载、票据的编制、添附文件及车辆使用等都要符合有关国际联运的规章、规定。运输票据、货物、车辆以及有关单证都必须符合有关规定和一些国家的正当要求。

3. 有利于发展同欧亚各国的贸易

通过铁路把欧亚大陆连成一片,为发展中国家、近东国家和欧洲各国的贸易提供了有利的条件。在中华人民共和国成立初期,我国的国际贸易主要局限于东欧国家,铁路运输占我国进出口货物运输总量的50%左右,是当时我国进出口贸易的主要运输方式。自20世纪50年代以来,我国与朝鲜、蒙古、越南、苏联的绝大部分进出口货物仍然是通过铁路运输来完成的;我国与西欧、北欧和中东地区一些国家的进出口货物也通过国际铁路联运来进行进出口货物的运输。进入20世纪60年代以后,随着我国海上货物运输的发展,铁路运输进出口货物所占的比例虽然有所下降,但其作用仍然十分重要。

4. 有利于开展同港澳地区的贸易,并通过香港进行转口贸易

铁路运输是我国联系港澳地区,开展贸易的一种重要的运输方式。香港是世界著名的自由港,与世界各地有着非常密切的联系,海、空定期航班比较多,作为转口贸易基地,开展陆空、陆海联运,为我国发展与东南亚、欧美、非洲、大洋洲各国和地区的贸易,对保证我国出口创汇都起着重要作用。

5. 对进出口货物在港口的集散和各省、市之间的商品流通起着重要作用

我国幅员辽阔,海运进口货物大部分利用铁路从港口运往内地的收货人,海运出口货物大部分也是由内地通过铁路向港口集中,因此铁路运输是我国国际货物运输的重要集散方式。我国国际贸易进出口货物运输大多都要通过铁路运输这一环节,铁路运输在我国国际货物运输中发挥着重要作用。

6. 利用欧亚大陆桥运输是必经之道

大陆桥运输是指以大陆上铁路或公路运输系统为中间桥梁,把大陆两端的海洋连接起来的集装箱连贯运输方式。大陆桥运输一般都是以集装箱为媒介,采用国际铁路系统来运送。我国目前开办的西伯利亚大陆桥和新欧亚大陆桥的铁路集装箱运输具有安全、迅速、节省的优点。这种运输方式对发展我国与中东、近东及欧洲各国的贸易提供了便利的运输条件。为了适应我国经济贸易发展的需要,利用这两条大陆桥开展铁路集装箱运输也是必经之道,将会促进我国与这些国家和地区的国际贸易发展。

(三)国际铁路货物联运的基本规定

目前,国际铁路货物运输公约主要有两个:一个是由奥地利、法国、联邦德国、比利时等西欧国家签订的《国际铁路货物运输公约》(以下简称《国际货约》);另一个是由苏联、波兰、捷克斯洛伐克、匈牙利、罗马尼亚等国家签订的《国际铁路货物运输协定》(以下简称《国际货协》)。

《国际货约》是在1890年制定的《国际铁路货物运送规则》基础上发展起来的。《国际货约》于1961年2月25日由奥地利、法国、联邦德国、比利时等国在瑞士伯尔尼签订,1970年2月7日修订,1975年1月1日生效,1980年又进行了修订。目前参加该公约的国家主要有德国、奥地利、瑞士、法国、意大利、比利时、荷兰、西班牙、葡萄牙、土耳其、芬兰、瑞典、挪威、丹麦、匈牙利、波兰、保加利亚、罗马尼亚、捷克斯洛伐克等。

《国际货协》于1951年由苏联、罗马尼亚、匈牙利、波兰等8个东欧国家签订。中国、朝鲜、蒙古于1953年7月加入该协定。后来,越南和古巴也加入该协定。《国际货协》自签订以后至1971年先后经过多次修改和补充,现行的是1971年4月经铁路合作组织批准,并从1974年7月1日起生效的文本。目前,《国际货协》签约国有阿塞拜疆、阿尔巴尼亚、白俄罗斯、保加利亚、越南、格鲁吉亚、伊朗、哈萨克斯坦、中国、朝鲜、吉尔吉斯斯坦、拉脱维亚、立陶宛、摩尔多瓦、蒙古、俄罗斯、塔吉克斯坦、土库曼斯坦、乌兹别克斯坦、乌克兰和爱沙尼亚等。此外,波兰、捷克斯洛伐克、匈牙利、德国等虽已退出,但仍采用《国际货协》的规定。

(四)国际铁路货物联运的基本条件

1. 国际铁路货物联运的范围

根据联运运输方法的不同,国际铁路货物联运的范围可以分成以下三类。

(1)我国与其他《国际货协》参与国之间的铁路货物联运。我国与其他《国际货协》参与国家,包括已退出《国际货协》,但仍采用《国际货协》规定的波兰、捷克、匈牙利、德国等4个国家之间的铁路货运,始发站以一份《国际货协》运送票据,由铁路负责直接或通过第三国铁路将货物运往最终到站并交付收货人。

(2)我国向未参与《国际货协》国家的铁路货物联运出口货物。我国向未参与《国际货协》国家出口货物时,发货人在发送铁路用《国际货协》运送票据办理至参与《国际货协》的最后一个过境路的出口国境站,由该站站长或收货人、发货人委托的收转人转运至最终到站。

(3) 通过参与《国际货协》国家的港口向其他国家运送货物,分两种运输方式。

① 我国通过波兰或德国等国港口向芬兰等国发货。这种运输方式为铁海运输,称为欧洲流向。方法是发货人采用《国际货协》运单至国境铁路港口,由港口收转人办理过海至目的地手续。

② 邻国利用我国港口向日本、东南亚等国发货。此种运输方式为海铁运输,称为东南亚流向。由于俄罗斯有一支船队往返于远东地区与东南亚地区之间,利用我国港口而采取海铁运输的货物较少。

2. 国际铁路货物联运的种类

(1) 整车运输,指由一份运单托运的按其体积或种类需要单独车辆运送的货物运输。一般来说,一批货物按照它的重量或体积需要单独使用 30 公吨(1 公吨=1 000 千克)以上的一辆车或超过一辆的货车装运,或者虽然不能装满一辆货车,但是由于货物的性质、形状或运送条件等原因,必须单独使用一辆货车装运时,都应该以整车的方式运输。

知识卡片

整车货物运输的基本条件如下。

(1) 承运人原则上应按件数和重量承运货物,但对散装、堆装货物的规格、件数过多,在装卸作业中难以点清件数的货物,则只按重量承运,不计算件数。

(2) 货物的重量由托运人确定。

(3) 按照货物运输途中的特殊需要,允许托运人派人押运。

(4) 允许在铁路专用线、专用铁路内装车或卸车。

(2) 零担运输。当托运一批货物的重量、体积、形状、运送条件等不需要单独使用一辆货车运输,可以与其他几批货物拼装一辆货车运送时,则按零担运输的方式向铁路承运人办理托运手续。一件零担货物的体积最小不能小于 0.02 立方米(一件重量在 10 千克以上的货物除外),每批不得超过 300 件。目前,我国仅北京、乌鲁木齐等车站利用客运列车的列包专列承办国际铁路货物零担运输。

知识卡片

零担货物运输有以下几种形式。

(1) 直达零担,指到达同一目的站的货物。

(2) 中途零担,指不能直达,中途卸下再发送的货物。

(3) 沿途零担,指沿途按到站顺序卸下的货物。

(4) 快运零担,指挂运在快运开行区段的零担货物。

(5) 普通零担,指可装棚车的货运。

(6) 笨重零担,指需装敞车的大件货物的零担货运。

(7) 定期零担,指定线、定到站、定班期、定车辆的货运。

(3) 集装箱运输,指将货物装入集装箱,再将集装箱作为下个单元装载到货车上进行运输的方式。为了节约货物包装材料,降低商品成本,简化运输手续,提高装卸作业效率,加快货物和车辆的周转,以贵重、易碎、怕湿货物为主,在铁路集装箱运输营业所或集装箱办理站之间,可办理集装箱运输。

集装箱运输要求每批必须是同一箱型、同一箱主、同一箱态（同一重箱或空箱），至少一箱。最多不超过一辆铁路货车所能转运的箱数，或集装箱总重之和不超过货车的容许载重量。通常，铁路集装箱运输的货物，从装箱、加封到启封、拆箱，应由发货人、收货人负责。铁路凭封印（铅封）与发货人办理收箱、运输，并以发货人的封印向收货人办理支付。通用集装箱适合运输交电类、仪器仪表类、小型机械类、玻璃陶瓷建材类、工艺品类、日用品类、化工类、针纺织品类、小五金及其他适合集装箱运输的货物。

> 下列货物不得使用集装箱运输：
> 容易污染箱体的货物（托运人自备箱除外）；易于损坏箱体的货物（托运人自备箱除外）；鲜活货物（经铁路局确定在一定时间和区域内，可以使用集装箱的除外）；危险货物。

3. 国际铁路货物联运的运输限制

（1）在国际铁路直通货物联运中，不准运送的货物：①属于应当参加运送的铁路的任一国家禁止运送的物品；②属于应当参加运送的铁路的任一国家邮政专运物品；③炸弹、弹药和军火（狩猎和体育用的除外）；④爆炸品、压缩气体、液化气体或在压力下溶解的气体、自燃品和放射性物质；⑤一件重量不足10千克或体积不超过0.1立方米的零担货物；⑥在换装联运中使用不能揭盖的棚车运送一件重量超过1.5吨的货物；⑦在换装联运中使用散车类货车运送的一件重量不足100千克的零担货物，但此项规定不适用附件第2号《危险货物运送规则》中规定的一件最大重量不足10千克的货物。

（2）只有在参加运送的各铁路间预先商定后才允许运送的货物：①一件重量超过60吨的货物，或在换装运送中，运往越南重量超过20吨的货物；②长度超过18米的货物，或运往越南长度超过12米的货物；③超限的货物；④在换装运送中用特种平车装运的货物；⑤在换装运送中用专用罐车装运的化学货物；⑥用罐车运往越南的一切罐装货物。

（3）必须按特殊规定办理才可运送的货物：①危险货物；②押运人押运的货物；③易腐货物；④集装箱货物；⑤托盘货物；⑥不属于铁路或铁路出租的空车、重车；⑦货捆货物。

二、国际铁路货物运输单证

（一）国际铁路货物运输单证概述

1. 国际铁路货物运输单证的分类

我国的国际铁路运输单证可分为国际铁路联运和国内铁路运输两种方式，前者使用国际铁路联运运单，后者使用国内铁路运单。通过铁路对港、澳地区运送货物时，由于内地铁路运单不能作为对外结汇的凭证，故使用"承运货物收据"这种特定性质和格式的单据。

（1）国际铁路货物联运运单。国际铁路货物联运所使用的运单是铁路与货主间缔结的运输契约的证明。此运单正本从始发站随同货物附送至终点站并交给收货人，是铁路同货主之间交接货物、核收运杂费用和处理索赔与理赔的依据。运单副本是卖方向银行结算货款的主要证件。

(2) 承运货物收据。承运货物收据既是承运人出具的货物收据,也是承运人与托运人签订的运输契约的证明。中国内地通过铁路运往港、澳地区的货物,一般委托中国对外贸易运输公司承办。当出口货物装车发运后,对外贸易运输公司即签发承运货物收据交给托运人,作为对外办理结汇的凭证。承运货物收据只有第一联为正本,反面印有"承运简章",载明承运人的责任范围。

2. 国际铁路货物运单的性质

托运人向承运人提出货物运单是一种签订合同的要约行为,即表示其签订运输合同的意愿。按货物运单填记的内容向承运人交运货物,承运人按货物运单记载接收货物,核收运输费用,并在运单上盖章后,运输合同即告成立。托运人、收货人和承运人即开始负有法律责任。国际铁路货物运单不是物权凭证,但在托收或信用证支付方式下,托运人可凭运单副本办理托收或议付。

3. 国际铁路联运运单的构成

国际铁路联运运单是铁路承运国际联运货物时签发给托运人的单据。它对发货人、收货人和铁路都具法律效力,是国际联运中重要的运输单证。当发货人提交了运单上所列的全部货物和付清他所负担的一切费用后,发站在运单上加盖发站日期戳记,表明货物已经承运。

国际铁路联运运单(以下简称运单),由运单正本、运行报单、运单副本、货物交付单和货物到达通知单五张单组成。

(1) 运单正本:是运输合同的凭证,它随同货物至到站,并连同第五张单(货物到达通知单)和货物一起交给收货人。

(2) 运行报单:是参加联运的各铁路办理货物交接、划分运送责任、清算运送费用、统计运量和运输收入的原始依据,它随同货物至到站,并留存到铁路局,供到站登记、备查。

(3) 运单副本:于运输合同签订后,交给发货人,但它不具有运单的效力,仅证明货物已由铁路承运。发货人可凭此副本向收货人结算货款、行使变更要求,以及在货物和运单全部灭失时,凭此向铁路提出赔偿要求。

(4) 货物交付单:随同货物至到站,并留存到铁路局。

(5) 货物到达通知单:随同货物至到站,并连同第一张单(运单正本)和货物一并交给收货人,是收货人报关的凭据。

国际铁路货物联运运单的构成、主要用途及流转程序见表 6-1。

表 6-1 国际铁路货物联运运单的构成、主要用途及流转程序

联别与名称	主要用途	票据流转程序
1. 运单正本	运输合同凭证	发货人—发站—到站—收货人
2. 运行报单	各承运人间交接、划分责任等证明	发货人—发站—到站—到达铁路局
3. 运单副本	承运人接受货物的证明、发货人凭此结汇等	发货人—发站—发货人
4. 货物交付单	承运人合同履行的证明	发货人—发站—到站—到达铁路局
5. 货物到达通知单	收货人查存	发货人—发站—到站—收货人

(二)国际铁路货物运单的内容及缮制

1. 国际铁路货物运单的格式

货物运单由两部分组成,左侧为运单,右侧为领货凭证。运单和领货凭证背面分别印有"托运人须知"和"收货人领货通知"。每批货物填写一张货物运单,使用机械冷藏车运输的货物,同一到站、同一收货人一起运输时,可以数批合提一份运单,整车分卸货物除提交基本运单外,每一份卸站应增加分卸货物运单两份(分卸站和收货人各一份)。按一批托运的货物品名过多或托运搬家货物时,运单上的"货物名"栏不够填写时,托运人须同时提出"物品清单"一式三份(一份由始发站存查,一份随运单交到站,一份退还收货人)。

2. 国际铁路货物运单的填写要求

国际铁路货物运单需根据栏目要求分别由托运人和承运人填写。填写内容必须正确翔实、文字规范、字迹清楚,不得使用铅笔或红色墨水笔。内容如有更改,应在更改处加盖托运人或承运人印章证明。托运人对货物及物品清单各栏填写内容的真实性负责。承运人对货物运单内托运人的填写事项进行检查,填制货票,在货物运单领货凭证物品清单上加盖车站承运日期戳,填记货票号(整车货物包括车号,集装箱货物包括集装箱号)即为承运。

承运同时,承运人应将货票丙联、物品清单一份及领货凭证交给托运人,托运人将领货凭证及时交给收货人,凭此联到站领取货物。托运人向承运人交运货物时,应按批提出货物运单。

3. 国际铁路货物运单的缮制

现将运单正面需要发货人填写的部分栏说明如下。

第1栏:发货人及其通信地址。填写发货人的名称及其通信地址,发货人只能是一个自然人或法人。由中国、朝鲜、越南发货时,准许填写这些国家规定的发货人及其通信地址的代号。

第2栏:收货人及其通信地址。注明收货人的名称及其通信地址,收货人只能是一个自然人或法人。从参加国际货协的铁路向未参加国际货协的铁路发货而由站长办理转发送时,则在该栏填写"站长"。

第3栏:对铁路无约束效力的记载。发货人可以对该批货物做出记载,该项记载仅作为对收货人的通知,铁路不承担任何义务和责任。

第4栏:批号。填写所发货物的批次编号。

第5栏:合同号码。填写出口单位和进口单位签订的供货合同号码。

第6栏:发站。填写运输规程中所载发站全称。

第7栏:发货人的特别声明。发货人可在该栏中填写自己的声明,例如关于对运单的修改及易腐货物的运送条件等。

第8栏:海关记载。

第9栏:通过的国境站。注明货物应通过的发送路和过境路的出口国境站。如有可能从一个出口国境站通过邻国的几个进口国境站办理货物运送,则还应注明运送所要通过的进口国境站。根据发货人注明的通过国境站确定经路。

第10~14栏:一般说明。用于记载使用车辆的事项,只有在运送整车货物时填写。至于各栏是由发货人填写还是由铁路车站填写,则视由何方装车而定。

第15栏:到达路和到站。在斜线之前,应注明到达路的简称,在斜线之后,应用印刷体字母(中文用正楷粗体字)注明运价规程上到站的全称。运往朝鲜的货物,还应注明到站的数字代号。运往非国际货运协会国的货物由站长办理转发时,记载国际货运协会参加路最后过境路的出口国境站,并在该站站名后记载"由铁路继续办理转发送至××铁路××站"。

第16～18栏:一般说明。填写16～18栏事项时,可不受各栏间竖线的严格限制。但是,有关货物事项的填写顺序,应严格符合各栏的排列次序。

第16栏:记号、标记和号码。填写每件货物上的记号、标记和号码。货物如装在集装箱内,则还要填写集装箱号码。

第17栏:包装种类。填写包装的具体种类,如纸箱、木桶等,不能笼统地填写"箱""桶"。如用集装箱运输,则记载"集装箱"。

第18栏:货物名称。货物名称应按国际货协规定填写,或按发送路或发送路和到达路现行的国内运价规程品名表的规定填写,但需注明货物的状态和特征;两国间的货物运送,可按两国商定的直通运价规程品名表中的名称填写。在"货物名称"字样下面专设的栏内填写通用货物品名表规定的六位数字代码。填写全部事项时,如篇幅不足,则应添附补充清单。

第19栏:件数。注明一批货物的件数。用敞车类货车运送不盖篷布或盖有篷布而未加封的货物,其总件数超过100件时,或运送仅按重量不按件数计的小型无包装制品时,注明"堆装",不注件数。

第20栏:发货人确定的重量(千克)。注明货物的总重量。

第21栏:共计件数(大写)。用大写填写第12栏中所记载的件数。

第22栏:共计重量(大写)。用大写填写第13栏中所载的总重量。

第23栏:发货人签字。发货人应签字证明列入运单中的所有事项正确无误。发货人的签字也可用印刷的方法或加盖戳记处理。

第24栏:互换托盘。该栏内的记载事项仅与互换托盘有关。注明托盘互换办法,并分别注明平式托盘和箱式托盘的数量。

第25栏:集装箱/运送用具的种类、类型。在发送集装箱货物时,应注明集装箱的种类和类型。使用运送用具时,应注明该用具的种类。

第26栏:所属者及号码。运送集装箱时,应注明集装箱所属记号和号码。对不属于铁路的集装箱,应在集装箱号码之后注明大写字母"P"。使用属于铁路的运送用具时,应注明运送用具所属记号和号码。使用不属于铁路的运送用具时,应注明大写字母"P"。

第27栏:发货人负担下列过境铁路的费用。如发货人负担过境铁路运送费用,则填写所负担过境铁路名称的简称。如发货人不负担任何一个过境铁路的运送费用,则填写"无"字。

第28栏:办理种别。办理种别分为整车、零担、大吨位集装箱,并将不需要者划消。

第29栏:由何方装车。发货人应在运单该栏内注明由谁装车,将不需要者划消。

第30栏:货物的声明价格。用大写注明以外币表示的货物价格。

第31栏:发货人添加的文件。注明发货人在运单上添加的所有文件的名称和份数。

第32栏:封印个数和记号。填写车辆或集装箱上施加的封印个数和所有记号。至于铅封的个数和记号,视何方施封而由发货人或铁路车站填写。

第33栏:发站日期戳。盖发站日期戳。

第34栏:到站日期戳。盖到站日期戳。

第35栏:确定重量方法。注明确定重量的方法,例如,用轨道衡、按标准重量按货件上标记重量等。由发货人确定货物重量时,发货人应在该栏注明确定重量的方法。

项目 6 国际陆路货运代理业务

第36栏:过磅站戳记、签字。

第37~49栏:略。

样单6-1:

中铁运单

1.发货人,通信地址		4.批号		5.合同号码		
		6.发站				
2.收货人,通信地址		7.发货人的特别声明				
3.对铁路无约束效力的记载		8.海关记载				
9.通过的国境站		10.车辆 11.标记重量(公吨) 12.轴数 13.自重 14.换装后的货物重量				
		10	11	12	13	14
15.到达路和到站						
16.记号、标记、号码	17.包装种类	18.货物名称	19.件数	20.发货人确定的重量(千克)	铁路确定的重量(千克)	
21.共计件数(大写)		22.共计重量(大写)		23.发货人签字		
24.互换托盘		25.集装箱/运送用具的种类、类型		26.所属者及号码		
27.发货人负担下列过境铁路的费用		28.办理种别		29.由何方装车		
		整车	零担	大吨位集装箱	发货人	铁路	37
							38
		30.货物的声明价格					39
31.发货人添加的文件		32.封印				40
		个数		记号		41
						42
						43
						44
						45
33.发站日期戳	34.到站日期戳	35.确定重量方法		36.过磅站戳记、签字		46
						47
						48
						49

（三）国际铁路货物运输证明文件

除货物运单外，下列货物须凭证明文件运输：物资管制方面的，如托运麻醉品、枪支、民用爆炸品，必须出具医药部门、公安部门的证明文件；卫生检疫方面的，如托运种子、苗木、动物和动物产品，应出具动、植物检疫部门的证明文件；物资运输归口管理方面的，如托运烟草、食用盐、酒类，应出具物资管理部门的证明文件；国家行政管理方面的，如进出口部门规定须凭运输许可证运输的货物，应出具运输许可证；须凭证明文件托运的货物，托运人不能出具规定的证明文件时，铁路可拒绝受理。

三、国际铁路货物联运业务流程

（一）出口货物运输代理业务流程

1. 运输合同的签订

办理铁路货物运输，托运人与承运人应签订运输合同。大宗整车货物的运输合同可按季度、半年度、年度或更长期限签订，并提出月度铁路运输计划。其他整车货物可用铁路货物运输服务订单作为运输合同。整车货物交运货物时，还须向承运人递交货物运单，零担货物和集装箱货物，以货物运单作为运输合同。

2. 出口托运

承运人与代理人签订运输合同后，由发货人或其代理人向铁路车站填报运单。车站接到运单后，应进行认真审核，对整车货物应检查是否有批准的用车计划，检查货物运单各项内容是否正确。如确认可以承运，车站即在运单上签证时写明货物应进入车站的日期和装车日期，即表示接受托运。发货人按签证指定的日期将货物搬入车站或指定的货位，并经铁路根据货物运单的记载查对实货，认为符合《国际货协》和有关规章制度的规定，车站方可予以承认，整车货物一般在装车完毕，发站时在货物运单上加盖承运日期戳，即为承运。发运零担货物，发货人在托运时，不需要编制用车计划，即可凭运单向车站申请托运，车站受理托运后，发货人应按签证指定的日期将货物搬进货场，送到指定的货位上，经查验过磅后，即交由铁路保管。从车站将发货人托运的货物，连同货物运单一同接受完毕，在货物运单上加盖承运日期戳时，即表示货物已承运。车辆装好以后，铁路运输部门及时联系挂车，使货物尽快运抵到站。

3. 核查货源

车站受理托运后，发货人按照指定日期将货物运到车站或指定货位，车站根据运单查对货物，经查验过磅无误后交铁路保管。始发站在运单上加盖承运日期戳，负责发运。发运前，对棚车保温车、罐车必须施封，由发货人装车时由发货人施封，由铁路装车时由铁路施封。铅封内容有站名、封志号、年、月、日。

4. 国境站交接

国境站接到国内前方站的列车到达预报后，立即通知国际联运交接所。国际联运交接所需负责下述工作：办理货物、车辆和运送用具的交接和换装工作；办理各种交接手续，检查运送票据和编制商务记录；处理交接中发生的各种问题；计算有关费用；联系和组织与邻国货车衔接事宜。

5. 查验放行

列车进站后由铁路会同海关接车。铁路负责整理、翻译运送票据,编制货物和车辆交接单;外运负责审核货运单证,纠正错发、错运及单证的差错并办理报关、报验手续;海关查验货、证是否相符以及是否符合有关政策法规。运送单证经审核无误后,将出口货物运送单截留三份(易腐货物截留两份),然后将有关运送单证送各联检单位审核放行。最后由相邻两国的铁路双方办理具体的货物和车辆的交接手续并签署交接证件。

6. 到站交付

单证手续齐备的列车出境后,交付方在邻国国境站的工作人员会同接收方工作人员共同进行票据和货物交接,依据交接单进行对照检查。交接可分为一般货物铁路方交接和易腐货物贸易双方交接。

在货物到达终点站后,由该站通知收货人领取货物。在收货人付清一切应付的运送费用后,铁路将第一联、第五联运单交收货人凭此清点货物,收货人在领取货物时应在运单第二联上填写领取日期并加盖收货戳记。收货人只有在货物损坏或腐烂变质、全部或部分丧失原有用途时才可拒收。

(二)进口货物运输代理业务流程

1. 确定货物到达站

国内订货部门应提出确切的到达站的名称和到达路局的名称,除个别单位在国境站设有机构者外,均不得以我国国境站或换装站为到达站,也不得以对方国境站为到达站。必须注明货物经由的国境站,即注明货物是经二连浩特还是满洲里或是阿拉山口进境。

2. 对外订货签约

进口单位对外签订订货时,必须按照商务部的统一规定编制运输标志,不得颠倒顺序和增加内容,否则会造成错发、错运事故。同时,应及时将合同的中文副本、附件、补充协议书、变更申请书、确认函电、交接清单等寄送国境站外运机构,在这些资料中要有合同号、订货号、品名、规格、数量、单价、经由国境站、到达路局、到站、唛头、包装及运输条件等内容。事后如有某种变更事项也应及时将变更资料抄送外运机构。

3. 国境站交接

进口货物列车到达国境站后,由铁路会同海关接车,双方铁路根据列车长提供的货物交接单办理交接。交接过程中,铁路负责签办交接证件、翻译货运单据、组织货物换装和继续发运。在交接过程中,如发现有残短,铁路部门应进行详细记载,以作为铁路双方签署商务记录的原始依据。外运部门负责根据进口合同资料对运单及其他所用货运票据进行核对,如无问题便制作进口货物报关单。海关负责对货物进行监管,进口货物报关后,海关根据报关单查验货物,在单、证、货相符的情况下签字放行。

4. 分拨与分运

国外发货人集中托运,以我国国境站为到站、外运机构为收货人的小额订货,以及国外铁路将零担货物合装整车发运至我国国境站的,外运机构在国境站接货后负责办理分拨、分运业务。所谓分拨、分运,就是按货物的流向换装车辆,换装后的车辆按流向重新编组向内地运输。如货物在分拨、分运中发现有货损、货差情况且属于铁路责任的,应由铁路出具商务记录;如属于发货人责任的,应及时通知有关进口单位向发货人索赔。

5. 进口货物交付

货物到站后需向收货人发出到货通知,收货人接到通知后即向铁路付清运送费用,然后由铁路将运单和货物交给收货人,收货人在取货时应在运行报单上加盖收货戳记,作为收货凭证。

6. 货物催领

承运人卸车完毕后,对无人接收的货物需及时向收货人发出催领通知。到站发出催领通知(不能实行催领通知的为卸车之后)的次日起,两日内收货人应将货物全部搬出。对超出两日(铁路局可规定为一日)未能搬出者,车站向收货人核收货物暂存费。收货人拖延领取、拒绝领取或无人领取时,铁路采取解决措施无效后,自发出催领通知满三十日(搬家货物为六十日)仍无人领取或收货人未按规定期限提出处理意见的,承运人按无法交付货物进行处理。对性质不宜长期保管的货物,承运人根据具体情况可缩短处理期限。

四、国际铁路货物联运运费的计算与核收

(一)国际铁路货物联运运费计算与核收的原则

1. 发送路运送费用

按承运当日发送路国内规章规定计费,以发送国货币在发站向发货人核收。

2. 过境路运送费用

对参加《统一货价》的铁路,按承运当日《统一货价》规定计费,以瑞士法郎算出的款额,按支付当日规定的兑换率折算成核收运送费用国家的货币,根据运单第 21 栏的记载,在发站向发货人或在到站向收货人或直接向其代理人核收;对未参加《统一货价》铁路的过境运送费用,由该铁路直接向发货人或收货人或其代理人核收。

3. 到达路运送费用

按承运当日到达路规章规定,以到达国货币在到站向收货人核收。

我国出口的联运货物,交货共同条件一般均规定在卖方车辆上交货,因此我方仅负责至出口国境站一段的运送费用。但联运进口货物,则要负担过境运送费和我国铁路段的费用。

(二)国际铁路货物联运运费的计算

国际铁路联运费用由发送路运送费用、过境路运送费用和到达路运送费用三部分构成。国际铁路联运运送费用的计算和核收,必须遵循《国际货协》《统一货价》和中华人民共和国铁道部《铁路货物运价规则》(简称《国内价规》)的规定。

1. 过境运费的计算

过境运费按《统一货价》规定计算,其计算程序如下。

(1)根据运单上载明的运输路线,在过境里程表中查出各通过国的过程里程。

(2)根据货物品名,在货物品名分类表中查出其可适用的运价等级和计费重量标准化。

(3)在慢运货物运费计算表中,根据货物运价等级和总的过境里程查出适用的运费率。其计算公式为:

$$基本运费额 = 货物运费率 \times 计费重量$$

$$运费总额＝基本运费额×(1＋加成率)$$

其中,加成率是指运费总额应按托运类别在基本运费额基础上所增加的百分比。快运货物运费按慢运运费加100％,零担货物加50％后再加100％。随旅客列车挂运整车费,另加200％。

表6-2 铁路货物运价率表

办理类别	运价号	基价1		基价2	
		单位	标准	单位	标准
整车	1	元/吨	5.6	元/吨公里	0.028 8
	2	元/吨	6.3	元/吨公里	0.032 9
	3	元/吨	7.4	元/吨公里	0.038 5
	4	元/吨	9.3	元/吨公里	0.043 4
	5	元/吨	10.2	元/吨公里	0.049 1
	6	元/吨	14.6	元/吨公里	0.070 4
	7			元/吨公里	0.216 5
	加冰冷藏车	元/吨	9.2	元/吨公里	0.050 6
	机械冷藏车	元/吨	11.2	元/吨公里	0.073
零担	21	元/10千克	0.115	元/10千克公里	0.000 5
	22	元/10千克	0.165	元/10千克公里	0.000 7
集装箱	1吨箱	元/箱	10	元/箱公里	0.033 6
	10吨箱	元/箱	118.5	元/箱公里	0.423 4
	20英尺箱	元/箱	215	元/箱公里	0.927 4
	40英尺箱	元/箱	423	元/箱公里	1.450 4

注:运费计算办法:
  整车货物每吨运价＝基价1＋基价2×运价公里
  零担货物每10千克运价＝基价1＋基价2×运价公里
  集装箱货物每箱运价＝基价1＋基价2×运价公里
  整车农用化肥基价1为4.20元/吨、基价2为0.025 7元/吨。

2．国内段运费的计算

国内段运费按《国内价规》计算,其程序如下。

(1) 根据货物运价里程表确定发-到站间的运价里程。一般应根据最短路径确定,并需将国境站至国境线的里程计算在内。

(2) 根据运单上所列货物品名,查找货物运价分号表,确定适用的运价号。

(3) 根据运价里程与运价号,在货物运价表中查出适用的运价率。

(4) 计费重量与运价率相乘,即得出该批货物的国内运费。其计算公式为:

$$运费＝计费重量×运价率$$

3．货物运费计费重量的确定

整车货物以吨为单位,吨以下四舍五入。除部分整车货物按规定重量计算外,均按货车标重计算运费。货物重量超过标重时,按货物重量或体积折合重量择大计费时,则每立方米重量不足300千克的轻泡货物,按每立方米折合重量300千克计算,但组成的摩托车、组成的机动车辆等除外。集装箱货物,以箱为单位。

五、对我国香港地区的铁路货物运输

(一) 对我国香港地区运输的特殊性

1. 商品结构的特殊性

运往中国香港的商品,以鲜活冷冻商品为主。香港地少人多,资源贫乏,居民所需的副食品绝大部分依赖进口。香港毗邻内地,所以鲜活冷冻商品主要由内地供应。鲜活冷冻商品对运输条件的要求高,沿途管理难度大,如:要求运输速度快,以减少残次死亡率;需用特殊车辆运输;对活动物要求有押运人进行押运,沿途还要进行特殊作业。

2. 贸易方式的特殊性

鉴于香港市场的特殊性——人多地少、仓租费用高、市场容量有限等,内地对港澳地区的出口贸易采用配额加出口许可证的办法进行管制。目前内地对香港地区出口的相当数量的商品,由驻港机构根据港澳市场的需求和销售情况来安排供货,以控制香港地区市场的到货数量。对香港地区市场供货在数量、时间和质量上的要求极高。提供香港地区的商品要及时、不早不晚、不多不少、优质、适量、均衡、应时。

3. 运输方式的特殊性

对香港地区的铁路运输,不同于国际联运,更不同于一般的国内运输,而是一种特定的运输方式。对香港地区的铁路运输是按国内运输办理的,但又不是一般的国内运输。全过程由两部分组成,即内地铁路运输和香港段铁路运输。货车到达深圳后,要过轨至香港,继续运送至香港九龙车站。内地铁路与香港铁路不办理直通联运,因此就形成了现行的运输方式,即发送地以国内运输向铁路办理托运运至深圳北站,收货人为深圳外运分公司,深圳外运分公司作为各外贸发货单位的代理与铁路办理租车手续,并付给租车费,办理货车过轨去香港。货车过轨后,香港中旅货运有限公司作为深圳外运分公司港段代理在港段重新起票,托运至九龙。由此可见,对香港地区铁路运输的特点是:租车方式、两票运输。由于内地铁路运单不能在香港办理结汇,目前的做法是:各地外运分公司以运输承运人的身份向外贸单位提供经深圳中转香港的"承运货物收据"(cargo receipt)并以此作为向银行办理结汇的凭证。

(二) 对香港地区铁路货物运输的一般程序

(1) 发货地的外运分公司或外贸公司向内地铁路局办理从发货地至深圳北站的国内铁路运输的托运手续,填写国内铁路运单。

(2) 发货地的外运分公司或外贸公司委托深圳外运分公司办理接货、报关、查验、过轨等中转运输手续。预寄的单证和装车后拍发的起运电报是深圳外运分公司组织运输的依据(如发货地具备报关条件,也可在发货地报关)。

(3) 深圳外运分公司接到铁路的到车预告后,抽出事先已分类编制的有关单证加以核对,并抄送香港中旅货运有限公司以备接车。

（4）货车到达深圳北站后,深圳外运分公司与铁路进行票据交接,如单证齐全无误,则向铁路编制过轨计划;如单证不全,或者有差错,则向铁路编制留站计划。准备过轨的货车,由深圳外运分公司将出口货物报关单或监管货物的关封连同货物运单送海关申报,经海关审查无误,即会同联检单位对过轨货车进行联检。联检通过后,海关即放行。

（5）香港中旅货运有限公司向港段海关报关,并在罗湖车站向九广铁路公司办理起票手续,港段铁路将过轨货车运到九龙车站交香港中旅货运有限公司卸货。

（三）对香港地区铁路货物运输的主要单证、电报

单证、电报是深圳外运分公司和香港中旅货运有限公司接受委托组织运输的依据。如单证、电报迟到或有错,货车就不能及时过轨,造成在深圳口岸留站压车,不仅商品不能及时出运,而且会增加租车费用,严重时甚至造成堵塞。因此,供港货物的单证、电报要求必须做到份数齐全、填写准确和寄拍及时。

1. 供港货物委托书

供港货物委托书是供港铁路运输最基本的,也是必备的单证之一,是发货人向深圳外运分公司和香港中旅货运有限公司委托办理货物运转、报关、接货等工作的依据,也是向发货人核算运输费用的凭证。

2. 出口货物报关单

出口货物报关单是发货人向海关申报的依据。

3. 起运电报

深圳口岸和驻港机构接到起运电报后可以及时做好接运准备,必要时,还可以起运电报作为补制单证的依据,这是供港运输的必备文件。发货人必须在货物装车后24小时内向深圳外运分公司拍发起运电报,如在广州附近装车,应以电话通知深圳外运分公司。货物发运后,如对原委托书、报关单及起运电报的内容有所更改时,发货单位应立即以急电或电话及时通知深圳外运分公司。

4. 承运货物收据

承运货物收据是为了解决各外贸专业公司结汇的需要,各地外运分公司以运输承运人的身份向各外贸专业公司提供经深圳口岸中转至香港的"承运货物收据",并以此作为向银行结汇的重要凭证和香港收货人提货的凭证。

签发承运货物收据主要依据委托书和内地铁路运单的领货凭证。除以上单证外,还有商检证书、文物出口证明书、内地铁路运单等单证。

（四）对香港地区铁路货物运输费用的计算

我国内陆对香港地区的铁路运输分为两阶段来完成。因此,运费是按内地铁路运费和香港地区铁路分别计算的。

1. 内地段铁路运费的计算与核收

（1）内地段（从发站到深圳北站）铁路运输费用的计算和核收按《国内价格》为依据,其运输

计算和计费重量的确定方法可参照国际铁路货物联运国内段运送费用的计算和核收的处理。但运送费用实行"一次起票,分段计算,两端核收"的方法。其中,内地发站至广州北站的运费按《国内价格》计算。而广州北站至深圳北站的运送费用的计算,先按《国内价格》计算出一个运费额,然后再加成50%计收。计算公式如下：

$$运费 = [(发到基价 + 运行基价 \times 运价公里)] \times 计费重量$$

(2) 深圳口岸有关费用。深圳北站有关费用包括货车租用费和货物装卸费。其中货车租用费按《国内价格》的规定计算；货物装卸费按当地物价部门批准的装卸费率核收。

(3) 深圳外运分公司有关费用：包括整车和零担出口劳务费和仓储费。

2. 我国香港段铁路运送费用的计算和核收

我国香港段铁路运送费用包括：铁路运费、香港段终点调车费、卸车费即香港段劳务费等。以上各项费用均按港元计算。

我国香港段铁路运费计算程序如下。

(1) 按商品名称找出运费等级。

(2) 根据运费等级查出相应的运费率,再与车皮标重相乘即为该货物的铁路运费。

(3) 香港段铁路运费计算公式为：

$$运费 = 等级运费率 \times 车皮标重(吨)$$

任务反馈

根据国际铁路运输的基本知识,小张分析如下。

联运进口货物抵达国境站时,口岸外运公司根据合同资料对各种货运单进行审核,只有单、证、票、货完全相符,才可核放货物。对于上述情况,口岸外运公司应本着以下原则处理：属铁路责任造成的,联系铁路处理；属发货人责任造成的,根据合同资料和有关规定认真细致地查验货物,确有可靠依据的可予以纠正,否则联系有关公司处理。

任务2 国际公路运输业务

【从业知识目标】
◆ 掌握国际公路货物运输代理业务。
◆ 掌握国际公路货物运输运费的计算与核收。

【执业技能目标】
◆ 能够运用所学理论知识,结合实际情况做好公路货物运输代理业务。

任务提出

最近,货运代理员小陈接手了两笔国际公路货物运输代理业务,其中一笔是整车公路运输,另一笔是零担公路运输。请问,小陈该如何开展这两笔运输代理业务？

项目 6 国际陆路货运代理业务

知识要点

一、国际公路货物运输概述

公路运输及公路运输网在现代国际陆运贸易中占有重要的地位。它不仅是连接海港、码头、机场、车站、仓库和货运站等集散货物的重要途径和通道,而且是跨国和伸向陆地腹地的最便捷的运输方式。近年来,随着我国对外贸易的日益扩大,许多陆路口岸相继开通,涉外公路的运输量大幅度提高,国际公路货物运输已成为我国对外贸易工作中不可缺少的重要组成部分。

目前,国际公路货运业务主要集中在承担海运等其他运输方式的集、疏运服务,承担直达运输服务与承担公路国际联运业务三个方面。

(一)国际公路货物运输的特点

1. 机动灵活,适应性强

由于公路运输网一般比铁路网和水路网的密度要大十几倍,分布面也广,因此公路运输车辆可以"无处不到、无时不有"。公路运输在时间方面的机动性也比较大,车辆可随时调度、装运,各环节之间的衔接时间较短。尤其是公路运输对客、货运量的多少具有很强的适应性,汽车的载重吨位有小(0.25~1吨)有大(200~300吨),既可以单个车辆独立运输,也可以由若干车辆组成车队同时运输,这一点对抢险、救灾工作和军事运输具有特别重要的意义。

2. 可实现"门到门"直达运输

由于汽车体积较小,中途一般也不需要换装,除了可沿分布较广的路网运行外,还可离开路网深入到工厂企业、农村田间及城市居民住宅等地,即可以把旅客和货物从始发地门口直接运送到目的地门口,实现"门到门"直达运输。这是其他运输方式无法与公路运输比拟的特点之一。

3. 在中、短途运输中,运送速度较快

在中、短途运输中,由于公路运输可以实现"门到门"直达运输,中途不需要倒运、转乘就可以直接将客、货运达目的地,因此,与其他运输方式相比,其客、货在途时间较短,运送速度较快。

4. 原始投资少,资金周转快

公路运输与铁路、水路、航空运输方式相比,所需固定设施简单,车辆购置费用一般也比较低,因此,投资兴办容易,投资回收期短。据有关资料表明,在正常经营情况下,公路运输的投资每年可周转1~3次,而铁路运输的投资则需要3~4年才能周转一次。

5. 掌握车辆驾驶技术较容易

与火车司机或飞机驾驶员的培训要求来说,汽车驾驶技术比较容易掌握,对驾驶员的各方面素质要求相对也比较低。

6. 运量较少,运输成本较高

目前,世界上最大的汽车是美国通用汽车公司生产的矿用自卸车,长20多米,自重610吨,载重350吨左右,但仍比火车、轮船载重少得多;由于汽车载重量小,行驶阻力比铁路大9~14倍,所消耗的燃料又是价格较高的液体汽油或柴油,因此,除了航空运输外,就是汽车运输成本最高了。

7. 运行持续性较差

据有关统计资料表明,在各种现代运输方式中,公路的平均运距是最短的,运行持续性较差。

8. 安全性较低,污染环境较大

自汽车诞生以来,已经让3 000多万人失去生命,特别是20世纪90年代开始,死于汽车交通事故的人数急剧增加,平均每年达50多万人,这个数字超过了艾滋病、战争和结核病人每年的死亡人数。汽车所排出的尾气和引起的噪声也严重威胁着人类的健康,是大城市环境污染的最大污染源之一。

(二) 国际公路货物运输的作用

1. 公路运输的特点决定了它最适合于短途运输

国际公路运输可以将两种或多种运输方式衔接起来,实现多种运输方式联合运输,做到进出口货物运输的"门到门"服务。

2. 公路运输可以与其他运输方式有效配合

公路运输可以配合船舶、火车、飞机等运输工具完成运输的全过程,是港口、车站、机场集散货物的重要手段。尤其是鲜活商品、集港疏港抢运,往往能够起到其他运输方式难以起到的作用。可以说,其他运输方式往往要依赖汽车运输来最终完成两端的运输任务。

3. 公路运输也是一种独立的运输体系,可以独立完成进出口货物运输的全过程

公路运输是欧洲大陆国家之间进出口货物运输的最重要的方式之一。我国的边境贸易运输、港澳货物运输,其中有相当一部分就是靠公路运输独立完成的。

4. 集装箱货物通过公路运输实现国际多式联运

集装箱由交货点通过公路运到港口装船,或者反向。美国陆桥运输和我国内地通过香港的多式联运都可以通过公路运输来实现。

(三) 国际公路货物运输公约和协定

1.《国际公路货物运输合同公约》

《国际公路货物运输合同公约》(CMR)是由联合国所属的欧洲经济委员会负责起草,欧洲17个国家于1956年5月19日于日内瓦签订的一份公约,又称日内瓦公约。该公约旨在统一公路运输所使用的单证和承运人责任,共有12章51条,其内容包括公约的适用范围、承运人的责任、合同的签订与履行、索赔与诉讼及连续承运人履行运输的规定等。改革开放以来,我国与周边国家签订了许多出入境公路运输的双边或多边的政府协定,为了与国际公路运输惯例接轨,有必要了解国际公路货物运输合同公约的有关内容。

(1) 运输合同的签订。运输合同以签发运单来确认,但无运单、运单不正规或丢失也不影响运输合同的成立或有效性。

(2) 承运人的责任。

① 承运人的责任期间:承运人的责任期间为自接管货物时起至交付货物时止。

② 承运人的责任:承运人对整个运输过程中发生货物全部灭失或部分灭失、货物的损坏及货物的延迟交付负责。因承运人用于运输的车辆状况不良,或因向承运人出租车辆的人(或出

租车辆人的代理人、受雇人)的错误行为与过失引起的货物灭失或损坏,应由承运人负责。如一份运输合同需由多个公路承运人来完成,则每一个承运人都应对运输全过程负责,第二承运人和每一个连续承运人在接受货物和运单时,自动成为该运输合同的当事人。但由于下列原因造成的货物灭失、损坏或延迟,承运人不予负责:

(a) 索赔人的错误行为或疏忽,或执行了索赔人的错误指示(但承运人应负举证责任);

(b) 货物的固有缺陷;

(c) 货物的包装不善,包装上的标志或号码不足或不当;

(d) 合同中明确规定使用无盖敞车;

(e) 发货人、收货人或其代理人对货物进行搬运、装载、积载和卸载;

(f) 承运活动物。

(3) 索赔和诉讼。

① 货运事故赔偿。

(a) 货物发生全部灭失或部分灭失时,承运人的赔偿参照接运地点和时间及货物的价值进行计算。货物的价值应根据商品交易所价格计算,如无此种价格,则根据当时市价计算;如既无交易所价格,又无当时市价,则参照同类、同品质货物的通常货价计算;如货物全部灭失,承运人还应全部偿还运输费用、关税及同货物运输有关的其他费用;如货物部分灭失,则按灭失部分的比例赔偿。货物赔偿额不得超过毛重每千克 25 法郎。

(b) 由于延迟交货而引起的货物损坏,承运人承担的最高赔偿额不超过全部运输费用的总和。

(c) 如果货物损坏,承运人应对货物降低价值的部分负责赔偿。但如果整票货物损坏,其赔偿不得超过在全部灭失情况下所支付的金额;如果部分货物损坏,其赔偿不得超过在部分灭失情况下所支付的金额。

② 索赔时效。

(a) 收货人在提取货物时,如果出现以下 3 种情形的可提出赔偿:①收货人未与承运人及时检验货物状况;②货物有明显的灭失或损坏,但未迟延交货;③货物灭失或损坏不明显,在交货后 7 日内(星期日或节假日除外),收货人未向承运人就灭失或损坏状况提出保留性说明,则收货人接收货物的事实,即应作为其收到运单上所载明的货物的初步证据。如果货物灭失或损坏不明显,则其保留性说明应以书面形式作出。

(b) 在收货人与承运人就货物状况作了及时检验之后,如果货物灭失或损坏不明显,只有在收货人自检验货物时起 7 日内(星期日和节假日除外),及时以书面形式提出保留意见的情况下,与检验结果相反的证据的提出才会被接受。

(c) 在自货物交付收货人处置时起 21 天内,如果收货人没有向承运人提出书面保留意见,则对延迟交货不予赔偿。

③ 诉讼时效。按照该公约货物运输所引起的诉讼,其诉讼时效为一年。但在下列情况下,诉讼时效为三年。

(a) 故意的不当行为。

(b) 根据受理案件的法院或法庭地的法律,过失与故意的不当行为相等同的时候,诉讼时效期限起算时间为:如果货物系部分灭失,损坏或交货延迟,自交货之日起算;如果货物系全部灭失,自合同规定的交货期限届满后第 30 天起算;如无规定交货期限,则从承运人接管货物之日第 60 天起算。在其他所有情况下,自运输合同订立后满三个月时起算,时效期间开始之日不计算在内。

时效期限可因提出书面索赔而中止,直至承运人以书面通知拒绝索赔并将所附单据退回之日为止。如索赔的一部分已被承认,则对有争议部分的索赔恢复时效期限。诉讼时效期限的延长应由受理案件的法院或法庭地的法律决定。

2.《关于在国际公路运输手册担保下进行国际货物运输的海关公约》(简称 TIR 公约)

为改造运输环境,便于国际间货物的公路运输,简化和统一管理过境运输手续,1975 年,一些国家于日内瓦签订了 TIR 公约。TIR 公约包括总则、签发 TIR 手册担保团体的义务、TIR 手册担保下的货物运输、违章处罚等内容,共 7 章 64 条。TIR 公约适用于用公路车辆、组合车辆或集装箱运载的货物,在缔约国间从起运地海关至目的地海关,通过一国或一国以上的边境而中途无须换装的运输。公路运输承运人,如持有 TIR 手册,其集装箱货物在海关签封下,由发运地至目的地的中途可不受检查、不支付关税,也可不提供押金。此种 TIR 手册由有关国家政府批准的运输团体发行,必须保证监督其所属运输企业遵守海关法规和其他规则。

阅读与思考

据《参考消息》2016 年 7 月 29 日援引加拿大《环球邮报》网站报道,中国已经采取重大措施,通过签署 TIR 公约,踏上了一条通往欧洲的快速"丝绸之路"。

在加入世贸组织十多年后,中国希望通过重振通往西方的古代贸易通道来振兴其增速放缓的经济。成为 TIR 成员,是将该计划的司法框架变成行动的第一步。TIR 能使中国的货物集装箱在运往爱尔兰的途中经过海关时,不必耗费时间开箱检查。

联合国欧洲经济委员会常务秘书克里斯蒂安·弗里斯·巴赫说:"对中国而言这是一个关键因素。如果你的集装箱在从中国到欧洲的每一处边界都必须停下检查的话,你将额外付出大量成本。"联合国欧洲经济委员会负责监督 TIR。

中国的"一带一路"战略包括通往中亚、欧洲等地的"丝绸之路经济带"和将中国从海路与东南亚、中东和非洲连接起来的"21 世纪海上丝绸之路"。

中国领导人曾表示,中国提出的"一带一路"战略可在未来十年里,让中国同沿线国家的贸易额突破 2.5 万亿美元。

在中国出口到欧盟的货物中,只有不到 10% 的货物是通过陆路运输的,大多数货物都是通过海陆或航空运输的。

负责管理 TIR 的国际公路运输联盟希望,鉴定为合格的货车不久就可以从中国途经中亚一直开到欧洲——不过,不时仍会在边境被检查。

如智能手机之类对时间极为敏感的货物而言,在没有那么多"繁文缛节"的情况下,走陆路要比走海路更快。

国际公路运输联盟秘书长翁贝托·德普雷托说:"开货车从中国西部到欧洲只需要 8~12 天。走陆路的花费比走海路更多,但可以省下许多时间。在边境等待的时间只需 1 小时,而不是 3~4 天。"

(消息来源:网易新闻 2016-7-29)

试分析中国加入 TIR 的意义。

(四)国际公路货物运输的方式

国际公路货物运输常用的运输方式主要有整车与零担货运、长途与短途货运、普通和特殊货运、集装化运输和货物联运等。

1．整车货物运输

整车货物运输指一次托运货物在3公吨以上(含3公吨)，或者不足3公吨,但其性质、体积或形状不能和其他货物拼装,需要一辆3公吨及以上汽车运输。为明确运输责任,整车货物运输通常是一车一张货票、一个发货人。

2．零担货物运输

零担货物运输指一次托运同一到站的货物,其重量不足3公吨,体积不超过1.5立方米,单件重量不得超过200千克;货物长度、宽度、高度分别不得超过3.5米、1.5米和1.3米的货物运输。各类危险货物,易破损、易污染和鲜活货物等,一般不能作为零担货物办理托运。

3．特种货物运输

特种货物运输指危险品、超限笨重大件、鲜活货物等需特殊车辆和有关管理部门准运证的货物运输,它包括危险货物运输和大型货物运输等。

4．集装箱运输

集装箱运输又称成组运输或规格化运输,是指以集装箱为运输单位的货物运输。集装箱运输已成为一种普遍使用的货运形式,它能减少货物在整个运输过程中的损失,提高运输质量,有利于组织搬运装卸机械化作业及不同运输方式之间的货物联运。集装箱运输包括:国际及沿海集装箱由港口向内地腹地延伸运输;中转运输;内地货运站交接、拆装、仓储、分拨运输;铁路至收货人、发货人仓库、堆场门到门运输;货运代理拆、装箱作业运输;城乡间物流配送运输;供港物资集装箱运输;多式联运;大陆桥运输。

5．边境公路运输

边境公路运输指通过中、外边境口岸报验、报关的外贸公路运输。

6．进、出口货物集、疏港运输

进、出口货物集、疏港运输主要指散杂货物和集装箱运输。

7．包车运输

包车运输是指把车辆包给托运人使用,按时间或里程计算运费的货物运输方式。常适用于:不宜计量、计运距且货物特性不能按正常速度行驶的货物运输;道路条件受限制的货物运输;装卸难度大、时间过长的、货主自行决定车辆开停时间的、货主自行要求包车的货物运输。

8．海关监管运输

海关监管运输是指已向海关办理出口手续,但尚未出口,须受海关监管的货物、转关货物、来料加工货物。这类货物进行公路运输时,海关需对承运的车队予以监管,并给予资质认证。

二、国际公路货物运输代理业务

(一)公路货物运输代理的类型

公路货物运输代理有两种类型:一种是作为货主代理专门揽货;另一种是大型货运代理,本身拥有车辆和装卸机械可承担各类汽车运输业务,有专门的货运代理部,如中国对外贸易运输(集团)总公司就是兼有承托功能的货运代理公司。

（二）国际公路货物运输代理的一般业务流程

1. 公路货物运输合同的签订

在国际公路货物运输业务中，运单即是运输合同，运单的签发则是运输合同成立的体现。《国际公路货物运输合同公约》中对运单所下的定义是：运单是运输合同，是承运人收到货物的初步证据和交货凭证。我国颁布的《中华人民共和国出入境汽车运输管理规定》中对于出入境汽车的运输企业所使用的国际汽车货物运单式样做出了明确的规定。国际汽车货物运单为一式三份，均应有发货人和承运人的签字或盖章。一份交付发货人，作为货交承运人的收据；一份跟随货物至目的地，作为货物通关、交接的凭证；一份由承运人留存。

国际汽车货物运单共计22个栏目，内容主要包括：发货人、收货人、承运人的名称及地址；货物接管的地点、日期及指定的交货地点；货物的名称、件数、重量、尺码、包装、标志及号码；运输费用；是否允许转运的说明；货物价值及保险；运输期限；运单签发的日期及地点等。填写时要求用钢笔或圆珠笔清楚填写，或者打印，或者盖戳记。

2. 货物的发运

（1）发运的货物要和运单记载的内容一致，不得夹带、隐瞒与运单记载不符的货物。需办理准运或审批、检验手续的货物，发货人应将其交承运人并随货同行。

（2）货物的包装要符合运输要求，没有约定或者约定不明确的，可以协议补充。

（3）运输过程中需要饲养、照料的动植物、尖端精密产品、稀有珍贵物品、文物等，发货人要派人随车押运。大型特定货物、危险货物、归宗物品是否押运，发货人与承运人双方要进行协商。除上述货物外，发货人要求押运时，需经承运人同意。押运人的情况应填写在运单上。有押运人时，运输途中发生的货损、货差，承运人不负赔偿责任。

3. 货物的承运和交接

（1）运输路线由承运人和发货人共同确定，一旦确定不得随意更改。如果承运人不按约定路线运输，额外费用由承运人自己承担。

（2）运输期限由承运人和发货双方共同约定并在运单上注明，承运人必须在规定期限内到达。

（3）承运人在运输约定货物之前要对货物核对，如果发现货物和运单不符或者可能会给运输带来危险的，不得办理交接手续。

（4）货物运达目的地之前，承运人要及时通知收货人做好交接手续。如果是运输到国外，则由发货人通知；如果是零担货物，在货到24小时内通知。

（5）承运人与发货人之间的交接。如果货物单件包装，则按件交接；如果采用集装箱及其他有封志的运输方式，按封志交接；如果是散装货，则按磅交接或按双方协商方式交接。

（6）货物运达目的地后，收货人应凭借有效单证接受货物，不得无故拒绝接收，否则承担一切损失。涉外运输如发生上述情况，应由发货人解决并赔偿承运人的损失。

（7）货物在交给收货人时，双方对货物的重量或者内容有异议，均可以提出查验或者复核，费用由责任方承担。

4. 货物的保险与保价运输

货物运输有两种投保方式：货物保险运输和货物保价运输。它们均应采取自愿投保的原则，由发货人自行确定。货物保险由发货人向保险公司投保,也可以委托承运人代办。货物保价运输是指保价货物办理承运手续,在发生货物赔偿时,按发货人声明价格及货物损坏程度予以赔偿的货物运输。发货人按一张运单发生的货物只能选择保价或不保价。发货人选择货物保价运输时,申报的货物价值不得超过货物本身的实际价值,保价运输为全程保价,按一定比例收取保价费。

5. 运输合同的变更与解除

(1) 允许变更和解除有以下几种情况。

① 不可抗力因素。

② 因合同当事人一方原因,在合同约定的期限内无法履行运输合同的。

③ 合同当事人一方违约,导致合同不可能或者没有必要履行的。

④ 合同当事人协商同意解除或变更合同的,可以变更或解除;如果是承运人提出的,承运人要退还已经收取的费用。

(2) 发货人提出变更和解除合同:在货物没有交付收货人之前,发货人可以要求终止运输,返还货物,变更目的地或者要求把货物交给其他收货人,但应当赔偿承运人因此遭受的损失。

(3) 不可抗力因素下的变更和解除。如果因为不可抗力因素,导致货物在运输中受阻,发生了装卸、接运、保管等费用,则:①所有费用由发货人承担,承运人要退回未完的运输费用;②回运时,回程运费免收;③发货人要求绕道运输,额外费用按实际收取;④货物在受阻地需要存放,报关费用由发货人负担。

(4) 逾期提货。货物到达目的地后,承运人知道收货人的,应及时通知收货人,收货人逾期提货的,应当支付承运人保管费用。收货人不明或收货人无正当理由拒绝受领货物的,依照我国《合同法》规定,承运人可以提存货物。

三、国际公路货物运输运费的核算

公路货物运输费用包括运费和其他费用。运费是指公路货物运输的承运人在运输货物时依照所运货物的种类、重量、距离而收取的费用,它是公路货物运输费用中的重要的组成部分。其他费用也称杂费,主要是指包括装卸费在内的在公路货物运输中产生的相关费用。

(一) 公路运费的计费重量

在计算公路货物运输费用时,需要考虑货物的计费重量。公路货物运输计费重量规定如下:

(1) 一般货物。无论是整批货物还是零担货物,计费重量均按毛重计算。整批货物运输以吨为单位计重,吨以下计至 100 千克(尾数不足 100 千克的,四舍五入);零担货物运输以千克为单位计重,最小计费重量为 1 千克(重量在 1 千克以上、尾数不足 1 千克的,四舍五入)。

(2) 轻泡货物。每立方米重量不足 333 千克的货物为轻泡货物。整批轻泡货物的高度、长度、宽度以不超过有关道路交通安全规定为限,按车辆标记吨位计算重量;零担轻泡货物以货物最长、最宽、最高部位尺寸计算体积,按每立方米折合为 333 千克计算重量。

另外,还有其他几种计费重量:包车运输按车辆的标记吨位计算重量;散装货物(如沙、矿石、木材等)根据体积,按有关单位统一规定的重量换算标准计算重量;集装箱运输以箱为计量单位计算重量,不按箱内货物实际重量计算。

(二) 公路运费的计费里程

公路货物运输计费里程按货物的装货地点至卸货地点的实际运输里程计算,以千米为单位,尾数不足1千米的,进整为1千米。

出入境汽车货物运输的境内计费里程以交通主管部门核定的里程为准,境外里程按毗邻地区交通主管部门或有权认定部门核定的里程为准。未核定里程的,由承、托双方协商或按车辆实际运行里程计算。

(三) 公路运费的计价单位

境内公路货物运输以元为计价单位,运费尾数不足1元时,四舍五入。整批货物运输的计价单位为元/(吨·千米),零担货物运输的计价单位为元/(千克·千米),集装箱运输的计价单位为元/(箱·千米),包车运输的计价单位为元/(吨·时)。出入境货物运输涉及其他国家货币时,在无法按统一汇率折算的情况下,可使用其他自由货币作为计价单位。

任务反馈

小陈在学习了相关国际公路运输代理的知识后,决定从如下方面开展两笔代理业务:

(一) 公路整车货物运输代理

1. 托运承运

托运人(货运代理人或发货人)填制承运人印制的托运单向承运人托运。承运人审核运单,确定运输里程,计算运杂费,签章受理,接受委托。承运人会同托运人核实理货、验货,落实收货人、发货人,过磅、装卸准备。

2. 配车装运

承运人及托运人的货运代理人实际监督装运,现场确定装载量、装载件数、查验包装、监管装车质量和捆扎苫盖,散装货物防止丢、撒、漏、损。装货完毕后,承、托双方办理交接手续。按行车路单,包装货物件交件收、散货磅交磅收,集装箱凭铅封交接。

3. 发车运输

自承运人接收货物时起至交付货物时止,须对货物的灭失、损坏负赔偿责任(但人力不可抗拒的自然灾害、货物性质变化及自然耗损、包装完好内货短损及有押运保管的除外)。

4. 到达交付

承运人将货物运到目的地后向收货人交付。收货人为货运代理时,货运代理应到场同承运人交接,按路单核收件数和散货磅单重量,检验无误后在承运人所持结算凭证上签章。发生货损、货差时双方做出记录并签认,货运代理人或收货人可在货票上做出批注,但不得因货损、货差拒绝收货。正常情况下,收货人核收货物后在货票收货回单上签章,承运人的责任即告终止。

(二) 公路零担货物运输代理

1. 受理托运

托运人填写托运单办理托运手续,承运人审核运单后接受委托。收到托运货物后需按单核对、验货过磅,然后将货物堆码在指定货位上,并按托运单号贴标签和填写货票,同时还需向托运人收取相关费用。零担货物入库是承运人对货物履行责任的开始。

2. 配载装车

首先,按车核对吨位容积,按同一到站货物的重量体积、理化性质、形状大小合理配载,编制货物清单,收集好随车单证;其次,按装货清单装车;最后,清点货物在随车单证上签章并检查苫盖、捆扎和关锁。

3. 发车运行

站车交接后货运班车严格按班点发车,车辆按规定路线行驶。需要中转的货物,在规定的中转站中转,并重新集结装车,再继续运至最终目的地。

4. 到达作业

直接运达目的地的车辆到站后,承运车同车站办理单证和货物交接,单、货相符后,由车站做出到货通知书,通知收货人到车站提货。合同运输货物安排送货上门。货物交付完毕,收回货票提货联,零担承运人的运输责任才告结束。

学习资源

http://www.mot.gov.cn/ 中华人民共和国交通运输部

http://www.cctanet.org.cn/ 中国交通运输协会

http://www.cre.cn/ 中铁快运

http://www.zgtlhy.com/ 中国铁路货运网

习题巩固

一、单项选择题

1. 以下( )国际铁路联运规章只适用于铁路本身。
   A. 国际货协　　B. 统一货协　　C. 货协细则　　D. 国境铁路协定

2. 我国铁路滨绥线的终点站是( )车站。
   A. 满洲里　　B. 二连站　　C. 阿拉山口站　　D. 绥芬河车站

3. 我国通往邻国的铁路干线的货物需要在国境站换装后,才能运送到国外的铁路线是( )。
   A. 滨洲线　　B. 梅集线　　C. 集二线　　D. 北疆线

二、多项选择题

1. 国际铁路货物运输的特点有( )。
   A. 连续性强　　B. 安全性好　　C. 速度快　　D. 运量大
   E. 成本低

2. 国际铁路的铁轨宽度通常有三种,它们分别是( )。
   A. 1435　　B. 1350　　C. 1520　　D. 1000

3. 我国与俄罗斯相连的铁路上的边境车站(铁路口岸)有( )。
   A. 满洲里　　B. 二连浩特　　C. 绥芬河　　D. 丹东

4. 目前,国际铁路运输中牵引车厢的机车(火车头)类型有三种,它们分别是( )。
   A. 蒸汽机车　　B. 内燃机车　　C. 太阳能机车　　D. 电力机车

5. 从1962年开始,根据党中央决定,每天从(　　)分别开通三趟供应港澳鲜活物资的快运列车。

　　A. 河南郑州　　　　B. 湖北武汉　　　　C. 北京　　　　　D. 上海

三、名词解释

1. 国际铁路联运
2. 国境站
3. 整车运输
4. 零担运输
5. 国际公路运输

四、简答题

1. 国际铁路货物联运办理种别有哪些?
2. 简述国际铁路货物联运进出口货物运输工作的流程。
3. 香港地区运输的特殊性有哪些?
4. 国际公路货物运输代理的一般业务流程有哪些?

模拟实训

翻译下列国际铁路运输相关条款:

1. Rail transport plays more important role than road transport in transportation of international trade.

2. Rail transport and road transport are often complementary, with rail transport undertaking the long way transportation and road transport undertaking the local collection and distribution for goods. Freight forwarders should be able to organize the carriage of goods by road and rail efficiently.

3. In international through rail waybill, the rights, duties and responsibilities of the rail carrier may be described.

项目 7 国际多式联运与跨境电子商务物流

任务 1 国际多式联运业务

【从业知识目标】
◆ 理解国际多式联运的概念。
◆ 掌握开展国际多式联运的条件。
◆ 掌握国际多式联运的组织形式。

【执业技能目标】
◆ 能够组织和管理国际多式联运,说明多式联运的业务流程。

任务提出

某物流公司物流货运形式单一,已不适应新形势下的物流货运体系,尤其近几年进出口业务大力发展,公司准备向国际多式联运转型,经理派小王学习其他公司的多式联运业务的相关知识,小王发现日本邮船公司(NYK)早期的业务跟本公司相似,有很大的借鉴意义。

日本邮船公司作为世界上著名的班轮公司之一,是传统的海运服务公司,该公司自1896年起便开始经营欧洲和远东的"港至港"的服务。海运是NYK的主业,它拥有一支由322艘船舶组成的船队,每年承运七千多万吨货物。航运业的利润下降和动荡,使NYK开始重组和改变其经营战略,由单一的"港至港"服务转向更加细致周到的"多式联运"服务。

NYK公司提出了一个面向21世纪的公司战略,内部称为"NYK21"。"NYK21"的目标是使公司发展成为一个超越海上运输的全方位综合物流公司,也就是成为一个可以提供更广泛的服务种类的超级承运人。NYK战略之一是计划首先通过其下属子公司在空运、货运代理、仓储和公路运输的运作上的协调一致,来实现其战略联盟。

公司的目标是加强NYK的货运服务、物流活动、空运和陆上运输,使其占NYK年收入的30%(目前占10%)。NYK努力建立一个围绕海、陆、空服务的多式联运体系,以实现其目标。该战略的核心部分在于NYK不断在世界主要地区发展其物流中心。1991年NYK从联合承运集团(united carriers group)收购了三个欧洲运输和物流公司作为其在欧洲建立物流网络体系的一部分。

NYK的物流中心遍布全球,并且不断有新的中心建立。这些中心经营的远远不止仓储服务,NYK将它们看做是集中向客户提供一定程度的物流服务的中心,如存货管理和订单处理。NYK物流中心的经营理念是积极向客户推销,提供客户集中存货控制的好处,以达到缓解存货紧缺和减少运输设备的目的。每个中心均有陆、海、空运输的专业人才和自己的货物集中与分送的网络。NYK认为信息技术是现代物流的重要基础,并且使每个中心互相联网以提供全球货物跟踪。

过去,NYK有广泛的地理覆盖范围,但仅经营有限的服务。要在竞争中成为超级承运人,就必须在一些领域里加入复杂的技术,如存货管理和产品配送。NYK公司战略目标的确野心勃勃,然而,NYK的全球能力以及与许多有实力的制造商的牢固关系表明:他们在走向明日超级承运人的道路上正迈着坚定的步伐。

经理要求小王在了解该公司的发展和学习有关国际多式联运知识点后,回答以下问题:
(1) 该公司的实践有哪些可以借鉴的?
(2) 开展国际多式联运有哪些条件?

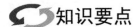
知识要点

一、国际多式联运概述

(一) 含义

国际多式联运(international multimodal transport)简称多式联运,是在集装箱运输的基础上产生和发展起来的,是指按照国际多式联运合同,以至少两种不同的运输方式,由多式联运经营人将货物从一国境内的接管地点运至另一国境内指定交付地点的货物运输。

国际多式联运适用于水路、公路、铁路和航空多种运输方式。在国际贸易中,由于85%～90%的货物是通过海运完成的,故海运在国际多式联运中占据主导地位。

国际多式联运是一种以实现货物整体运输的最优化效益为目标的联运组织形式。它通常是以集装箱为运输单元,将不同的运输方式有机地组合在一起,构成连续的、综合性的一体化货物运输。

(二) 开展国际多式联运的条件

1. 一个合同

多式联运经营人与托运人之间必须签订多式联运合同,以明确承、托双方的权利、义务和豁免关系。多式联运合同是确定多式联运性质的根本依据,也是区别多式联运与一般联运的主要依据。

2. 使用一份全程多式联运单据

全程多式联运单据即证明多式联运合同及证明多式联运经营人已接管货物并负责按照合同条款交付货物所签发的单据。它与传统的提单具有相同的作用,也是一种物权证书和有价证券。

3. 全程单一运费费率

多式联运经营人在对货主负全程运输责任的基础上，制订一个货物发运地至目的地全程单一运费费率并以包干形式一次性向货主收取。这种全程单一运费费率一般包括运输成本、经营管理费用和合理利润。

4. 一人负责

一人负责即多式联运经营人对货物全程运输负总责，他是与托运人签订多式联运合同的当事人，也是签发多式联运单据或多式联运提单者，他承担自接受货物起至交付货物止的全程运输责任。

5. 两种方式

两种方式是指必须是两种或两种以上不同运输方式的连贯运输。如为海—海、铁—铁、空—空联运，虽为两程运输，但仍不属于多式联运，这是一般联运与多式联运的一个重要区别。

6. 两个国家

两个国家即接管货物地点和交付货物的地点应位于不同国家，这是区别国内运输和国际运输的限制条件。

（三）优越性

国际多式联运是今后国际运输发展的方向，这是因为，开展国际多式联运具有许多优越性，主要表现在以下几个方面。

1. 简化托运、结算及理赔手续，节省人力、物力和有关费用

在国际多式联运方式下，无论货物运输距离有多远，由几种运输方式共同完成，且不论运输途中货物经过多少次转换，所有一切运输事项均由多式联运经营人负责办理。而托运人只需办理一次托运，订立一份运输合同，一次支付费用，一次保险，从而省去托运人办理托运手续的许多不便。同时，由于多式联运采用一份货运单证，统一计费，因而也可简化制单和结算手续，节省人力和物力，此外，一旦运输过程中发生货损货差，由多式联运经营人对全程运输负责，从而也可简化理赔手续，减少理赔费用。

2. 缩短货物运输时间，减少库存，降低货损货差事故，提高货运质量

在国际多式联运方式下，各个运输环节和各种运输工具之间配合密切，衔接紧凑，货物所到之处中转迅速及时，大大减少货物的在途停留时间，从而从根本上保证了货物安全、迅速、准确、及时地运抵目的地，因而也相应地降低了货物的库存量和库存成本。同时，多式联运系通过集装箱为运输单元进行直达运输，尽管货运途中须经多次转换，但由于使用专业机械装卸，且不涉及糟内货物，因而货损货差事故大为减少，从而在很大程度上提高了货物的运输质量。

3. 降低运输成本，节省各种支出

由于多式联运可实行"门到门"运输，因此对货主来说，在货物交由第一承运人以后即可取得货运单证，并据以结汇，从而提前了结汇时间。这不仅有于加速货物占用资金的周转，而且可以减少利息的支出。此外，由于货物是在集装箱内进行运输的，因此从某种意义上来看，可相应地节省货物的包装、理货和保险等费用的支出。

4. 提高运输管理水平，实现运输合理化

对于区段运输而言，由于各种运输方式的经营人各自为政，自成体系，因而其经营业务范围

受到限制,货运量相应也有限。而一旦由不同的运输经营人共同参与多式联运,经营的范围可以大大扩展,同时可以最大限度地发挥其现有设备的作用,选择最佳运输线路组织合理化运输。

5. 其他作用

从政府的角度来看,发展国际多式联运具有以下重要意义:有利于加强政府部门对整个货物运输链的监督与管理;保证本国在整个货物运输过程中获得较大的运费收入配比率;有助于引进新的先进运输技术;减少外汇支出;改善本国基础设施的利用状况;通过国家的宏观调控与指导职能,保证使用对环境破坏最小的运输方式达到保护本国生态环境的目的。

二、国际多式联运的一般业务流程

国际多式联运的一般业务程序,主要包括以下环节。

(一)接受托运申请,订立多式联运合同

多式联运经营人根据货主提出的托运申请和运输路线等情况,判断是否接受该托运申请。如果能够接受,则双方议定有关事项后,在交给发货人或其代理人的场站收据副本上签章,证明接受托运申请,多式联运合同已经订立并开始执行。

发货人或其代理人根据双方就货物交接方式、时间、地点、付费方式等达成协议,填写场站收据,并将其送至多式联运经营人处编号,多式联运经营人编号后留下货物托运联,将其他联交还给发货人或其代理人。

(二)集装箱的发放、提取及运送

多式联运中使用的集装箱一般应由多式联运经营人提供。这些集装箱来源可能有三种:一是经营人自己购置使用的集装箱;二是由公司租用的集装箱,这类集装箱一般在货物的起运地附近提箱而在交付货物地点附近还箱;三是由全程运输中的某一区段承运人提供,这类箱一般需要在多式联运经营人为完成合同运输与该分运人订立分运合同后获得使用权。

如果双方协议由发货人自行装箱,则多式联运经营人应签发提箱单或者租箱公司或区段承运人签发的提箱单交给发货人或其代理人,由他们在规定日期到指定的堆场提箱并自行将空箱托运到货物装箱地点准备装货。如发货人委托也可由经营人办理从堆场装箱地点的空箱托运。如是拼箱货或整箱货但发货人无装箱条件不能自装时,则由多式联运经营人将所用空箱调运至接收货物集装箱的货运站,做好装箱准备。

(三)出口报关

若联运从港口开始,则在港口报关;若联运从内陆地区开始,应在附近的海关办理报关。出口报关事宜一般由发货人或其代理人办理,也可委托多式联运经营人代为办理。报关时应提供场站收据、装箱单、出口许可证等有关单据和文件。

(四)货物装箱及交接

若货物由发货人自行装箱,发货人或其代理人提取空箱后在自己的工厂和仓库组织装箱,装箱工作一般要在报关后进行,并请海关派员到装箱地点监装和办理加封事宜。如需理货,还应请理货人员现场理货并与之共同制作装箱单。若是发货人不具备装箱条件,可委托多式联运经营人或货运站装箱,发货人应将货物以原来形态运至指定的货运站由其代为装箱。如是拼箱货物,发货人应负责将货物运至指定的集装箱货运站,由货运站按多式联运经营人的指示装箱。无论装箱工作由谁负责,装箱人均需制作装箱单,并办理海关监装与加封事宜。

对于由货主自装箱的整箱货物,发货人应负责将货物运至双方协议规定的地点,多式联运经营人或其代理人在指定地点接收货物。如是拼箱货,经营人在指定的货运站接收货物。验收货物后,代表多式联运经营公司接收货物的人应在场站收据正本上签章并将其交给发货人或其代理人。

(五)订舱及安排货物运送

多式联运经营人在合同订立之后,即应制定货物的运输计划,该计划包括货物的运输路线和区段的划分,各区段实际承运人的选择确定及各区段衔接地点的到达、起运时间等内容。这里所说的订舱泛指多式联运经营人要按照运输计划安排洽定各区段的运输工具,与选定的各实际承运人订立各区段的分运合同。这些合同的订立由经营人本人或委托的代理人办理,也可请前一区段的实际承运人作为代表向后一区段的实际承运人订舱。

(六)办理货物运送保险

发货人应投保货物运输险。该保险由发货人自行办理,或由发货人承担费用由多式联运经营人代为办理。货物运输保险可以是全程,也可分段投保。而多式联运经营人应投保货物责任险和集装箱保险,由经营人或其代理人向保险公司办理或以其他形式办理。

(七)签发多式联运提单,组织完成货物的全程运输

多式联运经营人的代表收取货物后,经营人应向发货人签发多式联运提单。在把提单交给发货人前,应注意按双方议定的付费方式及内容、数量向发货人收取全部应付费用。

多式联运经营人有完成或组织完成全程运输的责任和义务。在接收货物后,要组织各区段实际承运人、各派出机构及代表人共同协调工作,完成全程中各区段的运输以及各区段之间的衔接工作,运输过程中所涉及的各种服务性工作和运输单据、文件及有关信息等组织和协调工作。

(八)运输过程中的海关业务

按惯例,国际多式联运的全程运输均应视为国际货物运输。因此,该环节工作主要包括货物及集装箱进口国的通关手续,进口国内陆段保税运输手续及结关等内容。如果陆上运输要通过其他国家海关和内陆运输线路时,还应包括这些海关的通关及保税运输手续。

一些涉及海关的手续一般由多式联运经营人的派出所机构或代理人办理,也可由各区段的实际承运人作为多式联运经营人的代表办理,由此产生的全部费用应由发货人或收货人负担。

如果货物在目的港交付,则结关应在港口所在地海关进行。如在内陆地交货,则应在口岸办理保税运输手续,海关加封后方可运往内陆目的地,然后在内陆海关办理结关手续。

(九)货物交付

当货物运至目的地后,由目的地代理通知收货人提货。收货人需凭多式联运提单提货,经营人或其代理人需按合同规定,收取收货人应付的全部费用。收回提单后签发提货单,提货人凭提货单到指定堆场和集装箱货运站提取货物。如果整箱提货,则收货人要负责至掏箱地点的运输,并在货物掏出后将集装箱运回指定的堆场,运输合同即终止。

（十）货运事故处理

如果在全程运输中发生了货物灭失、损害和运输延误，无论是否能确定发生的区段，发（收）货人均可向多式联运经营人提出索赔。多式联运经营人根据提单条款及双方协议确定责任并做出赔偿。如果已对货物及责任投保，则存在要求保险公司赔偿和向保险公司进一步追索问题。如果受损人和责任人之间不能取得一致，则需在诉讼时效内通过提起诉讼和仲裁来解决。

三、国际多式联运的组织形式

国际多式联运是采用两种或两种以上不同运输方式进行联运的运输组织形式。这里所指的至少两种运输方式可以是：海陆、陆空、海空等。这与一般的海海、陆陆、空空等形式的联运有着本质的区别。后者虽也是联运，但仍是同一种运输工具之间的运输方式。目前，有代表性的国家多式联运主要有远东—欧洲，远东—北美等海陆空联运，其组织形式包括以下几种。

（一）海陆联运

海陆联运是国际多式联运的主要组织形式，也是远东—欧洲多式联运的主要组织形式之一。目前组织和经营远东—欧洲海陆联运业务的主要有班轮公会的三联集团、北荷、冠航和丹麦的马士基等国际航运公司，以及非班轮公会的中国远洋运输公司和德国那亚航运公司等。这种组织形式以航运公司为主体，签发联运提单，与航线两端的内陆运输部门开展联运业务，与大陆桥运输展开竞争。

（二）陆桥运输

陆桥运输是指采用集装箱专用列车或卡车，把横贯大陆的铁路或公路作为中间桥梁，使大陆两端的集装箱海运航线与专用列车或卡车连接起来的一种连贯运输方式。严格地讲，陆桥运输也是一种海陆联运形式。只是因为其在国际多式联运中的独特地位，故在此将其单独作为一种运输组织形式。在国际多式联运中，陆桥运输起着非常重要的作用。它是远东—欧洲国际多式联运的主要形式。目前，远东—欧洲的陆桥运输线路有西伯利亚大陆桥和北美大陆桥。

（三）海空联运

海空联运又称为空桥运输。在运输组织方式上，空桥运输与陆桥运输有所不同，陆桥运输在整个货运过程中使用的是同一个集装箱，不用换装，而空桥运输的货物通常要在航空港换入航空集装箱。目前，国际海空联运线主要有：

远东—欧洲：远东与欧洲间的航线有以温哥华、西雅图、洛杉矶为中转地，也有以香港、曼谷、海参崴为中转地，还有以旧金山、新加坡为中转地。

远东—中南美：近年来，远东至中南美的海空联运发展较快，因为此处港口和内陆运输不稳定，所以对海空运输的需求很大。该联运线以迈阿密、洛杉矶、温哥华为中转地。

远东—中近东、非洲、澳洲：这是以香港、曼谷为中转地至中近东、非洲的运输服务。在特殊情况下，还有经马赛至非洲、经曼谷至印度、经香港至澳洲等联运线，但这些线路货运量较小。

项目 7
国际多式联运与跨境电子商务物流

任务反馈

小王通过认真学习 NYK 的实践后,认为下列策略是值得借鉴的。

(1) 公司改变原有单一的运输范围种类,向多式联运和服务多元化发展,同时需要不断根据客户的需求来调整服务范围并提高服务质量。

(2) 加强公司各部门间协调,避免由于信息滞后或传达不及时而造成损失。

(3) 建立遍布全球各重要地区的物流中心,加强各物流中心的联络,以保证向客户提供及时准确的服务和信息,充分利用先进的信息技术发挥物流中心综合信息的功能。

通过查阅资料,小王知道了开展国际多式联运需要具备以下条件。

(1) 一个合同:多式联运经营人与托运人之间必须签订多式联运合同,以明确承、托双方的权利、义务和豁免关系。

(2) 使用一份全程多式联运单据:即证明多式联运合同及证明多式联运经营人已接管货物并负责按照合同条款交付货物所签发的单据。

(3) 全程单一运费费率:多式联运经营人在对货主负全程运输责任的基础上,制订一个货物发运地至目的地全程单一运费费率并以包干形式一次向货主收取。

(4) 一人负责:即多式联运经营人对货物全程运输负总责。

(5) 两种方式:即必须是两种或两种以上不同运输方式的连贯运输。

(6) 两个国家:即接管货物地点和交付货物的地点应位于不同国家。

任务 2 国际多式联运单证业务

【从业知识目标】
- ◆ 了解多式联运单据的概念。
- ◆ 掌握国际多式联运单证的性质。
- ◆ 熟悉国际多式联运单据的内容。

【执业技能目标】
- ◆ 能够区分可转让的多式联运单据和不可转让的多式联运单据。
- ◆ 能够说明国际多式联运单据的流转程序。

任务提出

小王近日接到经理指示,开始独立操作公司国际多式联运业务,但是对国际多式联运的有关单证还不能准确的理解,于是经理提出以下情况让小王分析:

2017 年 4 月 8 日,根据委托,A 运输公司负责将托运人 B 贸易公司托运的货物由天津经海运至大连后,经大连转公路运至丹东,然后由 A 运输公司的丹东代理人安排货物经丹东出境由铁路运抵朝鲜新义州。在托运人 B 贸易公司向 A 运输公司出具"指定朝鲜真城公司为唯一收货人,提单只作议付单据"的声明后,A 运输公司向托运人签发了国际多式联运提单,提单载明:托运人为 B 贸易公司,收货人为朝鲜真城公司,同时批注有"仅作议付用"(for negotiable only)。在铁路签发的运单载明装货地为丹东,卸货地为朝鲜新义州,收货人为朝鲜真城公司。

经理问小王:

(1) 本案例所签发的多式联运单证是否为不可转让的多式联运单证,为什么?

(2) 不可转让的多式联运单证有什么功能?

知识要点

一、国际多式联运单据概述

(一) 多式联运单据的概念

1980 年联合国《国际多式联运公约》对多式联运单据所下的定义如下:国际多式联运单据(multimodal transport document, MTD)是指证明多式联运合同以及证明多式联运经营人接管货物并负责按照合同条款交付货物的单据。

(二) 国际多式联运单证的性质

国际多式联运单据可以分为可转让的和不可转让的两种形式,这两种形式的单据性质是有差别的,见表 7-1。

表 7-1 两类多式联运单据比较

比较项目	可转让的多式联运单据	不可转让的多式联运单据
物权凭证	是	不是
货物收据	是	是
合同证明	是	是
收货人记载	记名、指示、不记名	记名
是否全套正本单据交付托运人	是	不是
是否凭正本单据提货	凭全套正本提单提货	不需要(仅需要核对身份)
是否需要托运人签字	不需要	需要(实际业务中有例外)

1. 可转让的多式联运单据

可转让的多式联运单据,通常称为国际多式联运提单,具有多式联运合同的证明、货物收据与物权凭证三大功能。

2. 不可转让的多式联运单据

不可转让的多式联运单据,通常称为多式联运运单,不可转让的多式联运单据不具有物权凭证功能,即类似于运单(如海运单、空运单),仅具有多式联运合同的证明和货物收据两大功能。如果多式联运单证以不可转让方式签发,多式联运经营人交付货物时,应凭单证上记名收货人的身份证明向其交付货物。

（三）国际多式联运单据的内容

国际多式联运单据一般包括15项内容。

（1）货物品类、识别货物所必需的主要标志，如属危险货物，其危险特性的明确声明、包数或件数、货物的毛重或其他方式表示的数量等，所有这些事项均由发货人提供。

（2）货物外表状况。

（3）多式联运经营人的名称和主要营业地。

（4）发货人名称。

（5）如经发货人指定收货人，收货人的名称。

（6）多式联运经营人接管货物的地点和日期。

（7）交货地点。

（8）如经双方明确协议，在交付地点交货的日期或时间。

（9）多式联运单据为可转让或不可转让的声明。

（10）多式联运单据的签发地点和日期。

（11）多式联运经营人或其授权人的签字。

（12）每种运输方式的运费、用以支付的货币、运费由收货人支付的声明。

（13）在签发多式联运单据时已经确知，预期经过的路线、运输方式和转运地点。

（14）关于多式联运遵守公约或法律的规定的声明。

（15）双方商定的其他事项。

二、国际多式联运单据业务

（一）国际多式联运单据与区段承运人所签发的运输单据的选择

1. 不含海运方式在内的多式联运

对于不含海运方式在内的多式联运，如陆空联运、公铁联运等，由于各区段承运人所签发的运输单据均为不可转让的单据，因而，多式联运经营人应选择签发不可转让的多式联运单据，倘若选择签发可转让的多式联运单据，比如，多式联运提单，除非能确保多式联运经营人或其代理能成为各区段承运人所签发的运输单据上的记名收货人，否则会面临失去提货权的风险。

2. 包含海运方式在内的多式联运

对于包含海运方式在内的多式联运，比如海铁联运，倘若最末区段为非海运方式，则多式联运经营人不要签发可转让的国际多式联运单据，除非能确保多式联运经营人或其代理能成为各区段承运人签发的运输单据上的记名收货人，否则会面临失去提货权的风险。

（二）国际多式联运单据的流转程序

图7-1显示了一程是公路运输，二程是海上运输，三程是铁路运输的多式联运下，国际多式联运提单与各区段实际承运人所签发的运输单据的流转程序。

多式联运经营人启运地分支机构或代理缮制并签发全程多式联运提单，其中的正本交给发货人，用于结汇；副本若干份交付多式联运经营人，用于多式联运经营人留底和送交目的地分支机构或代理。

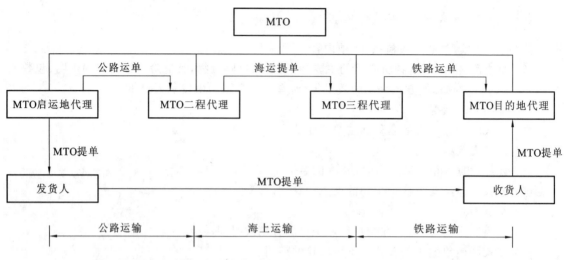

图 7-1　国际多式联运提单与各区段实际承运人签发的运输单据的流转程序

多式联运经营人起运地分支机构或代理将货物交一程承运人后,一程承运人签发以多式联运经营人或其起运地分支机构或代理为托运人、以多式联运经营人或其二程分支机构或代理为收货人的公路运单,运单上应注有全程多式联运提单的号码。多式联运经营人起运地分支机构或代理在货物出运并取得运单后,应立即以最快的方式将运单、舱单等寄交多式联运经营人二程分支机构或代理,以便二程分支机构或代理能用此提货;与此同时,还应向多式联运经营人提供运单副本以及载运汽车离站时间及预计抵达时间等信息,以便多式联运经营人能全面了解货运进展和向二程分支机构或代理发出必要的指示。

多式联运经营人二程分支机构或代理收到运单后,凭此从一程承运人处提取货物,并交付二程承运人。二程承运人收到货物后,签发以多式联运经营人为托运人,以多式联运经营人为收货人的提单,提单上应注明全程多式联运提单号码。多式联运经营人二程分支机构在货物出运并取得提单后,立即将正本提单、舱单等寄交多式联运经营人三程分支机构或代理,以便三程分支机构或代理能提货;与此同时,还应向多式联运经营人提供提单副本以及船舶离港消息等,以便多式联运经营人能全面了解货运进展和向三程分支机构或代理发出必要的指示。

多式联运经营人三程分支机构或代理收到提单后,凭此从二程承运人处提取货物,并交付三程承运人,三程承运人收到货物后,签发以多式联运经营人或其三程分支机构或代理为托运人,以多式联运经营人或其目的地分支机构或代理为收货人的铁路运单,运单上应注明联运提单号码。多式联运经营人三程分支机构或代理在货物出运并取得运单后,以最快方式将运单等寄交多式联运经营人目的地分支机构或代理,以便目的地分支机构或代理能用此提货;与此同时,还应向多式联运经营人提供运单副本以及火车动态等,以便多式联运经营人能全面了解货运进展和向目的地分支机构或代理发出必要的指示。

多式联运经营人目的地分支机构收到铁路运单后,可凭此从承运人或代理处提取货物,并向收货人发出提货通知。收货人付款赎单取得多式联运经营人签发的全套正本多式联运提单,凭提单向多式联运经营人目的地分支机构或代理办理提货手续。在收取应收运杂费后,将货物交付收货人。

任务反馈

通过本节内容的学习后,小王分析后得知:

(1) A 运输公司向托运人签发了国际多式联运提单,提单载明:托运人为 B 贸易公司,收货人为朝鲜真城公司,同时批注有"仅作议付用"。故该多式联运提单明确了收件人,属于记名提单,因此该多式联运单证属于不可转让的多式联运单证。

(2) 不可转让的多式联运单据不具有物权凭证功能,类似于运单(如海运单、空运单),仅具有"多式联运合同的证明和货物收据"功能。

任务 3 跨境电子商务物流业务

【从业知识目标】
- ◆ 理解跨境电子商务的含义。
- ◆ 了解跨境电子商务有关平台。
- ◆ 掌握中国邮政小包的含义、资费以及优劣势。
- ◆ 了解中国邮政大包的含义、资费以及优劣势。
- ◆ 了解四大国际商业快递。
- ◆ 了解海外仓的含义、优势以及操作流程。

【执业技能目标】
- ◆ 能够选择中国邮政小包作为跨境物流方式。
- ◆ 能够选择四大国际商业快递作为跨境物流方式。
- ◆ 能够选择海外仓作为跨境物流方式。

任务提出

浙江某电子商务公司,为了进一步拓展零售业务,准备进入国际市场,开展跨境电子商务业务,但是现有的跨境电子商务的平台较多,跨境商品的物流方式也很多,该公司决定组织跨境电子商务的项目组首先进行有关信息的调研,那么他们需要从哪些方面着手呢?

知识要点

一、跨境电子商务概述

(一)跨境电子商务的含义

跨境电子商务(cross-border electronic commerce)是指分属不同关境的交易主体,通过电子商务平台达成交易、进行支付结算,并通过跨境物流送达商品、完成交易的一种国际商业活动。实际上就是把传统国际贸易加以网络化、电子化的新型贸易方式。

在我国,跨境电子商务指的是跨境电子商务零售出口,即我国出口企业通过互联网向境外零售商品,主要以邮寄、快递等形式送达的经营行为。而跨境电子商务零售进口,指的是我国境内个人或电子商务企业采用直购进口或保税进口的方式采购海外商品,并在电子商务平台销售给国内的消费者,这些海外商品通过海关特殊监管区域或保税监管场所进入国内,再由负责销售的个人或企业通过快递等方式邮寄给消费者手中。

(二)跨境电子商务的基本流程

跨境电子商务的基本流程如图 7-2 所示。

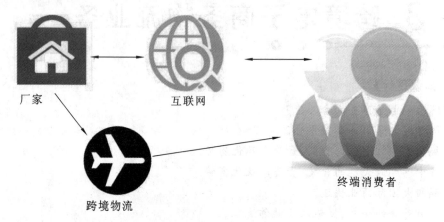

图 7-2　跨境电子商务的基本流程

跨境电子商务需要解决三个流程问题：

一是信息流：厂家在网上发布所提供的产品或服务信息,消费者通过互联网搜寻需要的产品或服务信息。

二是产品流(物流)：消费者在网上下单,厂家委托跨境物流服务公司将产品运送到海外消费者手中。

三是资金流：消费者通过第三方支付方式及时、安全地付款,厂家收汇结汇。

(三)主要的跨境电子商务第三方平台

1. 全球速卖通

全球速卖通(AliExpress)正式上线于 2010 年 4 月,是阿里巴巴旗下唯一面向全球市场打造的在线交易平台,被广大卖家称为"国际版淘宝",是全球第三大英文在线购物网站。全球速卖通面向海外买家,通过支付宝国际账户进行担保交易,并使用国际快递发货。全球速卖通首页如图 7-3 所示。

全球速卖通覆盖 3C、服装、家居、饰品等共 30 个一级行业类目,其中优势行业主要有服装、服饰、手机通信、鞋包、美容健康、珠宝手表、消费电子、计算机网络、家居、汽车摩托车配件、灯具等。

在全球速卖通上有三类物流服务,分别是邮政大小包、速卖通合作物流以及商业快递。其

项目 7
国际多式联运与跨境电子商务物流

图 7-3　全球速卖通首页

中 90% 的交易使用的是邮政大小包。卖家发货时,可以根据不同的物流服务,选择在速卖通线上发货,也可以联系各主要城市的货运代理公司上门收件进行发货。

2. Wish

Wish 公司于 2011 年 12 月创立于美国旧金山硅谷,起初只是一个类似于国内的蘑菇街和美丽说的导购平台,2013 年 3 月,Wish 在线交易平台正式上线,移动 APP 于同年 6 月推出。

Wish 最大的特点就是专注于移动端购物,在 Wish 平台,98% 的流量和 95% 的订单都来自于移动端。这个数据足以让亚马逊、eBay、速卖通等出口跨境电子商务大鳄颤抖。几乎人人都知道,现在正处于从 PC 端到移动端迁徙的时代。然而,能够摆脱传统互联网思维束缚,完全专注于移动端发展的平台少之又少。亚马逊、eBay、速卖通都已经在推广移动端 APP,但这些移动应用都基本沿用了 PC 时代的思维,最多就是在交互设计方面进行了屏幕适应性调整。而 Wish 采取基于搜索引擎的匹配技术,即通过用户行为判断用户偏好,并通过数学算法,将用户和商家、商品进行准确的匹配,每天给用户推送其可能感兴趣的商品和商家。

作为一个电子商务新手,Wish 完全没有 PC 端购物平台的设计经验,这也使得 Wish 能够不带任何思想包袱地开拓移动端市场。移动端最大的特点就是随时、随地、随身,进而带来碎片化需求;某个手机用户可能仅仅是想在等电梯的 30 秒内在购物 APP 上逛逛。这个时候,如果能够了解用户偏好,并据此推荐相关商品给用户,则能够极大地增加用户"冲动性"下单的可能性,这就是 Wish 的模式。

3. 亚马逊

亚马逊公司(Amazon),是美国最大的一家网络电子商务公司,位于华盛顿州的西雅图,是网络上最早开始经营电子商务的公司之一,亚马逊成立于 1995 年,一开始只经营网络的书籍销售业务,现在扩大的范围相当广,已成为全球商品品种最多的网上零售商和全球第二大互联网企业。亚马逊首页如图 7-4 所示。

亚马逊及其他销售商为客户提供数百万种独特的全新、翻新及二手商品,如图书、影视、音

179

图 7-4 亚马逊首页

乐和游戏、数码下载、电子和计算机、家居园艺用品、玩具、婴幼儿用品、食品、服饰、鞋类、珠宝、健康和个人护理用品、体育及户外用品、玩具、汽车产品等。

在所有的跨境电子商务第三方平台中,对卖家要求最高的是亚马逊,它不仅要求卖家的产品质量必须要有优势,而且必须要求品牌过硬。亚马逊鼓励用户自助购物,将用户对于售前客服的需求降到最低,这要求卖家提供非常详细、准确的产品详情和图片。

亚马逊的另一特色服务是 FBA(fulfillment by amazon),即亚马逊仓储物流,为商户提供物流和仓储的配套服务,并收取一定的费用。要使用亚马逊物流服务,卖家需要自行将商品进口到开店的各个海外国家,并储存在相应的亚马逊物流中心,由亚马逊来完成当地国的订单配送。虽然亚马逊仓储物流的收费标准高于一般的仓储公司,但由于 FBA 得到买家较高的认可,不少买家都愿意支付更多的钱来选择 FBA。在同等条件下,FBA 卖家的曝光度高于普通卖家,抢到购物车的概率也更高。并且使用 FBA 的卖家所得到的任何物流带来的中差评可以由亚马逊帮助移除。

2004 年 8 月亚马逊全资收购卓越网,使亚马逊全球领先的网上零售专长与卓越网深厚的中国市场经验相结合,进一步提升客户体验,并促进中国电子商务的成长。2016 年 10 月,亚马逊排 2016 年全球 100 大最有价值品牌第 8 名。2017 年 2 月,Brand Finance 发布 2017 年度全球 500 强品牌榜单,亚马逊排名第 3。

4. eBay

eBay(易贝)是一个可让全球民众上网买卖物品的线上拍卖及购物网站。它创立于 1995 年 9 月,当时 Omidyar 的女朋友酷爱 Pez 糖果盒,却为找不到同道中人交流而苦恼。于是 Omidyar 建立起一个拍卖网站,希望能帮助女友和全美的 Pez 糖果盒爱好者交流,这就是 eBay。令 Omidyar 没有想到的是,eBay 非常受欢迎,很快网站就被收集 Pez 糖果盒、芭比娃娃等物品的爱好者挤爆。eBay 首页如图 7-5 所示。

图 7-5 eBay 首页

与全球速卖通相比，eBay 对卖家的要求更严格，对产品质量要求较高，但同样要求价格具有优势，即产品质量要过硬，价格也要有优势。除了有和其他平台类似的常规产品出售，二手货的交易也是 eBay 业务的重要组成部分。

如今 eBay 已有 1.471 亿注册用户，有来自全球 29 个国家的卖家，每天都有涉及几千个分类的几百万件商品销售，成为世界上最大的电子集市。2003 年交易额为 238 亿美元，净收入 22 亿美元。

二、跨境电子商务物流业务

（一）中国邮政航空小包

1. 定义

中国邮政航空小包（China post air mail）又称中国邮政小包、邮政小包、航空小包，是指包裹重量在 2 千克以内，外包装长宽高之和小于 90 厘米，且最长边小于 60 厘米，通过邮政空邮服务寄往国外的小邮包。中国邮政小包可以分为挂号小包和平邮小包两种服务，可寄达全球各个邮政网点。

2. 资费

中国邮政航空小包资费低，首重按照 100 克起算（货运代理按照实际重量起算），挂号服务费率稍高。平邮小包不受理查询，挂号小包大部分国家可全程跟踪，部分国家只能查询到签收信息，部分国家不提供信息跟踪服务。

3. 优劣势

由于中国邮政小包在 2 千克以内，以个人物品方式出境，出关不会产生关税或清关费用，但在目的地国家进口时有可能产生进口关税，具体根据每个国家海关税法的规定而各有不同（相对其他商业快递来说，航空小包能最大限度地避免关税）。中国邮政网络基本覆盖全球，一般无特别的邮寄限制，除了国际违禁品和危险品以外，中国邮政小包可以将产品送达全球几乎任何一个国家或地区的客户手中,只要有邮局的地方都可以到达,大大扩展了外贸卖家的市场空间。

当然,中国邮政小包也存在一些缺点,包括限制重量,运送时间总体较长,某些国家或地区还不支持全程跟踪,不便于卖家查询物流信息。所以中国邮政小包相对适合重量较轻、量大、价格要求实惠而且对于时限和查询便捷度要求不高的物品。

(二)中国邮政航空大包

1. 定义

中国邮政航空大包(China post air parcel)又叫中国邮政大包、中国邮政国际大包裹、中邮大包。通过邮政空邮服务寄往国外的大邮包,又可称为国际大包。中国邮政大包是适合邮寄重量较重(超过2千克)且体积较大的包裹,可寄达全球200多个国家和地区。此渠道全程航空运输,可以到达世界各地,只要有邮局的地方都可以到达。国际大包分为普通大包和挂号大包两种。

2. 资费

中国邮政航空大包相关资费及体重和重量的限制根据运输物品的重量及目的国家而有所不同,普通大包空邮费用率较低,邮政不提供跟踪查询服务,挂号大包空邮费用率稍高,可提供网上跟踪服务查询。

3. 优劣势

首重和续重都以1千克计费,价格比EMS稍低,且和EMS一样不计算体积重量,没有偏远附加费,相对于其他运输方式(如EMS、DHL、UPS、Fedex、TNT等)来说,中国邮政大包服务有较好的价格优势。交寄相对方便,可以到达全球200多个国家和地区,通达国家多且清关能力非常强。中国邮政大包运单简单,并由公司统一打印,减少了客户的麻烦。

当然中国邮政大包也有其劣势。例如,部分国家限重10千克,最重也只能30千克;且邮政大包投递速度慢,查询信息更新慢。所以中国邮政大包较适宜对时效性要求不高且重量稍重的货物。

(三)国际EMS

EMS国际快递服务是各国(地区)邮政开办的一项特殊邮政业务。国际EMS业务通达全球200多个国家和地区以及国内近2 000个城市,提供传递国际紧急信函、文件资料、金融票据、商品货样等各类文件资料和物品服务。

EMS具备领先的信息处理能力,可实现EMS邮件的全球跟踪查询。通过邮件跟踪与查询服务,可以实时了解交寄邮件的全程信息,对签约客户可以提供邮件实时信息的主动反馈服务。

EMS的特殊性,致使它对寄送有一定的规格限制,包括重量、体积等,如单件货物不能超过30千克,每票货只能走一件,货物单边长度超60厘米(含60厘米)需要按照体积重量计费。

EMS依托中国邮政航空有限公司陆路运输网络和以上海为集散中心的全夜航空集散网,其强大的物流基础,满足了国际快递高效派送需求,有力保证了EMS国际快递的便捷、及时、安全、准确。

EMS拥有快速清关的优点:EMS不仅网络强大、价格合理、实重发货不收材积,不用提供商业发票即可清关,而且具有优先通关的权利。特别是对敏感货物,一般都可以通关,通关不过的货物可以免费运回国内。由于国际EMS相对中国邮政航空小包的价格较贵,所以EMS适用于寄递文件和物品,物品类邮件中准许寄递全部适于邮递的货样、商品、馈赠的礼品及其他物品。

（四）四大国际商业快递公司

1. UPS

UPS 快递（united parcel service）在 1907 年作为一家信使公司成立于美国华盛顿州西雅图，是一家全球性的公司。作为世界上最大的快递承运商与包裹递送公司，UPS 同时也是专业的运输、物流、资本与电子商务服务领导性的提供者。UPS 航空如图 7-6 所示。

图 7-6　UPS 航空

UPS 每天都在世界上 200 多个国家和地区管理着物流、资金流与信息流。通过结合货物流、信息流和资金流，UPS 不断开发供应链管理、物流和电子商务的新领域，如今 UPS 已发展到拥有 300 亿美元资产的大公司。

UPS 的服务优势表现在以下几个方面。

（1）服务区域。覆盖了 200 多个国家和地区，设立了广泛的营业网络，能快速派送到北美和欧洲的每一个地方。

（2）服务。UPS 提供全球到货付款服务，免费、及时、准确的上网查询服务，加急限时派送服务，超强的清关能力。优势地区为美洲地区，性价比最高、定点定时跟踪、查询记录详细、通关便捷。

（3）价格。在价格上有优势，折扣力度大，UPS 主力打造美国专线、北美特惠。

（4）时效。UPS 有很强的时效性，正常情况下 2~4 个工作日通达全球，特别是在美国，48 小时就能到达，全世界大部分国家和地区都有网络，信息更新速度快，解决问题及时、快捷。

2. FedEx

FedEx 即联邦快递公司，隶属于美国联邦快递集团（FedEx Corp），是全球最具规模的快递运输公司，联邦快递设有环球航空及陆运网络，通常只需 1~2 个工作日，就能迅速运送时限紧迫的货件，确保准时送达，并且提供国际快递预付款服务，免费、及时、准确的上网查询服务，代理报关服务及上门取件服务。公司无与伦比的航线权及基础设施使其成为全球最大的快递公司,向 214 个国家及地区提供快速、可靠、及时的快递运输服务。联邦快递每个工作日运送的包裹超过 310 万个,其在全球拥有超过 138 000 名员工、42 969 个投递点、643 架飞机和 43 000 辆车辆。FedEx 的运输如图 7-7 所示。

图 7-7 FedEx 的运输

FedEx 的优势主要表现在以下几个方面。

(1) 服务区域。通达全球 214 个国家和地区,派送网络遍布世界各地,美洲和欧洲在价格和时效方面尤其具有优势。

(2) 服务。FedEx 提供国际快递预付款服务,免费、及时、准确的上网查询服务,代理报关服务及上门取件服务。

(3) 价格。到中南美洲及欧洲区域的价格有明显优势,到东南亚 21 千克以上的大货,FedEx 的价格只有 DHL、UPS 的一半,但运输速度一样快。

(4) 时效。正常情况下 2~4 个工作日即可通达全球。

3. DHL

DHL 即敦豪航空货运公司,它是全球著名的邮递和物流集团 Deutsche Post DHL 旗下的公司,1969 年,DHL 开设了他们的第一条从旧金山到檀香山的速递运输航线,公司的名称 DHL 由三位创始人姓氏的首字母组成(Dalsey, Hillblom and Lynn)。很快,敦豪航空货运公司把他们的航线扩张到香港、日本、菲律宾、澳大利亚和新加坡等国家和地区。在敦豪航空货运公司致力建立起一个崭新的、提供全球门到门速递服务的网络的构想下,敦豪航空货运公司在 1970 年代中后期把他们的航线扩展到南美洲、中东地区和非洲。

2002 年开始,德国邮政控制了其全部股权并把旗下的敦豪航空货运公司、丹沙公司(Danzas)以及欧洲快运公司整合为新的敦豪航空货运公司。2003 年,德国邮政又收购了美国的空运特快公司(Airborne Express),并把它整合到敦豪航空货运公司里。2005年,德国邮政又收购了英国的英运公司(Exel plc),并把它整合到敦豪航空货运公司里。至此敦豪航空货运公司速递公司拥有了世界上最完善的速递网络,可以到达220多个国家和地区的12万个目的地。

在中国,DHL与中国对外贸易运输总公司合资成立了中外运敦豪,它是进入中国市场时间最早、经验最为丰富的国际快递公司。其在中国的市场占有率最高时达36%。丰富的经验,庞大的运输网络使DHL有明显的竞争优势。

DHL的优势主要表现在以下几个方面。

(1)服务区域。派送网络遍布世界各地,查询网站货物状态更新及时、准确,提供包装检验与设计服务、报关代理服务,在美国、欧洲有较强的清关能力。

(2)价格。运输货物在20千克以下、21千克以上的运输价格较便宜,更有21千克以上的单独大货价格,部分地区大货价格比国际EMS还要低。

(3)时效。DHL有极高的运输效率,正常状况下2~4个工作日可通达全球。特别是欧洲和东南亚速度较快。

(4)专线。DHL还建立了欧洲专线及周边国家专线服务,服务速度快、安全、可靠、查询方便。

4. TNT

TNT快递成立于1946年,是全球领先的快递和邮政服务提供商,总部设在荷兰。其国际网络覆盖世界200多个国家,提供一系列独一无二的全球整合性物流解决方案。此外,TNT还为澳大利亚以及欧洲、亚洲的许多主要国家提供业界领先的全国范围快递服务。

TNT拥有欧洲最大的空陆联运快递网络,有43架飞机、2万辆货车,全球子公司近1 000家,员工超过4万人。TNT同时还拥有数量众多的技术先进的分拣中心和完善齐全的设备资源,竭诚为客户提供业界最快捷、最可信赖的门到门送递服务。

早在1988年,TNT就已进入中国市场。目前,TNT为客户提供从定时的门到门快递服务和供应链管理,到直邮服务的整合业务解决方案。TNT在中国拥有25个直属运营分支机构,3个全功能国际口岸和近3 000名员工,服务范围覆盖中国500多个城市。

TNT的优势在于,服务区域广、查询网站信息更新快,客户响应速度快。TNT还提供全球货到付款服务及报关代理服务,通关能力强,无偏远派送附加费用,客户可及时、准确地追踪查询货物。2~4个工作日即可通达全球。

(五)海外仓

1. 定义

海外仓是指在本国以外的国家或者地区建立的海外仓库,主要用于发展海外电子商务。海外仓可以为全球卖家提供仓储、包装、分拣、派送等一站式综合服务。目前,中国卖家建立海外仓的主要国家有美国、英国、德国、澳大利亚等。

2. 优势

海外仓配送综合体改变传统的跨境电子商务物流方式,实现海外物流的本地化运输,改善了服务品质,提升海外客户的体验度,提高了销售额。同时海外仓改变了卖家的身份,降低了海外竞争的激烈程度。海外仓还扩大了跨境货物的运输品类,降低了跨境的物流费用。

3. 海外仓操作流程

（1）中国卖家通过一般贸易出口的方式将货物发往海外仓。

（2）海外仓通过国际物流商的信息系统管理海外仓的货物。

① 买家下订单，卖家将订单信息发送给海外仓进行订单的操作处理。

② 海外仓收到指令，按照卖家指示对货物进行包装、分拣、派送等操作。

③ 海外仓扣除相关费用后，发货至卖家。

（3）及时更新信息。通过国际物流商的信息系统及时更新发货及库存信息，让卖家及时掌握情况。

4. 海外仓的费用

在使用海外仓时会产生一系列费用，主要包括：头程运费，指国际海运费用、国际航空运输费用和国际快递费用；订单操作费，指产生海外订单后，该票货物出库的基本处理操作的费用；仓租费，指货物租用仓库产生的费用；海外本地派送费，指在海外本地派送时选择物流方式产生的费用。

任务反馈

通过学习与调研，项目组拟从以下几个方面进行分析。

（一）调研跨境电子商务常用的电子商务平台

目前主流的跨境电子商务平台有全球速卖通、Wish、eBay、亚马逊等，各个平台有着自己的特点，我们需要根据企业经营的产品以及销售区域选择合适的跨境电子商务平台。

（二）调研跨境商品的物流方案选择

经研究发现，现有的跨境物流业务主要有中国邮政小包、中国邮政大包、国际 EMS、国际商业快递以及海外仓物流等，每种物流方案都有着自己的优缺点，我们需要根据自身条件、产品特点和物流渠道来选择合适的物流服务。

学习资源

http://www.lyccta.org/ 中国多式联运网

http://www.ggt56.com/ 港港通国际多式联运门户网

http://www.jc56.com/ 锦程国际物流网

习题巩固

一、单项选择题

1. 中国邮政小包的包裹重量一般不超过（　　）千克。

A. 1　　　　　　B. 2　　　　　　C. 1.5　　　　　　D. 2.5

2. 中国邮政小包非圆筒货物：长＋宽＋高不超过（　　）；单边长度不超过（　　）。
A. 90厘米；60厘米　　　　　　　B. 90厘米；70厘米
C. 100厘米；60厘米　　　　　　 D. 100厘米；70厘米
3. （　　）是收货人提取货物和多式联运经营人交付货物的凭证。
A. 国际多式联运提单　　　　　　B. 出仓单
C. 装箱单　　　　　　　　　　　D. 指示提单

二、名词解释

1. 跨境电子商务　2. 国际多式联运　3. 国际多式联运单据　4. 海外仓

三、简答题

1. 简述国际多式联运的定义及其优越性。
2. 开展国际多式联运的条件有哪些？
3. 简述国际多式联运的一般业务流程。
4. 简述国际多式联运单证的性质。
5. 简述中国邮政小包的优缺点。
6. 简述海外仓的定义和流程。

模拟实训

跨境电子商务平台很多，将学生分成4人一组，以个人名义完成Wish店铺注册。

项目 8 代理报关与报检业务

任务 1 进出口报关与报检认知

【从业知识目标】
- ◆ 理解并掌握报关的含义和对象。
- ◆ 掌握海关的含义、基本任务、权利。
- ◆ 了解海关与报关的关系。
- ◆ 熟悉并掌握报检的含义、对象、分类。

【执业技能目标】
- ◆ 能够掌握报关与海关、报关与报检之间的关系。
- ◆ 能够准确判断货物是否要报关、报检。

任务提出

小王是一名刚刚进入某货运代理公司的职员,所在的货运代理公司是主营国际国内海运空运、邮件快递、陆路运输、报关报检、仓储配送、进出口贸易及货运保险等的综合性物流公司,在全球设有多家海外分支机构及代理机构,能够为客户提供门到门的服务。小王被分到了报关报检部门,部门经理希望小王能够尽快熟悉业务,将自己所学的知识发挥出来,力求为客户提供全面周到的服务,但刚走上工作的小王有些迷茫,小王对报关、报检的相关知识还不是很熟悉,比如小王有没有报关报检资格?和报关息息相关的海关又是一个什么样的部门?哪些货物需要报关报检?

项目 8

代理报关与报检业务

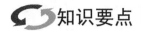 知识要点

一、报关与海关

(一)报关含义

报关是指进出口货物收发货人、进出境运输工具负责人、进出境物品所有人或者他们的代理人向海关办理货物、物品或运输工具进出境手续及相关海关事务的过程,包括向海关申报、交验单据证件,并接受海关的监管和检查等。根据《中华人民共和国海关法》(以下简称《海关法》)的有关规定,国家在对外开放口岸和海关监管业务集中的地点设立海关,进出境的运输工具、货物和物品都必须通过设立海关的地点入境或出境。

报关是进出口贸易的环节之一,是国家对外经济贸易活动和国际贸易链条中的重要组成部分。报关业务的质量直接关系着进出口货物的通关速度、企业的经营成本和经济效益以及海关的行政效率。

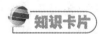 知识卡片

关境与国境的比较

本章所提到的"进出境"均指关境,和关境容易混淆的是国境。

关境是各国政府海关管辖内的、并要执行海关各项法令和规章的区域,也称为关税领域。国境指一个国家的邻接或面对另一国家的那一部分,包括领陆、领水、领空。

在一般情况下,关境的范围等于国境。关境可能大于国境,如关税同盟的成员国之间货物进出国境不征收关税,只对来自和运往非同盟国的货物在进出共同关境时征收关税,因而对于每个成员国来说,其关境大于国境,如欧盟。关境可能小于国境,若在国内设立自由港、自由贸易区等特定区域,因进出这些特定区域的货物都是免税的,因而该国的关境小于国境。我国的关境范围是除享有单独关境地位的地区以外的中华人民共和国的全部领域,包括领水、领陆和领空。目前我国的单独关境有香港、澳门和台、澎、金、马单独关税区。在单独关境内,各自实行单独的海关制度。因此,我国关境小于国境。

(二)报关的内容

按照《海关法》的规定,所有进出境运输工具、货物和物品都需要办理报关手续。需办理报关的具体范围如下。

1. 进出境运输工具

进出境运输工具是指用以载用人员、货物、物品进出境,并在国际间运营的各种境内或境外船舶、车辆、航空器和驮畜等。进出境运输工具在报关时具体内容如下:

(1) 进出境时间、航次;

(2) 载运货物情况;

(3) 服务人员、自带物品等情况;

(4) 运输工具所载物品情况;

(5) 其他相关证件,保证书等。

2. 进出境货物

进出境货物是指一般进出口货物,保税货物,暂准进出境货物,特定减免税货物,过境、转运和通运及其他进出境货物。进出境货物在报关时具体步骤如下:

(1) 准备工作,包括看货取样;

(2) 准备报关单证、证件等,以电子形式或书面形式申报;

(3) 海关审核,必要时进行查验;

(4) 属于应缴纳税的,进行缴税;

(5) 货物放行,安排提取或装运货物。

3. 进出境物品

进出境物品是指进出境的行李物品、邮递物品和其他物品。以进出境人员携带、托运等方式进出境的物品为行李物品;以邮递方式进出境的物品为邮递物品;其他物品主要包括享有外交特权和豁免的外国机构或者人员的公务用品和自用物品等。自用合理数量原则是海关对进出境物品监管的基本原则,也是对进出境物品报关的基本要求。

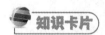

红绿通道制度

对于行李物品,世界大多数国家都规定旅客进出境采用"红绿通道制度",我国也采用"红绿通道制度"。带有绿色标志的通道适用于携运物品在数量上和价值上都没有超过免税限额,而且所携运物品没有国家限制或禁止进出境物品的旅客。带有红色标志的通道则适用于携运有上述"绿色通道"适用物品以外的其他物品的旅客。

(三) 报关单位与报关员

1. 报关单位

我国《海关法》规定:进出口货物收发货人、报关企业办理报关手续,必须依法经海关注册登记。未依法经海关注册登记,不得从事报关业务。以法律的形式明确了对向海关办理进出口货物报关纳税手续的企业实行注册登记管理制度。因此,完成海关报关注册登记手续,取得报关资格是报关单位的主要特征之一,也就是说,只有当有关的法人或组织取得了海关赋予的报关权后,才能成为报关单位,方能从事有关的报关活动。

报关单位包括进出口货物收发货人和报关企业。进出口货物收发货人指在我国境内从事对外贸易经营活动的企业、组织和个人。报关企业指经进出口货物收发货人的委托,帮助其代理报关的企业。

2. 报关员

根据海关总署公告,自2014年起不再组织报关员资格全国统一考试,改革现行报关从业人员资质资格管理制度,将报关员资格核准审批改为备案制,对报关人员从业不再设置门槛和准入条件。今后,报关从业人员由企业自主聘用,由报关协会自律管理,海关通过指导、督促报关企业加强内部管理实现对报关从业人员的间接管理。这一做法符合简政放权、转变职能的要求以及行政审批制度改革的方向,同时有利于降低就业门槛,释放就业活力,营造就业创业的公平竞争环境。

报关员不是自由职业者。报关员只能受雇于一个依法向海关注册登记的进出口货物收发货人或者报关企业,并代表该企业向海关办理报关业务。我国海关法律规定禁止报关员非法接受他人委托从事报关业务。

报关员必须具备一定的学识水平和实际业务能力,必须熟悉与货物进出口有关的法律、对外贸易、商品知识,必须精通海关法律、法规、规章并具备办理报关业务的技能。

(四)海关的含义

中华人民共和国海关是国家的进出关境(以下简称进出境)监督管理机关。海关依照《海关法》和其他有关法律、法规,监管进出境的运输工具、货物、行李物品、邮递物品和其他物品(以下简称进出境运输工具、货物、物品),征收关税和其他税、费,查缉走私,并编制海关统计和办理其他海关业务。

《海关法》第三条规定:国务院设立海关总署,统一管理全国海关。国家在对外开放的口岸和海关监管业务集中的地点设立海关。海关的隶属关系,不受行政区划的限制。海关依法独立行使职权,向海关总署负责。该法律明确规定了海关的领导体制是集中统一管理的垂直领导体制。

目前,海关组织机构分为海关总署、直属海关、隶属海关三级,其中隶属海关负责办理具体的海关业务。

海关关徽的含义

海关关徽包括两部分:商神杖、钥匙。

商神杖是商神——古希腊神话中赫尔墨斯的手持之物。赫尔墨斯是诸神中的传信使者,兼商业、贸易、利润和发财之神,及管理商旅、畜牧、交通之神。传说赫尔墨斯拿着这支金手杖做买卖能发财。人们便称赫尔墨斯为商神,金手杖也变成了商神杖。商神杖因此被人们视为商业及国际贸易的象征。

钥匙则是祖国交给海关部门的用来把守通关大门的权力象征,意指海关为祖国把关。

海关关徽寓意着中国海关依法实施进出境监督管理,维护国家的主权和利益,促进对外经济贸易发展和科技文化交流,保障社会主义现代化建设。

(五) 海关的任务

《海关法》明确规定海关有四项基本任务,即监管、征税、查缉走私和编制海关统计。海关的这四项基本任务是一个统计的有机联系的整体。

1. 监管

海关监管是指海关监督管理海关行政执法活动的统称,它是指海关运用国家赋予的权力,监管进出境的运输工具、货物、物品,并通过一系列管理制度与管理程序,依法对进出境运输工具、货物、物品的进出境活动所实施的一种行政管理。

2. 征税

征收关税和其他税费是海关的另一项重要任务。海关征税工作的基本法律依据是《海关法》、《中华人民共和国进出口关税条例》以及其他有关法律、行政法规。征税工作包括征收关税和进口环节海关代征税。目前,由海关代征的进口环节税包括增值税和消费税。

3. 查缉走私

查缉走私是海关为保证顺利完成监管和征税等任务而采取的保障措施。查缉走私是指海关依照法律赋予的权力,在海关监管场所和海关附近的沿海、沿边规定地区,为发现、制止、打击、综合治理走私活动而进行的一项调查和惩处活动。

4. 编制海关统计

海关统计的编制是以搜集、整理、加工处理进出口货物报关单或经海关核准的其他申报单证为编制手段,以实际进出口货物作为统计和分析的对象,对进出口货物各项指标统计和综合分析,全面、准确地反映对外贸易的运作态势,及时提供统计信息和咨询,实施有效的统计监督,开展国际贸易统计的交流和合作,促进对外贸易的发展。

除了以上四项基本任务以外,近几年来国家通过有关法律、行政法规赋予了海关一些新的职责,比如知识产权海关保护、海关对反倾销及反补贴的调查等,这些新的职责也是海关的任务。

(六) 海关的权力

根据《海关法》及有关法律法规的规定,海关在执行职责过程中,可以行使以下权力。

1. 检查权

除法律另有规定的以外,在海关监管区检查进出境运输工具;在海关监管区和海关附近沿海沿边规定地区,检查有走私嫌疑的运输工具和有藏匿走私货物、物品的场所,检查走私嫌疑人的身体,检查与进出口活动有关的生产经营情况和货物。

2. 查阅权

查阅进出境人员的证件,查阅与进出境运输工具、货物、物品有关的合同、发票、账册、单据、记录、文件、业务函电、录音录像制品和其他的有关资料。

3. 查问权

查问违反《海关法》或相关法律法规的嫌疑人。

4. 查验权

查验进出境货物、个人携带进出境的行李物品、邮寄进出境的物品。

5. 复制权

复制与进出境运输工具、货物、物品有关的合同、发票、账册、单据、记录、文件、业务函电、录音录像制品和其他的有关资料。

6. 询问权

询问被稽查人的法定代表人、主要负责人员和其他有关人员与进出口活动有关的情况和问题。

7. 查询权

查询被稽查人在商业银行或者其他金融机构的存款账户。

8. 封存权

发现被稽查人有可能转移、隐匿、篡改、毁弃账簿的，可以暂时封存其账簿、凭证等资料；发现被稽查人进出口货物有违反《海关法》和其他有关法律、法规规定嫌疑的，可封存有关进出口货物。

9. 扣留权

扣留违反《海关法》的进出境运输工具、货物和物品及与之有关的合同、发票、账册、单据、记录、文件、业务函电、录音录像制品和其他资料。扣留走私罪嫌疑人，时间一般不超过 24 小时，特殊情况可延长至 48 小时。

10. 扣留移送权

海关对查获的走私案件，可扣留当事人并移送缉私警察侦办。

11. 连续追缉权

对违抗海关监管逃逸的进出境运输工具或个人连续追至海关监管区和海关附近沿海沿边规定地区以外，将其带回处理。

12. 处罚权

对尚未构成走私罪的违法当事人处以行政处罚。

13. 佩带和使用武器权

海关为履行职责，可以依法佩带武器，海关工作人员在履行职责时可使用武器。

14. 强制执行权

强制执行权是在有关当事人不依法履行义务的前提下，为实现海关的有效行政管理，按照法定程序，采取法定的强制手段，迫使当事人履行法定义务。海关的强制执行权包括强制扣税、强制履行海关处罚决定等。

阅读与思考

2016 年 9 月 15 日，武汉海关根据举报查扣武汉一公司职员涉嫌无进口证明的黑色牌照凌志轿车一辆，车牌号为黑 A00×××。经调查核实，该车牌号轿车的登记车主、类型、颜色均与该车不符，车主也不能向海关提供该车的进口证明。

2017 年 5 月 22 日，武汉海关根据有关规定，决定将该车予以没收。车主不服海关的处罚决定，向法院提起行政诉讼。其理由是，该车是套牌车，不属于无证进口汽车。另外，这车已上路行驶超过两年以上，超过了处罚期限。

问题：1. 法院是否会支持车主对海关行政处罚的异议？

2. 海关对该车的处罚依据是什么？

(七)报关与海关的关系

报关活动作为货物进出境的重要环节,是海关管理相对人与海关发生权利、义务关系的最主要和最直接途径。海关作为国家进出境的监督管理机关,根据《海关法》和有关法律、法规对报关活动进行有效的监管从而实现其管理职能。尤其是近些年来,海关越来越重视对报关的管理工作,通过建立一系列有关报关资格和行为管理的法律、法规和规章,不断规范报关活动,优化报关程序。

二、报检的认知

(一)报检的含义

报检是指有关当事人根据法律、行政法规的规定,有对对外贸易合同的约定或证明履约的需要,向检验机构申请检验、检疫、鉴定、准出入境或取得销售使用的合法凭证及某种公证证明所必须履行的法定程序和手续。

(二)报检的范围

1. 法律、行政法规规定必须由检验检疫机构实施检验检疫的报检范围

根据《中华人民共和国进出口商品检验法》及其实施条例、《中华人民共和国进出境动植物检疫法》及其实施条例、《中华人民共和国国境卫生检疫法》及其实施细则、《中华人民共和国食品卫生法》等有关法律、行政法规的规定,以下对象在出入境时必须向检验检疫机构报检,由检验检疫机构实施检验检疫或鉴定工作:

(1)列入《出入境检验检疫机构实施检验检疫的进出境商品目录》内的货物;
(2)入境废物、进口旧机电产品;
(3)出口危险货物包装容器的性能检验和使用鉴定;
(4)进出境集装箱;
(5)进境、出境、过境的动植物、动植物产品及其他检疫物;
(6)装载动植物、动植物产品和其他检疫物的装载容器、包装物、铺垫材料;进境动植物性包装物、铺垫材料;
(7)来自动植物疫区的运输工具;装载进境、出境、过境的动植物、动植物产品及其他检疫物的运输工具;
(8)入境拆解的废旧船舶;
(9)出入境人员、交通工具、运输设备以及可能传播检疫传染病的行李、货物和邮包等物品;
(10)旅客携带物(包括微生物、人体组织、生物制品、血液及其制品、骸骨、骨灰、废旧物品和可能传播传染病的物品以及动植物、动植物产品和其他检疫物)和携带伴侣动物;
(11)国际邮寄物(包括动植物、动植物产品和其他检疫物、微生物、人体组织、生物制品、血液及其制品以及其他需要实施检疫的国际邮寄物);
(12)其他法律、行政法规规定需经检验检疫机构实施检验检疫的其他应检对象。

2. 输入国家或地区规定必须凭检验检疫机构出具的证书方准入境的报检范围

有的国家发布法令或政府规定要求,对某些来自中国的入境货物须凭检验检疫机构签发的证书方可入境。如一些国家和地区规定,对来自中国的动植物、动植物产品、食品,凭我国检验检疫机构签发的动植物检疫证书以及有关证书方可入境;又如一些国家或地区规定,从中国输入货物的木质包装,装运前要进行热处理、熏蒸或防腐等除害处理,并由我国检验检疫机构出具《熏蒸/消毒证书》,货到时凭《熏蒸/消毒证书》验放货物。因此,凡出口货物输入国家和地区有此类要求的,报检人须报经检验检疫机构实施检验检疫或进行除害处理,取得相关证书。

3. 有关国际条约规定必须经检验检疫的报检范围

随着加入世界贸易组织和其他一些区域性经济组织,我国已成为一些国际条约、公约和协定的成员。此外,我国还与世界几十个国家缔结了有关商品检验或动植物检疫的双边协定、协议,认真履行国际条约、公约、协定或协议中的检验检疫条款是我们的义务。因此,凡国际条约、公约或协定规定须经我国检验检疫机构实施检验检疫的出入境货物,报检人须向检验检疫机构报检,由检验检疫机构实施检验检疫。

4. 对外贸易合同约定须凭检验检疫机构签发的证书进行交接、结算的报检范围

对外贸易合同是买卖双方通过协商,确定双方权利和义务的书面协议,一经签署即产生法律效力,双方都必须履行合同规定的权利和义务。然而在国际贸易中,买卖双方相距遥远,难以做到当面点交货物,也不能亲自到现场查看履约情况。为了保证对外贸易的顺利进行,保障买卖双方的合法权益,通常需要委托第三方对货物进行检验检疫或鉴定并出具检验检疫鉴定证书,以证明卖方已经履行合同,买卖双方凭证书进行交接、结算。此外,对某些以成分计价的商品,由第三方出具检验证书更是计算货款的直接依据。因此,凡对外贸易合同、协议中规定以我国检验检疫机构签发的检验检疫证书为交接、结算依据的出入境货物,报检人须向检验检疫机构报检,由检验检疫机构按照合同、协议的要求实施检验检疫或鉴定并签发检验检疫证书。

阅读与思考

> 日本A公司出售一批电视机给香港B公司,B公司又把这批电视机转售给泰国C公司。在日本货物到达香港时,B公司已发现货物质量有问题,但B公司将这批货物转船直接运往泰国C公司。泰国C公司收到货物后,经检验,发现货物有严重的缺陷,要求退货。于是B公司转向A公司提出索赔,但遭日方A公司的拒绝。问日方A公司有无权利拒绝赔偿?为什么?

(三)报检的种类

1. 出境报检

(1)出境一般报检。

出境一般报检是指已具备出口条件的法定检验检疫出境货物的货主或其代理人,持有关证单向产地检验检疫机构申请检验检疫以取得出境放行证明及其他证单的报检。对于出境一般报检的货物,检验检疫合格后,在当地海关报关的,由报关地检验检疫机构签发《出境货物通关单》,货主或其代理人持《出境货物通关单》向当地海关报关;在异地海关报关的,由产地检验检疫机构签发《出境货物换证凭单》或"换证凭条",货主或其代理人持《出境货物换证凭单》或"换

证凭条"向报关地的检验检疫机构申请换发《出境货物通关单》。

(2) 出境换证报检。

出境换证报检是指经产地检验检疫机构检验检疫合格的法定检验检疫出境货物的货主或其代理人,持产地检验检疫机构签发的《出境货物换证凭单》或"换证凭条"向报关地检验检疫机构申请换发《出境货物通关单》的报检。

(3) 出境货物预检报检。

出境货物预检报检是指货主或者其代理人持有关单证向产地检验检疫机构申请对暂时还不能出口的货物预先实施检验检疫的报检。预检报检的货物经检验检疫合格的,检验检疫机构签发《出境货物换证凭单》;正式出口时,货主或其代理人可在检验检疫有效期内持此单向检验检疫机构申请办理放行手续。申请预检报检的货物须是经常出口的、非易腐烂变质、非易燃易爆的商品。

2. 入境报检

(1) 入境一般报检。

入境一般报检是指法定检验检疫入境货物的货主或其代理人,持有关单证向报关地检验检疫机构申请对入境货物进行检验检疫以获得入境通关放行凭证,并取得入境货物销售、使用合法凭证的报检。

(2) 入境流向报检。

入境流向报检亦称口岸清关转异地进行检验检疫的报检,指法定入境检验检疫货物的货主或其代理人持有关单据在卸货口岸向口岸检验检疫机构报检,获取《入境货物通关单》(四联)并通关后,由入境口岸检验检疫机构进行必要的检疫处理,货物调往目的地后,法定入境检验检疫货物的收货人或其代理人再向目的地检验检疫机构申报,由目的地检验检疫机构进行检验检疫监管的报检。

(3) 异地施检报检。

异地施检报检是指已在口岸完成入境流向报检,货物到达目的地后,该批入境货物的货主或其代理人在规定的时间内(海关放行后 20 日内),向目的地检验检疫机构申请对入境货物实施检验的报检。

任务反馈

根据这一节的学习,小王了解到:

(1) 根据海关总署公告,自 2014 年起不再组织报关员资格全国统一考试,改革现行报关从业人员资质资格管理制度,将报关员资格核准审批改为备案制,对报关人员从业不再设置门槛和准入条件,因此只要其公司去海关替小王备案,小王就能取得报关资格。

(2) 报关活动和海关联系紧密,海关作为国家进出境的监督管理机关,根据《海关法》和有关法律、法规对报关活动进行有效的监管从而实现其管理职能。尤其是近些年来,海关越来越重视对报关的管理工作,通过建立一系列有关报关资格和行为管理的法律、法规和规章,不断规范报关活动,优化报关程序。因此对于小王来说,必须要了解海关、熟悉海关,报关才能顺利进行。

(3) 根据相关法律、法规规定,所有进出境运输工具、货物、物品都需要办理报关手续。对于报检需要报检的货物范围包括法律、行政法规规定必须实施检验检疫、输入国家或地区规定必须凭检验检疫机构出具的证书方准入境的、有关国际条约规定必须经检验检疫的、对外贸易合同约定须凭检验检疫机构签发的证书进行交接、结算的货物、物品、人员、运输工具。了解这些后，小王就不会出现漏报的情况。

任务 2　进出口货物报关的业务流程

【从业知识目标】
- ◆ 了解并掌握海关监管货物的含义、分类、基本程序。
- ◆ 掌握报关含义。
- ◆ 熟悉并掌握报关四个基本环节涉及的全部内容。

【执业技能目标】
- ◆ 能够根据相关的背景材料掌握进出境报关的流程。

任务提出

中国北京某进出口有限公司与法国一家公司于2016年7月8日在广州签订了出售户外家具的外贸合同，货名：花园椅(Garden Chair，铸铁底座的木椅，按规定，出口时需要有动植物检验检疫证明)，型号：TG0503，价格：USD58.00/PC FOB Guangzhou，数量：950把，毛重：20 KGS/PC，净重：18 KGS/PC，包装：1 PC/CTN，集装箱：1×20'，生产厂家：广东南海飞达家具厂，最迟装船日期：2016年9月8日，启运港：广州港，目的港：马赛，支付方式：不可撤销信用证。

根据案例回答以下问题：
(1) 该批货物属于哪类报关货物？报关流程又是怎么样的？
(2) 如果该公司委托广州某报关行报关，是否要办理异地报关备案手续？
(3) 如果订舱的装船时间是2016年9月8日10:00，那么，报关员应最迟何时在何地报关完毕？
(4) 应该缴纳哪些海关规定的税费？

知识要点

一、海关监管货物

（一）海关监管货物含义

海关监管货物是指所有进出境货物，包括海关监管时限内的进出口货物、过境货物、转运货物、通运货物、特定减免税货物，以及暂时进出口货物、保税货物和其他尚未办结海关手续的进出境货物。

实践之中,海关监管货物主要处于以下两种状态:一是进境货物尚未办理海关进口手续或出口货物虽已办理海关出口手续但尚未装运出口,仍存放于海关监管场所的进出口货物;二是进境货物已办理海关进口放行手续,但仍处于海关监管之下,需要纳入海关后续管理范畴,这一类海关监管货物主要包括保税进口、暂时进口和特定减免税进口的货物等。

无论处于上述哪一种状态的货物都必须接受海关监管,未经海关许可,以任何方式处置这些货物,或者未按照规定办理相关手续,都将中断和破坏海关监管活动,甚至会造成影响国家进出口贸易管制和税费征收的后果,是一种比较严重的违反海关监管规定的行为。

(二)海关监管货物分类

按货物进出境的不同目的划分,海关监管货物可以分成五大类。

1. 一般进出口货物

一般进出口货物指从境外进口,办结海关手续直接进入国内生产或流通领域的进口货物,及按国内商品申报,办结出口手续到境外消费的出口货物。

2. 保税货物

保税货物指经海关批准未办理纳税手续而进境,在境内储存、加工、装配后复运出境的货物。此类货物又分为保税加工货物和保税物流货物两类。

3. 特定减免税货物

特定减免税货物指经海关依据有关法律准予免税进口的用于特定地区、特定企业、有特定用途的货物。

4. 暂准进出境货物

暂准进出境货物指经海关批准,凭担保进境或出境,在境内或境外使用后,原状复运出境或进境的货物。

5. 其他进出境货物

其他进出境货物指由境外启运,通过中国境内继续运往境外的货物,以及其他尚未办结海关手续的进出境货物。

(三)海关监管货物报关基本程序

我国海关规定,进出境货物经过海关接受申报并审单、查验、征税、放行四个海关作业环节即完成通关。与之相适应,进出口货物收发货人或其代理人应当按程序办理相应的进出口申报、配合查验、缴纳税费、提取或装运货物等手续,货物才能进出境。

有些货物,如加工贸易进口料件,进口前应经国家外经贸主管部门审批,在海关事先备案,才能进口;特定减免税进口货物,在进口前应向海关办理征免税审批手续,直属海关签发《征免税证明》,进口报关时,凭直属海关签发的《征免税证明》才可以受免税待遇等。这些必须在进口前办理的海关手续是海关监管前期阶段的内容。

对于加工贸易成品出口,货物放行也不是最后结关,海关放行后还应进行核销;特定减免税进口货物,进口地海关放行后也不是结关,海关应继续进行监管至监管期满。所有这些在海关监管现场放行以后,海关监管的内容是海关监管后期阶段的工作。因此,海关监管体系分为前期管理阶段、现场管理阶段、后期管理阶段。

1. 前期管理阶段

前期管理阶段是指根据海关对保税加工货物、特定减免税进口货物、暂准进出口货物的监管规定,进出口货物收发货人或其代理人在货物进出境以前,向海关办理上述货物合同、许可证等备案手续的过程。需在前期管理阶段办理相应海关手续的货物种类有:

(1)保税加工货物。进出口货物收发货人或其代理人应在货物进口前办理加工贸易合同的备案申请、加工贸易手册的申领等手续。

(2)特定减免税进口货物。进口货物收发货人或其代理人应在货物进口前,向海关办理企业减免税备案、货物减免税申请、《减免税证明》的申领等手续。

(3)暂准进出口货物。暂准进出口货物的收发货人应在货物进境前办理货物的备案、担保等海关手续。

(4)其他进出口货物中的出料加工货物,在出口前发货人或其代理人应向海关办理备案手续。

2. 现场管理阶段

现场管理阶段的海关管理制度适用于所有进出口货物。在此海关监管阶段进出口货物的收发货人或其代理人,在货物进出境时应向直属海关办理货物的电子申报、向进出境地海关递交纸质报关单证、配合进出境地海关查验货物、缴纳税费(保税进出口货物、减免税进出口货物和暂时进出口货物除外)、提取或装运货物等海关手续。

3. 后期管理阶段

根据海关规定,对加工贸易进出口货物、特定减免税进出口货物、暂准进出口货物的收发货人或其代理人应在货物进出境储存、加工、装配使用后,在规定的期限内,向海关办理上述货物的核销、销案、申请解除海关监管等海关手续。

二、报关的流程

(一)进出口申报

1. 概述

(1)申报含义。

进出口货物收发货人、受委托的报关企业,依照《海关法》及有关法律、行政法规的要求,在规定的期限、地点,采用电子数据报关单和纸质报关单形式,向海关报告实际进出境货物的情况,并接受海关审核的行为。

(2)申报地点。

进出口货物应当由货物收发货人及其代理人在货物的进出境地海关申报,也可转关申报。

转关是指经收发货人申请,海关同意,进口货物的收货人或其代理人可以在设有海关的货物指运地申报,出口货物的发货人或其代理人可以在设有海关的货物起运地申报。

转关的种类

1. 提前报关转关

进口提前报关转关:货物先在指运地申报再到进境地办理转关手续。

出口提前报关转关:货物未运抵启运地监管场所前先申报,货物运抵监管场所后再办理转关手续。

2. 直转方式

进口直转:货物先在进境地办理转关手续,到指运地后办理进口报关手续。

出口直转:出境货物在运抵启运地海关监管场所报关后,再向出境地海关办理转关手续。

3. 中转方式

进口中转:具有全程提运单,需换装境内运输工具的进口中转货物由收货人或其代理人先向指运地海关办理进口申报手续,再由境内承运人或其代理人批量向进境地海关办理转关手续。

出口中转:具有全程提运单,需换装境内运输工具的出口中转货物由发货人或其代理人先向起运地海关办理出口申报手续,再由境内承运人或其代理人按出境运输工具分列舱单向起运地海关批量办理转关手续,并到出境地海关办理出境手续的转关。

(3)申报期限。

进口货物的申报期限为自装载货物的运输工具申报进境之日起14日内,最后一天为节假日或休息日的,顺延至之后的第一个工作日。出口货物的申报期限为货物运抵海关监管区后、装货的24小时之前。

为减轻港口堆场的物流压力,自运输工具申报进境之日起3个月未向海关申报的进口货物,海关可依法变卖处理,所得价款在扣除运输、装卸、储存等费用和税款后,尚有余款的,自货物依法变卖之日起1年内,经收货人申请予以返还,逾期上缴国库。

经海关批准,进出口货物的收发货人、受委托的报关企业可以在进口货物启运后、抵港前或出口货物运入海关监管场所前3日内提前申报;也可以自装载货物的运输工具申报进境之日起1个月内向指定海关办理集中申报。

(4)申报日期。

申报日期指进出口货物申报数据被海关接受的日期。申报数据被海关接受之日起,其申报的数据就产生法律责任。

(5)滞报金。

进口货物收货人未按规定期限向海关申报产生滞报的,由海关按规定征收滞报金。进口货物滞报金应当按日计算,计征起始日为运输工具申报进境之日起第15日,截止日为海关接受申报之日(即申报之日)。起始日和截止日均计入滞报期间。

$$滞报金金额 = 进口货物完税价格 \times 0.5‰ \times 滞报天数$$

滞报金起征点为50元人民币。

项目 8

代理报关与报检业务

> **阅读与思考**
>
> 某公司进口一批圆钢,成交价格为 CIF 天津 USD1000。汇率为 USD100＝RMB770,关税税率为 10%,增值税税率为 17%。海关于 9 月 1 日(星期二)填发税款缴款书,该公司于 9 月 17 日缴款,根据海关对征收滞纳金的有关规定,该公司应缴纳多少滞纳金?

2．步骤

(1) 准备申报单证。

准备申报单证是报关员开始工作的第一步,是整个报关工作能否顺利进行的关键一步。申报的单证包括报关单、基本单证、特殊单证。

报关单是由报关员按照海关规定的格式填制的申报单,是指进出口货物报关单或者带有进出口货物报关单性质的单证。比如特殊监管区域进出境备案清单、进出口货物集中申报清单、ATA 单证册等等。

基本单证是指进出口货物的货运单据和商业单据,主要有进口提货单据、出口装货单据、商业发票、装箱单等。一般来说,任何货物的申报,都必须有基本单证。

特殊单证主要有进出口许可证件、加工贸易手册(包括纸质手册、电子账册和电子化手册)、特定减免税证明,作为有些货物进出境证明的原进出口货物报关单证、出口收汇核销单、原产地证明书、贸易合同等。某些货物的申报,必须有特殊单证,比如租赁贸易货物进口申报,必须有租赁合同,别的货物进口申报则不一定需要贸易合同。所以贸易合同对于租赁贸易货物申报来说是一种特殊单证。

进出口货物收发货人或其代理人应向报关员提供基本单证、特殊单证,报关员审核这些单证后据此填制报关单。准备申报单证的原则是:基本单证、特殊单证必须齐全、有效、合法;填制报关单必须真实、准确、完整;报关单与随附单证数据必须一致。

(2) 申报前看货取样。

进出口货物的收货人,在向海关申报前,为了确定货物的品名、规格、型号等,可以向海关提出看货取样的书面申请。海关审核同意后,派员现场监管。涉及需提供检疫证明的货物,还需先取得主管部门的书面批准证明。提货取样后,海关官员与进出口货物收货人共同在取样记录或取样清单上签字确认。

(3) 申报。

① 电子数据申报。

将报关单内容录入海关电子计算机系统,生成电子数据报关单,收到海关发送的接受申报信息即电子申报成功,收到海关发送的不接受申报信息,按照信息提示修改报关单后,重新申报。

② 提交纸质报关单及随附单证。

电子申报成功之日起 10 日内申报有效,在有效期内持打印的纸质报关单,备齐规定的随附单证并签名盖章。

(二) 配合查验

1．海关查验

海关查验是指海关为确定进出境货物收发货人向海关申报的内容是否与进出口货物的真

实情况相符,或者为确定商品的归类、价格、原产地等,依法对进出口货物进行实际核查的执法行为。

2. 查验地点

查验应当在海关监管区内实施。因货物易受温度、静电、粉尘等自然因素影响,不宜在海关监管区内实施查验,或者因其他特殊原因,需要在海关监管区外查验的,经进出口货物收发货人或其代理人书面申请,海关可以派员到海关监管区外实施查验。

3. 查验时间

海关决定查验时,即将查验的决定以书面通知的形式通知进出口货物收发货人或其代理人,约定查验的时间。查验时间一般约定在海关正常工作时间内。

在一些进出口业务繁忙的口岸,海关也可接受进出口货物收发货人或其代理人的请求,在海关正常工作时间以外实施查验。

对于危险品或者鲜活、易腐、易烂、易失效、易变质等不宜长期保存的货物,以及因其他特殊情况需要紧急验放的货物,经进出口货物收发货人或其代理人申请,海关可以优先实施查验。

4. 查验方法

海关实施查验可以彻底查验,也可以抽查。彻底查验是指对一票货物逐件开拆包装、验核货物实际状况;抽查是指按照一定比例有选择地对一票货物中的部分货物验核实际状况。查验操作可以分为人工查验和设备查验。

(1) 人工查验包括外形查验、开箱查验。外形查验是指对外部特征直观、易于判断基本属性的货物的包装、运输标志和外观等状况进行验核;开箱查验是指将货物从集装箱、货柜车箱等箱体中取出并拆除外包装后对货物实际状况进行验核。

(2) 设备查验是指以技术检查设备为主对货物实际状况进行的验核。海关可以根据货物情况以及实际执法需要,确定具体的查验方式。

5. 复验

海关可以对已查验货物进行复验。有下列情形之一的,海关可以复验:

(1) 经初次查验未能查明货物的真实属性,需要对已查验货物的某些性状做进一步确认的;

(2) 货物涉嫌走私违规,需要重新查验的;

(3) 进出口货物收发货人对海关查验结论有异议,提出复验要求并经海关同意的;

(4) 在其他海关认为必要的情形下。

已经参加过查验的查验人员不得参加对同一票货物的复验。

6. 径行开验

径行开验是指海关在进出口货物收发货人或其代理人不在场的情况下,对进出口货物进行开拆包装查验。有下列情形之一的,海关可以径行开验:

(1) 进出口货物有违法嫌疑的;

(2) 经海关通知查验,进出口货物收发货人或其代理人届时未到场的。

海关径行开验时,存放货物的海关监管场所经营人、运输工具负责人应当到场协助,并在查验记录上签名确认。

7. 配合查验

海关查验货物时,进出口货物收发货人或其代理人应当到场,配合海关查验。进出口货物收发货人或其代理人配合海关查验应当做好如下工作:

(1) 负责按照海关要求搬移货物,开拆包装,以及重新封装货物。

(2) 预先了解和熟悉所申报货物的情况,如实回答查验人员的询问以及提供必要的资料。

(3) 协助海关提取需要作进一步检验、化验或鉴定的货样,收取海关出具的取样清单。

(4) 查验结束后,认真阅读查验人员填写的"海关进出境货物查验记录单",注意以下情况的记录是否符合实际。

① 开箱的具体情况;

② 货物残损情况及造成残损的原因;

③ 提取货样的情况;

④ 查验结论。

查验记录准确清楚的,配合查验人员应即签名确认。如不签名的,海关查验人员在查验记录中予以注明,并由货物所在监管场所的经营人签名证明。

8. 货物损坏赔偿

因进出口货物所具有的特殊属性,容易因开启、搬运不当等原因导致货物损毁,需要海关查验人员在查验过程中予以特别注意的,进出口货物收发货人或其代理人应当在海关实施查验前申明。在查验过程中,或者证实海关在径行开验过程中,因为海关查验人员的责任造成被查验货物损坏的,进出口货物的收发货人或其代理人可以要求海关赔偿。海关赔偿的范围仅限于在实施查验过程中,由于查验人员的责任造成被查验货物损坏的直接经济损失。直接经济损失的金额根据被损坏货物及其部件的受损程度确定,或者根据修理费确定。以下情况不属于海关赔偿范围:

(1) 进出口货物的收发货人或其代理人搬移、开拆、封装货物或保管不善造成的损失;

(2) 易腐、易失效货物在海关正常工作程序所需时间内(含扣留或代管期间)所发生的变质或失效;

(3) 海关正常查验时产生的不可避免的磨损;

(4) 在海关查验之前已发生的损坏和海关查验之后发生的损坏;

(5) 由于不可抗拒的原因造成货物的损坏、损失。进出口货物的收发货人或其代理人在海关查验时对货物是否受损坏未提出异议,事后发现货物有损坏的,海关不负赔偿的责任。

阅读与思考

上海黄埔海关查验一批贵重的精密仪器,交给发货人或其代理人后,有关发货人或其代理人当时并未提出异议,后来确切是海关查验时损坏的。海关应负赔偿责任吗?为什么?

(三) 缴纳税费

进出口货物收发货人及其代理人将报关单及随附单证提交给货物进出境地指定海关,海关对报关单进行审核,对需要查验的货物先由海关查验,然后核对计算机计算的税费,开具税款缴款书和收费票据。进出口货物收发货人及其代理人在规定时间内，持缴款书或收费票据向指定银行办理税费交付手续；在试行中国电子口岸网上缴税和付费的海关，进出口货物收发货人及其代理人可以通过电子口岸接收海关发出的税款缴款书和收费票据，在网上向指定银行进行电子支付税费。一收到银行缴款成功的信息，即可报请海关办理货物放行手续。

税费种类：我国进口关税按计征标准可分为从价税、从量税、复合税、滑准税。

（四）提取或装运货物

1. 海关进出境现场放行和货物结关

海关进出境现场放行是指海关接受进出口货物的申报、审核电子数据报关单和纸质报关单及随附单证、查验货物、征免税费或接受担保以后，对进出口货物做出结束海关进出境现场监管决定，允许进出口货物离开海关监管现场的工作环节。

货物结关是进出境货物办结海关手续的简称。进出境货物由收发货人或其代理人向海关办理完所有的海关手续，履行了法律规定的与进出口有关的一切义务，就办结了海关手续，海关不再进行监管。

2. 提取货物或装运货物

进口货物收货人或其代理人签收海关加盖海关放行章戳记的进口提货凭证（提单、运单、提货单等），凭此到货物进境地的港区、机场、车站、邮局等地的海关监管仓库办理提取进口货物的手续。出口货物发货人或其代理人签收海关加盖海关放行章戳记的出口装货凭证（运单、装货单、场站收据等），凭此到货物出境地的港区、机场、车站、邮局等地的海关监管仓库，办理将货物装上运输工具离境的手续。

3. 申请签发保管单证明联合办理其他证明手续

进出口货物收发货人或其代理人，办理完提取进口货物或装运出口货物的手续以后，如需要海关签发有关货物的进口、出口报关单证明联或办理其他证明手续的，均可向海关提出申请。

任务反馈

通过这一节的学习我们了解到：

（1）该批货物由北京某进口公司与法国的公司签订的外贸合同，最终这批货物会在境外消费，属于一般出口货物，一般出口货物的报关流程是先申报，由广州某报关行备齐相关单证向广州海关申报，广州海关接受申报后，安排海关人员查验，报关人员要配合海关人员查验，由于是出口，不需要缴纳关税、增值税、消费税，最后，在规定的时间内将货物装上船舶。

（2）该公司不用办理异地报关备案手续。因为实现了电子口岸，当一个企业在一家进出境海关备案之后，这个资料可通电子口岸资料共享。

（3）根据相关规定，出口货物报关时间为货物运抵海关监管区后、装货的24小时之前。因此该公司最迟应于2016年9月7日早10:00报关完毕。

（4）由于该批货物属于出口货物，因此不须缴纳税费，相反还可在办理外汇核销之后，向国税申请办理退税。

任务 3　进出口货物报检的业务流程

【从业知识目标】
- ◆ 熟悉并掌握出入境检验检疫的时限、地点的规定。
- ◆ 理解并掌握出入境报检流程。
- ◆ 了解无纸化报检。
- ◆ 理解并掌握直通放行、关检合作"三个一"模式。

【执业技能目标】
- ◆ 能够根据相关的背景资料掌握进出境报检的流程。

任务提出

2017年3月,苏州某医疗公司从美国进口了一批塑料软管,属法定检验商品,并于当月向上海海关报关,以及上海检验检疫局报检。当苏州检验检疫局机电处检验人员从流向系统中获取这一信息,与该医疗公司联系商检事宜时,发现该公司已将这批塑料软管全部售出,苏州局遂立案调查。经调查,该公司进口的这批塑料软管为牙科治疗机上的配件,货值9 405美元,该公司销售后获利5 585美元。

这是一起典型的擅自销售未经检验的属于法定检验的进口商品案。当事人是一家医疗公司,专门从事进口、销售医疗器械的业务,由于公司业务人员缺乏必要的检验检疫法律法规意识,进口商品到货后即完成销售,导致违法。

在上述案例中主要是因为公司人员不懂检验检疫的流程导致违法,那么具体的报检流程是什么样呢?

知识要点

一、出入境检验检疫的程序

（一）出境货物的检验检疫程序

1. 出境货物报检的时限和地点的规定

（1）出境货物最迟应在出口报关或装运前7天报检,对于个别检验检疫周期较长的货物,应留有相应的检验检疫时间。

（2）需隔离检疫的出境动物在出境前60天预报,隔离前7天报检。

（3）出境的法定检验检疫货物,除活动物需由口岸检验检疫机构检疫外,原则上应坚持产地检验检疫。

2. 出境货物报检时应提供的单据

（1）出境货物报检时，应填写《出境货物报检单》，并提供外贸合同（或销售确认书或订单）、信用证及有关函电、生产经营部门出具的厂检结果单（原件）；进行品质检验的还应提供检验检疫机构签发的《出境货物运输包装性能检验结果单》（正本）。

（2）凭样品成交的，须提供样品。

（3）委托其他代理单位报检时，应加附委托书原件。

（4）经预检的货物，在向检验检疫机构办理换证放行手续时，应提供检验检疫机构签发的《出境货物换证凭单》。

（5）产地与报关地不一致的出境货物，在向报关地检验检疫机构申请《出境货物通关单》时，应提交产地检验检疫机构签发的《出境货物换证凭单》。

（6）按照国家法律、行政法规的规定实行卫生注册和质量许可制度的出境货物，必须提供经检验检疫机构批准的注册编号或许可证编号。

（7）出口危险货物时，必须提供《出境货物运输包装性能检验结果单》和《出境货物运输包装使用鉴定检验结果单》。

（8）出境特殊物品的，应根据法律法规规定提供有关审批文件。

3. 出境货物报检流程

出境货物的检验检疫工作程序是：报检后先检验检疫，再放行通关。出境货物报检流程见图 8-1。

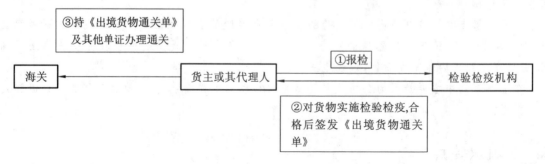

图 8-1 出境货物报检流程

（1）法定检验检疫的出境货物的报检人在规定的时限内持相关单证向检验检疫机构报检。

（2）检验检疫机构审核有关单证，符合要求的受理报检并计费，然后转施检部门实施检验检疫。对产地和报关地相一致的货物，经检验检疫合格，检验检疫机构出具《出境货物通关单》供报检人在海关办理通关手续；对产地和报关地不一致的货物，报检人应向产地检验检疫机构报检，产地检验检疫机构对货物检验检疫合格后，出具《出境货物换证凭单》或将电子信息发送至口岸检验检疫机构并出具"出境货物换证凭条"，报检人凭产地检验检疫机构签发的《出境货物换证凭单》或"出境货物换证凭条"向口岸检验检疫机构报检。

（3）口岸检验检疫机构验证或核查货证合格后，出具《出境货物通关单》；对于经检验检疫不合格的货物，检验检疫机构签发《出境货物不合格通知单》，不准出口。

（二）入境货物的检验检疫程序

1．入境货物报检时限和地点的规定

（1）报检的时限。

① 输入微生物、人体组织、生物制品、血液及其制品，或种畜、禽及其精液、胚胎、受精卵的，应当在入境前 30 天报检。

② 输入其他动物的，应在入境前 15 天报检。

③ 输入植物、种子、种苗及其他繁殖材料的，应在入境前 7 天报检。

④ 入境货物需对外索赔出证的，应在索赔有效期前不少于 20 天内向到货口岸或货物到达地的检验检疫机构报检。

（2）报检的地点。

① 审批、许可证等有关证件中规定检验检疫地点的，在规定的地点报检。

② 大宗散装商品，易腐烂变质商品，废旧物品及在卸货时发现包装破损、重量、数量短缺的商品，必须在卸货口岸检验检疫机构报检。

③ 需结合安装调试进行检验的成套设备、机电产品以及在口岸开件后难以恢复包装的商品，应在收货人所在地检验检疫机构报检并检验。

④ 其他入境货物，应在入境前或入境时向报关地检验检疫机构报检。

⑤ 入境的运输工具及人员应在入境前或入境时向入境口岸检验检疫机构申报。

⑥ 对于符合直通式放行条件的企业，可以根据报关地的选择，在口岸检验检疫机构或者目的地检验检疫机构报检。

2．入境报检时应提供的单据

（1）入境报检时，应填写《入境货物报检单》并提供外贸合同、发票、提（运）单、装箱单等有关证单。

（2）凡实施卫生注册、强制性产品认证、民用商品验证或其他需经审批审核的货物，应提供有关审批文件。

（3）报检品质检验，还应提供国外品质证书或质量保证书，产品使用说明书及有关标准和技术资料；凭样成交的，须加附成交样品；以品级或公量计价结算的、应同时申请重量鉴定。

（4）报检入境废物时，还应提供国家环保部门签发的《进口货物批准证书》和经认可的检验机构签发的装运前检验合格证书等。

（5）报检入境旧机电产品时，还应提供与进口旧机电产品相符的进口许可证明。

（6）申请残损鉴定，还应提供理货残损单、铁路商务记录、空运事故记录或海事报告等证明货损情况的有关证单。

（7）申请重（数）量鉴定的还应提供重量明细单，理货清单等。

（8）货物经收、用货部门验收或其他单位检测时，应随附验收报告或检测结果以及重量明细单等。

（9）入境的动植物及其产品，在提供贸易合同、发票、产地证书的同时，还必须提供输出国家或地区官方的检疫证书；需办理入境审批手续的，应提供动植物检疫许可证。

（10）过境动植物及其产品报检时，应持分配单和输出国家或地区官方出具的检疫证书；运输动物过境时，应提交国家质检总局签发的动植物过境许可证。

（11）入境食品报检时，应按规定提供《进出口食品标签审核证书》或《标签审核受理证明》。

（12）入境化妆品报检时，应按规定提供《进出口化妆品标签审核证书》或《标签审核受理证明》。

(13) 来自美国、日本、韩国和欧盟的入境货物报检时,应按规定提供有关包装情况的证书和声明。

(14) 因科研等特殊需要,输入禁止入境货物时,应提供国家质检总局签发的特许审批证明。

(15) 入境特殊物品时,应提供有关的批件或规定的文件。

(16) 委托其他代理单位报检时,应加附委托书原件。

3. 入境货物报检流程

入境货物的检验检疫工作程序是:报检后先检验检疫,再放行通关。入境货物报检流程见图 8-2,具体操作如下。

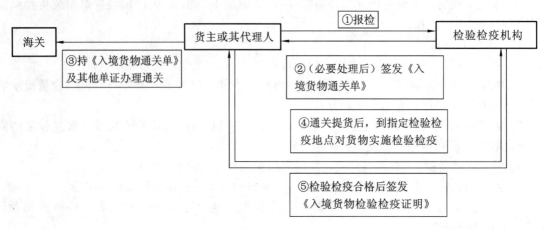

图 8-2　入境货物报检流程

(1) 入境货物的货主或其代理人应当持合同、发票、装箱单、提单等必要的凭证和相关的批准文件,向报关地的检验检疫机构报检。

(2) 检验检疫机构审核有关资料符合要求,受理报检并计收费用,然后转施检部门签署意见,签发《入境货物通关单》供报检人办理海关手续。

(3) 入境货物的货主或其代理人持签发的《入境货物通关单》及其他单证办理通关手续。

(4) 货物通关后,入境货物的货主或其代理人需在检验检疫机构规定的时间和地点到指定的检验检疫机构联系其对货物实施检验检疫。

(5) 经检验检疫合格后的入境货物签发《入境货物检验检疫证明》放行,经检验检疫不合格的货物签发《检验检疫通知书》,需要索赔的签发《检验检疫证书》。

二、无纸化报检

(一) 无纸化报检的含义

无纸化报检是指根据企业信用状况和货物风险分析,企业可通过简化纸质报检随附单证、通过检验检疫电子业务平台提交报检单及随附单证电子数据等进行报检的方式。

(二) 无纸化报检实施范围

出入境检验检疫信用 B 级及以上的企业,包括进出口货物收发货人、代理报检企业等。

(三) 无纸化报检实施方式

1. 报检单证简化

单证自存：合同、发票、提单、装箱单等贸易单证，由企业自行建档保存，报检时提交电子数据，免于提交纸质单证。

单证备案：符合性声明、第三方检测报告、加工贸易合同等多次使用的随附单证，首次报检时提交检验检疫机构备案，单证有效期内再次报检时免于提交。

信息核查：可通过信息化系统核查的许可单证、备案单证、双边质检无纸化合作项下的证书，报检时只需申报单证名称及号码。

2. 报检单证电子化

提交报检单及随附单证电子数据的，报检时可免于提交纸质单证。

(四) 无纸化报检实施要求

(1) 企业可以自主选择无纸化报检方式。选择无纸化报检方式的，应向检验检疫机构作出书面承诺。

(2) 企业提交的电子数据应真实、准确，并承担法律责任。

(3) 企业应建立完善、有效、可追溯的报检档案管理制度。

(4) 代理报检企业选择无纸化报检的，委托人与被委托人都应符合无纸化报检的要求。

(5) 检验检疫机构需要审核纸质单证或调阅报检档案的，企业应积极配合。

(6) 涉及许可证件、国外官方证书，但未实现信息联网核查的进出口货物，暂不实施无纸化报检。

三、直通放行

为了适应我国经济和外贸的发展，国家质检总局推出了"直通放行"这项通关优惠政策，把过去口岸、内地两道关口变为一道关口。将内地局和口岸局两次报检变为一次报检，两次出单变为一次出单，两次查验变为一次查验，从而实现"一次报检、一次查验、一次出单"的目标，通过两地相互配合、简化手续、缩短流程、提高效率、降低成本，实现快速通关。进出口货物实施直通放行以后，企业至少可以得到两个好处：一是减少了相应的压港、掏柜等费用的支出，较大幅度地降低了口岸通关成本；二是货物滞港时间相应减少，通关效率得以大幅提高，出境货物装运船期以及进境货物到货时间变得更加可控，每批货物通关时间也可加快 1~2 天。

申请直通放行的企业应填写《直通放行申请书》，并提交企业的相关证明材料，向所在地检验检疫机构提出申请。企业所在地直属检验检疫机构对企业提交的材料进行审核批准后，报国家质检总局备案，并统一公布。

(一) 进口直通放行

进口直通放行是指对符合条件的进口货物，口岸检验检疫机构不实施检验检疫，货物直运至目的地，由目的地检验检疫机构实施检验检疫的放行方式。

对在口岸报关的进口货物，报检人选择直通放行的，在口岸检验检疫机构申领《入境货物通关单》(四联单)，货物通关后直运至目的地，由目的地检验检疫机构实施检验检疫。口岸检验检疫机构经国家质检总局电子通关单数据交换平台向海关发送通关单电子数据，同时通过入境货物口岸内地联合执法系统将通关单电子数据、报检及放行等信息发送至目的地检验检疫机构。

通关单备注栏应加注"直通放行货物"字样并注明集装箱号。

对在目的地报关的进口货物,报检人选择直通放行的,直接向目的地检验检疫机构报检。目的地检验检疫机构在受理报检后,签发《入境货物通关单》(三联单)。目的地检验检疫机构经国家质检总局电子通关单数据交换平台向海关发送通关单电子数据的同时,通过入境货物口岸内地联合执法系统将通关单电子数据、报检及放行等信息发送至入境口岸检验检疫机构。通关单备注栏应加注"直通放行货物"字样并注明集装箱号。

对于进口直通放行的货物,口岸与目的地检验检疫机构应密切配合,采取有效监管措施,加强监管。对需要实施检疫且无原封识的进口货物,口岸检验检疫机构应对集装箱加施检验检疫封识(包括电子锁等),要逐步实现全球定位系统对进口直通放行货物运输过程的监控。集装箱加施封识的,应将加施封识的信息通过入境货物口岸内地联合执法系统发送至目的地检验检疫机构。

对于进口直通放行的货物,报检人应在目的地检验检疫机构指定的地点接受检验检疫。对已加施检验检疫封识的,应当向目的地检验检疫机构申请启封,未经检验检疫机构同意不得擅自开箱、卸货。

货物经检验检疫不合格且无有效检疫处理或技术处理方法的,由目的地检验检疫机构监督实施销毁或作退货处理。目的地检验检疫机构在完成检验检疫后,应通过入境货物口岸内地联合执法系统将检验检疫信息反馈至入境口岸检验检疫机构。进口直通放行货物的检验检疫费由实施检验检疫的目的地检验检疫机构收取。

(二)出口直通放行

出口直通放行是指对符合条件的出口货物,经产地检验检疫机构检验检疫合格后,企业可凭产地检验检疫机构签发的通关单在报关地海关直接办理通关手续的放行方式。

企业选择出口直通放行方式的,办理报检手续时,应直接向产地检验检疫机构申请《出境货物通关单》,并在报检单上注明"直通放行"字样。

产地检验检疫机构检验检疫合格并对货物集装箱加施封识后,直接签发通关单,在通关单备注栏注明出境口岸、集装箱号、封识号,经国家质检总局电子通关单数据交换平台向海关发送通关单电子数据。产地检验检疫机构要逐步实现全球定位系统对直通放行出口货物运输过程的监控。

口岸检验检疫机构应通过电子通关单联网监控系统及时掌握经本口岸出境的出口直通放行货物的信息,在不需要企业申报、不增加企业负担的情况下,对到达口岸的直通放行货物实施随机查验。

查验以核查集装箱封识为主,封识完好即视为符合要求。对封识丢失、损坏、封识号有误或箱体破损等异常情况,要进一步核查,并将情况及时通过电子通关单联网监控系统反馈给产地检验检疫机构。对出口直通放行后的退运货物,口岸检验检疫机构应当及时将信息反馈给产地检验检疫机构。

四、关检合作"三个一"模式

实施关检合作机制,是指在口岸通关过程中,关检双方在"体制不变,机制创新"前提下,运用科学规划的思想理念,建立起以跨机构合作、并行处理和综合协调等方式为主要内容的货物监管通关模式,目的是为了整合关检双方资源,提升口岸通关效能,促进通关便利化。

"三个一"通关模式,即"一次申报、一次查验、一次放行"。关检双方以现有执法治理机制和业务系统为基础,搭建公共信息平台,运用信息化技术,高效整合双方作业流程,简化通关手续,降低企业成本费用,营造便利的通关环境。

"一次申报",指企业在预录入环节只要一次录入申报数据,系统主动将其转换为报关单、报检单数据,并发给关检部门,实现报检报关。

"一次查验",指关检双方要查验同一批次货物时,信息系统会自动对碰查验指令,双方依据各自职责共同查验,减少重复吊箱、开箱等操作。

"一次放行",指关检双方各自向公共信息平台发送放行指令,企业直接在平台上获取放行信息,办理货物放行手续。

对于开展关检合作"三个一"模式有以下的意义。

第一,关检双方开展深层次的合作是提高口岸通关效率的关键。关检双方在口岸通关过程中,进一步加强协调配合,能有效整合资源,在申报环节能减少录入数据项数,避免企业二次录入;在查验环节能避免企业二次开箱,降低成本;在放行环节能简化放行手续,提高物流速度。关检双方在共有的申报、查验、放行环节上的合作,有利于精简双方作业流程,大幅缩短货物通关时间。

第二,关检合作"三个一"通关模式是应对口岸发展的重要举措。随着口岸的发展,我国对口岸通关便利化提出了更高要求。传统的"先报检,后报关"的关检合作模式已不能适应口岸的发展,这种串联式的通关模式严重制约了通关便利化水平。而"三个一"通关模式将原来的串联式通关变为并联式通关,关检双方可以同时作业,大大提高了通关速度,满足了新形势下对口岸工作的要求。

第三,完善关检合作"三个一"通关模式,必须做好以下工作。一是完善制度体系。通过构建良好的制度体系,加强关检双方的交流与沟通,实现双方信息互换、监管互认、执法互助,消除双方在合作过程中的分歧。二是加强信息化建设。开发推行统一版的一次申报系统,整合关检双方信息资源,实现信息充分共享,更好地运用信息化手段提高通关便利化水平。三是优化一次查验。一次查验是"三个一"的核心,也是难点所在,通过明确牵头主体、实现双方执法互认、提高查验效率方面入手,解决一次查验中存在的问题,推进"三个一"的发展。

任务反馈

在该案件调查中,该公司一再表示,公司经办人员不了解相关法律的规定,并非故意违法,故希望免于处罚。但是,当事人主观上的故意和过失不是判定当事人是否构成违法的重点因素。只要当事人客观上实施了违反国家商品检验监督管理制度的行为,除非当事人举证其本身无过错,否则行政机关可推定其有过错,构成检验检疫违法行为的,依法承担相应的法律责任。

本案例属于入境货物的报检,该公司人员入境报检的流程没有完成,正确的流程应该是:

(1) 该公司的报检人员或其代理人应当持合同、发票、装箱单、提单等必要的凭证和相关的批准文件,向上海检验检疫机构报检;

(2) 检验检疫机构审核有关资料符合要求,受理报检并计收费用,然后转施检部门签署意见,签发《入境货物通关单》供报关人办理海关手续;

(3) 入境货物的货主或其代理人持签发的《入境货物通关单》及其他单证办理通关手续;

(4) 货物通关后,入境货物的货主或其代理人需在检验检疫机构规定的时间和地点到指定的检验检疫机构联系其对货物实施检验检疫;

(5) 经检验检疫合格后的入境货物签发《入境货物检验检疫证明》放行,经检验检疫不合格的货物签发《检验检疫通知书》,需要索赔的签发《检验检疫证书》。

任务 4 报关单与报检单填制实务

【从业知识目标】
◆ 了解进出口货物报关单的含义、填制要求。
◆ 掌握进出口货物报关单的填制。
◆ 了解进出口货物报检单的填制要求。
◆ 掌握进出口货物报检单的填制。

【执业技能目标】
◆ 能够根据相关的背景资料快速、准确地填制好报关单、报检单。

任务提出

深圳某企业从香港进口一批原产于马来西亚的不锈钢餐刀和其他不锈钢制品（属于法检商品，列入《自动进口许可管理目录》），运载该批货物的运输工具 2016 年 5 月 26 日从深圳口岸申报进境，收货人于 2016 年 5 月 28 日向深圳检验检疫局报检，根据相关单证填制报检单，检验检疫局检验后签发了入境货物通关单，并于次日向深圳海关传送报关单电子数据，海关当天受理。但事后该公司发现，该批货物在填制报关单时有多处申报差错，但是海关人员并未发现并且向海关申请改单或退单都会受到惩罚，所以该企业决定不向海关申请改单。

问题：(1) 在填写报检单、报关单的时候要满足哪些原则？
(2) 深圳某企业的做法是否恰当？如果你是该企业的报关人员，你该如何做？

知识要点

一、报关单的含义

进出口报关单是由海关总署规定统一的格式和填制规范，由报关人员填制并由报关员代表企业向海关提交办理进出口货物申报手续的法律文书，是海关依法监管货物进出口、征收税费、编制海关统计及其他事务的重要凭证。

二、报关单填制的一般要求

出入境货物的收发货人或其代理人向海关申报时，必须填写并向海关递交进口或出口货物报关单。申报人在填制报关单时，必须做到真实、准确、齐全、清楚。

报关单的填写必须真实，要做到两个相符：一是单证相符，即报关单与合同、批文、发票、装箱单等相符；二是单货相符，即报关单中所报内容与实际进出口货物情况相符，特别是货物的品名、规格、数量、价格等内容必须真实，不得出现差错，更不能伪报、瞒报及虚报。

报关单中填报的项目要准确、齐全。报关单所列各栏要逐项详细填写，内容无误；要求尽可能打字填报，如用手写，字迹要清楚、整洁、端正，不可用铅笔（或红色复写纸）填报；填报项目，若有更改，必须在更改项目上加盖校对章。

为实行报关自动化的需要,申报单位除填写报关单上的有关项目外,还应填上有关项目的代码。计算机预录入的进出口货物报关单,其内容必须与原始报关单完全一致。报关员应认真核对,防止录错,一旦发现有异,应及时提醒录入人员重新录入。

向海关申报的进出口货物报关单,事后由于各种原因,出现原来填报的内容与实际进出口货物不相一致的,需立即向海关办理更正手续,填写报关更正单,对原来填报项目的内容进行更改,更改内容必须清楚,一般情况下,错什么,改什么。但是,如果更改的内容涉及货物件数的变化,则除应对货物的件数进行更改外,与件数有关的项目,如货物的数量、重量、金额等也应做相应的更改;如一张报关单上有两种以上的不同货物,更正单上应具体列明是哪些货物做了更改。

三、报关单的样单和填制要求

(一)中华人民共和国海关进出口货物报关单

中华人民共和国海关进口货物报关单

预录入编号:　　　　　　　　　　　　　　　　　　　　　　海关编号:

收发货人	进口口岸		进口日期		申报日期	
消费使用单位	运输方式		运输工具名称		提运单号	
申报单位	监管方式		征免性质		备案号	
贸易国(地区)	启运国(地区)		装货港		境内目的地	
许可证号	成交方式		运费		保费	杂费
合同协议号	件数		包装种类		毛重(千克)	净重(千克)
集装箱箱号	随附单证					
标记唛码及备注						
项号　商品编码　商品名称、规格型号　数量及单位　原产国(地区)　单价　总价　币制　征免						
特殊关系确认:　　　　价格影响确认:　　　　支付特许权使用费确认:						
录入员　　录入单位	兹申明以上内容承担如实申报、依法纳税之法律责任			海关批注及签章		
报关人员						
	申报单位(签章):					

中华人民共和国海关出口货物报关单

预录入编号：　　　　　　　　　　　　　　　　　　　　　　　　　　海关编号：

收发货人	出口口岸	出口日期	申报日期
生产销售单位	运输方式	运输工具名称	提运单号
申报单位	监管方式	征免性质	备案号
贸易国（地区）	运抵国（地区）	指运港	境内货源地
许可证号	成交方式	运费	保费	杂费
合同协议号	件数	包装种类	毛重（千克）	净重（千克）
集装箱箱号	随附单证			
标记唛码及备注				

项号	商品编码	商品名称、规格型号	数量及单位	最终目的国（地区）	单价	总价	币制	征免

特殊关系确认：	价格影响确认：	支付特许权使用费确认：
录入员　　录入单位	兹申明以上内容承担如实申报、依法纳税之法律责任	海关批注及签章
报关人员		
	申报单位（签章）：	

（二）报关单各栏目的填制规范

1. 预录入编号

本栏目填报预录入报关单的编号，预录入编号规则由接受申报的海关决定。

2. 海关编号

本栏目填报海关接受申报时给予报关单的编号，一份报关单对应一个海关编号。报关单海关编号为18位，其中第1～4位为接受申报海关的编号（海关规定的《关区代码表》中相应海关代码），第5～8位为海关接受申报的公历年份，第9位为进出口标志（"1"为进口，"0"为出口；集中申报清单"I"为进口，"E"为出口），后9位为顺序编号。

3. 收发货人

本栏目填报在海关注册的对外签订并执行进出口贸易合同的中国境内法人、其他组织或个人的名称及编码。编码可选填18位法人和其他组织统一社会信用代码或10位海关注册编码任一项。

4. 进口口岸/出口口岸

本栏目应根据货物实际进出境的口岸海关,填报海关规定的《关区代码表》中相应口岸海关的名称及代码。

5. 进口日期/出口日期

进口日期指运载进口货物的运输工具申报进境的日期。

出口日期指运载出口货物的运输工具办结出境手续的日期,本栏目供海关签发打印报关单证明联用,在申报时免予填报。

无实际进出境的报关单填报海关接受申报的日期。

本栏目为8位数字,顺序为年(4位)、月(2位)、日(2位)。

6. 申报日期

申报日期指海关接受进出口货物收发货人、受委托的报关企业申报数据的日期。以电子数据报关单方式申报的,申报日期为海关计算机系统接受申报数据时记录的日期。以纸质报关单方式申报的,申报日期为海关接受纸质报关单并对报关单进行登记处理的日期。

申报日期为8位数字,顺序为年(4位)、月(2位)、日(2位)。本栏目在申报时免予填报。

7. 消费使用单位/生产销售单位

消费使用单位栏填报已知的进口货物在境内的最终消费、使用单位的名称,包括:自行从境外进口货物的单位;委托进出口企业进口货物的单位。

生产销售单位栏填报出口货物在境内的生产或销售单位的名称,包括:自行出口货物的单位;委托进出口企业出口货物的单位。

本栏目可选填18位法人和其他组织统一社会信用代码或10位海关注册编码或9位组织机构代码任一项。没有代码的应填报"NO"。

8. 运输方式

运输方式包括实际运输方式和海关规定的特殊运输方式,前者指货物实际进出境的运输方式,按进出境所使用的运输工具分类;后者指货物无实际进出境的运输方式,按货物在境内的流向分类。

本栏目应根据货物实际进出境的运输方式或货物在境内流向的类别,按照海关规定的《运输方式代码表》选择填报相应的运输方式。

9. 运输工具名称

本栏目填报载运货物进出境的运输工具名称或编号。填报内容应与运输部门向海关申报的舱单(载货清单)所列相应内容一致。

10. 提运单号

本栏目填报进出口货物提单或运单的编号。

一份报关单只允许填报一个提单号或运单号,一票货物对应多个提单或运单时,应分单填报。

11. 申报单位

自理报关的,本栏目填报进出口企业的名称及编码;委托代理报关的,本栏目填报报关企业名称及编码。

本栏目可选填18位法人和其他组织统一社会信用代码或10位海关注册编码任一项。

本栏目还包括报关单左下方用于填报申报单位有关情况的相关栏目,包括报关人员、申报单位签章。

12. 监管方式

监管方式是以国际贸易中进出口货物的交易方式为基础,结合海关对进出口货物的征税、统计及监管条件综合设定的海关对进出口货物的管理方式。其代码由4位数字构成,前两位是按照海关监管要求和计算机管理需要划分的分类代码,后两位是参照国际标准编制的贸易方式代码。

本栏目应根据实际对外贸易情况按海关规定的《监管方式代码表》选择填报相应的监管方式简称及代码。一份报关单只允许填报一种监管方式。

13. 征免性质

本栏目应根据实际情况按海关规定的《征免性质代码表》选择填报相应的征免性质简称及代码,持有海关核发的《征免税证明》的,应按照《征免税证明》中批注的征免性质填报。一份报关单只允许填报一种征免性质。

14. 备案号

本栏目填报进出口货物收发货人、消费使用单位、生产销售单位在海关办理加工贸易合同备案或征、减、免税备案审批等手续时,海关核发的《加工贸易手册》、《征免税证明》或其他备案审批文件的编号。一份报关单只允许填报一个备案号。

15. 贸易国(地区)

本栏目填报对外贸易中与境内企业签订贸易合同的外方所属的国家(地区)。进口填报购自国,出口填报售予国。未发生商业性交易的填报货物所有权拥有者所属的国家(地区)。

本栏目应按海关规定的《国别(地区)代码表》选择填报相应的贸易国(地区)或贸易国(地区)中文名称及代码。

无实际进出境的,填报"中国"(代码142)。

16. 起运国(地区)/运抵国(地区)

起运国(地区)填报进口货物起始发出直接运抵我国或者在运输中转国(地)未发生任何商业性交易的情况下运抵我国的国家(地区)。

运抵国(地区)填报出口货物离开我国关境直接运抵或者在运输中转国(地区)未发生任何商业性交易的情况下最后运抵的国家(地区)。

不经过第三国(地区)转运的直接运输进出口货物,以进口货物的装货港所在国(地区)为起运国(地区),以出口货物的指运港所在国(地区)为运抵国(地区)。

经过第三国(地区)转运的进出口货物,如在中转国(地区)发生商业性交易,则以中转国(地区)作为起运/运抵国(地区)。

本栏目应按海关规定的《国别(地区)代码表》选择填报相应的起运国(地区)或运抵国(地区)中文名称及代码。

无实际进出境的,填报"中国"(代码142)。

> 判断以下三种情况,起运国如何填报?
> (1) 北京吉普汽车有限公司,从美国空运经日本转机进口汽车零件一批。
> (2) 日本某公司从美国购买仪器一套,后又卖给中国。该仪器由美国装船运抵我国。
> (3) 北京某加工单位,将原从澳大利亚进口的羊毛加工后,结转给上海某加工单位进行深加工。

17. 装货港/指运港

装货港栏填报进口货物在运抵我国关境前的最后一个境外装运港。

指运港栏填报出口货物运往境外的最终目的港;最终目的港不可预知的,按尽可能预知的目的港填报。

本栏目应根据实际情况按海关规定的《港口代码表》选择填报相应的港口中文名称及代码。装货港/指运港在《港口代码表》中无港口中文名称及代码的,可选择填报相应的国家中文名称或代码。

无实际进出境的,本栏目填报"中国"(代码142)。

18. 境内目的地/境内货源地

境内目的地栏填报已知的进口货物在国内的消费、使用地或最终运抵地,其中最终运抵地为最终使用单位所在的地区。最终使用单位难以确定的,填报货物进口时预知的最终收货单位所在地。

境内货源地栏填报出口货物在国内的产地或原始发货地。出口货物产地难以确定的,填报最早发运该出口货物的单位所在地。

本栏目按海关规定的《国内地区代码表》选择填报相应的国内地区名称及代码。

19. 许可证号

本栏目填报以下许可证的编号:进(出)口许可证、两用物项和技术进(出)口许可证、两用物项和技术出口许可证(定向)、纺织品临时出口许可证。

一份报关单只允许填报一个许可证号。

20. 成交方式

本栏目应根据进出口货物实际成交价格条款,按海关规定的《成交方式代码表》选择填报相应的成交方式代码。

无实际进出境的报关单,进口填报CIF,出口填报FOB。

21. 运费

本栏目填报进口货物运抵我国境内输入地点起卸前的运输费用,出口货物运至我国境内输出地点装载后的运输费用。

运费可按运费率、单价或总价三种方式之一填报,注明运费标记(运费标记"1"表示运费率,"2"表示每吨货物的运费单价,"3"表示运费总价),并按海关规定的《货币代码表》选择填报相应的币种代码。

22. 保费

本栏目填报进口货物运抵我国境内输入地点起卸前的保险费用,出口货物运至我国境内输出地点装载后的保险费用。

保费可按保险费率或保险费总价两种方式之一填报,注明保险费标记(保险费标记"1"表示保险费率,"3"表示保险费总价),并按海关规定的《货币代码表》选择填报相应的币种代码。

23. 杂费

本栏目填报成交价格以外的、按照《中华人民共和国进出口关税条例》相关规定应计入完税价格或应从完税价格中扣除的费用。可按杂费率或杂费总价两种方式之一填报,注明杂费标记(杂费标记"1"表示杂费率,"3"表示杂费总价),并按海关规定的《货币代码表》选择填报相应的币种代码。

应计入完税价格的杂费填报为正值或正率,应从完税价格中扣除的杂费填报为负值或负率。

24. 合同协议号

本栏目填报进出口货物合同(包括协议或订单)编号。未发生商业性交易的免予填报。

25. 件数

本栏目填报有外包装的进出口货物的实际件数。特殊情况填报要求如下:
(1)舱单件数为集装箱的,填报集装箱个数。
(2)舱单件数为托盘的,填报托盘数。
本栏目不得填报为零,裸装货物填报为"1"。

26. 包装种类

本栏目应根据进出口货物的实际外包装种类,按海关规定的《包装种类代码表》选择填报相应的包装种类代码。

27. 毛重(千克)

本栏目填报进出口货物及其包装材料的重量之和,计量单位为千克,不足1千克的填报为"1"。

28. 净重(千克)

本栏目填报进出口货物的毛重减去外包装材料后的重量,即货物本身的实际重量,计量单位为千克,不足1千克的填报为"1"。

29. 集装箱箱号

本栏目填报装载进出口货物(包括拼箱货物)集装箱的箱体信息。一个集装箱填一条记录,分别填报集装箱箱号(在集装箱箱体上标示的全球唯一编号)、集装箱的规格和集装箱的自重。非集装箱货物填报为"0"。

30. 随附单证

本栏目根据海关规定的《监管证件代码表》选择填报除本规范第十八条规定的许可证件以外的其他进出口许可证件或监管证件代码及编号。

31. 标记唛码及备注

标记唛码是运输标志的俗称,本栏目填写相应的唛头,如果合同中没有规定唛头,则不需要填写。

备注栏主要用于填写需要补充和说明的事项,包括关联备案号、关联报关单号,以及其他需要补充或说明的事项。

32．项号

本栏目分两行填报及打印。第一行填报报关单中的商品顺序编号；第二行专用于加工贸易、减免税等已备案、审批的货物，填报和打印该项货物在《加工贸易手册》或《征免税证明》等备案、审批单证中的顺序编号。

33．商品编码

本栏目填报的商品编号由10位数字组成。前8位为《中华人民共和国进出口税则》确定的进出口货物的税则号列，同时也是《中华人民共和国海关统计商品目录》确定的商品编码，后2位为符合海关监管要求的附加编号。

34．商品名称、规格型号

本栏目分两行填报及打印。第一行填报进出口货物规范的中文商品名称，第二行填报规格型号。

35．数量及单位

本栏目分三行填报及打印。

（1）第一行应按进出口货物的法定第一计量单位填报数量及单位，法定计量单位以《中华人民共和国海关统计商品目录》中的计量单位为准。

（2）凡列明有法定第二计量单位的，应在第二行按照法定第二计量单位填报数量及单位。无法定第二计量单位的，本栏目第二行为空。

（3）成交计量单位及数量应填报并打印在第三行。

36．原产国（地区）

原产国（地区）应依据《中华人民共和国进出口货物原产地条例》、《中华人民共和国海关关于执行〈非优惠原产地规则中实质性改变标准〉的规定》以及海关总署关于各项优惠贸易协定原产地管理规章规定的原产地确定标准填报。同一批进出口货物的原产地不同的，应分别填报原产国（地区）。进出口货物原产国（地区）无法确定的，填报"国别不详"（代码701）。

本栏目应按海关规定的《国别（地区）代码表》选择填报相应的国家（地区）名称及代码。

37．最终目的国（地区）

最终目的国（地区）填报已知的进出口货物的最终实际消费、使用或进一步加工制造国家（地区）。不经过第三国（地区）转运的直接运输货物，以运抵国（地区）为最终目的国（地区）；经过第三国（地区）转运的货物，以最后运往国（地区）为最终目的国（地区）。同一批进出口货物的最终目的国（地区）不同的，应分别填报最终目的国（地区）。进出口货物不能确定最终目的国（地区）时，以尽可能预知的最后运往国（地区）为最终目的国（地区）。

本栏目应按海关规定的《国别（地区）代码表》选择填报相应的国家（地区）名称及代码。

38．单价

本栏目填报同一项号下进出口货物实际成交的商品单位价格。无实际成交价格的，本栏目填报单位货值。

39．总价

本栏目填报同一项号下进出口货物实际成交的商品总价格。无实际成交价格的，本栏目填报货值。

40．币制

本栏目应按海关规定的《货币代码表》选择相应的货币名称及代码填报，如《货币代码表》中无实际成交币种，需将实际成交货币按申报日外汇折算率折算成《货币代码表》列明的货币填报。

41．征免

本栏目应按照海关核发的《征免税证明》或有关政策规定，对报关单所列每项商品选择海关规定的《征减免税方式代码表》中相应的征减免税方式填报。

加工贸易货物报关单应根据《加工贸易手册》中备案的征免规定填报；《加工贸易手册》中备案的征免规定为保金或保函的，应填报"全免"。

42．特殊关系确认

本栏目根据《中华人民共和国海关审定进出口货物完税价格办法》（以下简称《审价办法》）第十六条，填报确认进出口行为中买卖双方是否存在特殊关系，有下列情形之一的，应当认为买卖双方存在特殊关系，在本栏目应填报"是"，反之则填报"否"：

（1）买卖双方为同一家族成员的；

（2）买卖双方互为商业上的高级职员或者董事的；

（3）一方直接或者间接地受另一方控制的；

（4）买卖双方都直接或者间接地受第三方控制的；

（5）买卖双方共同直接或者间接地控制第三方的；

（6）一方直接或者间接地拥有、控制或者持有对方5％以上（含5％）公开发行的有表决权的股票或者股份的；

（7）一方是另一方的雇员、高级职员或者董事的；

（8）买卖双方是同一合伙的成员的。

买卖双方在经营上相互有联系，一方是另一方的独家代理、独家经销或者独家受让人，如果符合前款的规定，也应当视为存在特殊关系。

43．价格影响确认

本栏目根据《审价办法》第十七条，填报确认进出口行为中买卖双方存在的特殊关系是否影响成交价格，纳税义务人如不能证明其成交价格与同时或者大约同时发生的下列任何一款价格相近的，应当视为特殊关系对进出口货物的成交价格产生影响，在本栏目应填报"是"，反之则填报"否"。

44．支付特许权使用费确认

本栏目根据《审价办法》第十三条，填报确认进出口行为中买方是否存在向卖方或者有关方直接或者间接支付特许权使用费。特许权使用费是指进出口货物的买方为取得知识产权权利人及权利人有效授权人关于专利权、商标权、专有技术、著作权、分销权或者销售权的许可或者转让而支付的费用。如果进出口行为中买方存在向卖方或者有关方直接或者间接支付特许权使用费的，在本栏目应填报"是"，反之则填报"否"。

45．版本号

本栏目适用加工贸易货物出口报关单。本栏目应与《加工贸易手册》中备案的成品单耗版本一致，通过《加工贸易手册》备案数据或企业出口报关清单提取。

46．货号

本栏目适用加工贸易货物进出口报关单。本栏目应与《加工贸易手册》中备案的料件、成品货号一致，通过《加工贸易手册》备案数据或企业出口报关清单提取。

47．录入员

本栏目用于记录预录入操作人员的姓名。

48．录入单位

本栏目用于记录预录入单位名称。

49．海关批注及签章

本栏目供海关作业时签注。

本规范所述尖括号(〈〉)、逗号(，)、连接符(-)、冒号(：)等标点符号及数字，填报时都必须使用非中文状态下的半角字符。

四、报检单的含义

报检单是国家检验检疫部门根据检验检疫、鉴定工作的需要，为保证检验检疫工作规范化和程序化而设置的。它是报检人根据有关法律、行政法规或合同约定申请检验检疫机构对其某种货物实施检验检疫、鉴定意愿的书面凭证，它表明了申请人正式向检验检疫机构申请检验检疫、鉴定，以取得该批货物合法出口的凭证。报检单同时也是检验检疫机构对出入境货物实施检验检疫启动检验检疫程序的依据。

五、报检单填制的一般要求

在填制报检单时必须使用国家出入境检验检疫局统一制定并统一印刷的报检单，出境报检以书面报检单和电子报检信息并存的形式进行，必须确保书面报检单和电子报检信息完全一致。

报检单必须按照所申报的货物内容填写，填写内容必须与随附单据相符，填写必须完整、准确、真实，不得涂改，对无法填写的栏目或无此内容的栏目，统一填写"×××"。

填制完毕的报检单必须加盖报检单位公章或已经向检验检疫机构备案的报检专用章，报检人应在签名栏签名，注意必须是本人手签，不得代签。

填制完毕的报检单在办理报检手续前必须认真审核，检查是否有错填、漏填的栏目，所填写的内容是否与随附单据一致，防止因填单差错而延误办理报检手续。

原则上一批货物填写一份报检单。"一批货物"是指：同一合同、同一类货物、同一运输工具、运往同一地点。特殊情况除外。

其余规定按《出入境检验检疫报检规定》执行。

六、报检单的样单和填制要求

中华人民共和国出入境检验检疫货物报检单如下。

中华人民共和国出入境检验检疫出境货物报检单

报检单位(加盖公章)：　　　　　　　　　　　　　　　　　*编　号
报检单位登记号：　　　联系人：　　　电话：　　　报检日期：　年　月　日

发货人	(中文)				
	(外文)				
收货人	(中文)				
	(外文)				
货物名称(中/外文)	H.S.编码	产地	数/重量	货物总值	包装种类及数量

运输工具名称号码		贸易方式		货物存放地点	
合同号		信用证号		用途	
发货日期		输往国家(地区)		许可证/审批号	×××
起运地		到达口岸		生产单位注册号	×××
集装箱规格、数量及号码					

| 合同、信用证订立的检验检疫条款或特殊要求 | 标记及号码 | 随附单据(划"√"或补填) | |
| | | □合同
□信用证
□发票
□换证凭单
□装箱单
□厂检单 | 包装性能结果单
许可/审批文件 |

需要证单名称(划"√"或补填)			*检验检疫费	
品质证书　___正___副			总金额	
重量证书　___正___副	植物检疫证书 ___正___副		(人民币元)	
数量证书　___正___副	熏蒸/消毒证书 ___正___副			
兽医卫生证书　___正___副	出境货物换证凭单		计费人	
健康证书　___正___副	出境货物通关单			
卫生证书　___正___副			收费人	
动物卫生证书　___正___副				

报检人郑重声明： 1.本人被授权报检。 2.上列填写内容正确属实，货物无伪造或冒用他人的厂名、标志、认证标志，并承担货物质量责任。 　　　　　　　　　签名：×××	领取证单
	日期
	签名

注：有"*"号栏由出入境检验检疫机关填写　　　　　　　　国家出入境检验检疫局制

项目 8 代理报关与报检业务

中华人民共和国出入境检验检疫入境货物报检单

报检单位（加盖公章）： *编　号

报检单位登记号：　　　联系人：　　　电话：　　　报检日期：　年　月　日

发货人	（中文）			企业性质（划"√"）		□合资 □合作 □外资
	（外文）					
收货人	（中文）					
	（外文）					
货物名称（中/外文）		H.S.编码	原产国（地区）	数/重量	货物总值	包装种类及数量

运输工具名称号码			合同号	
贸易方式		贸易国别（地区）	提单/运单号	
到货日期		起运国家（地区）	许可证/审批号	
卸毕日期		起运口岸	入境口岸	
索赔有效期至		经停口岸	目的地	
集装箱规格、数量及号码				
合同订立的特殊条款以及其他要求			货物存放地点	
			用途	

随附单据（划"√"或补填）		标记及号码	*外商投资财产（划"√"）	□是 □否
□合同	□到货通知		*检验检疫费	
□发票	□装箱单		总金额（人民币元）	
□提/运单	□质保书			
□兽医卫生证书	□理货清单		计费人	
□植物检疫证书	□磅码单			
□动物检疫证书	□验收报告		收费人	
□卫生证书	□			
□原产地证	□			
□许可/审批文件	□			

报检人郑重声明： 1.本人被授权报检。 2.上列填写内容正确属实。　　签名：	领取证单
	日期
	签名

注：有"*"号栏由出入境检验检疫机关填写　　　　　　　国家出入境检验检疫局制

七、报检单填单规范说明

1．编号

编号栏由检验检疫机构报检受理人员填写，前6位为检验检疫机关代码，第7位为报检类代码，第8、9位为年代码，第10～15位为流水号。

2．报检单位

本栏目填写报检单位的全称。

3．报检单位登记号

本栏目填写报检单位在检验检疫机构登记的号码。

4．联系人、电话

本栏目填写报检人员姓名和报检人员的联系电话。

5．报检日期

本栏目填写检验检疫机构实际受理的日期。

6．发货人/收货人

发货人/收货人是指该批货物的贸易关系人，根据不同情况填写。预验报检的，可填写生产单位。出口报检的，发货人按合同或信用证的卖方填写，收货人按合同或信用证的买方填写。对于无合同或信用证的，可按发票的买方或卖方填写。若检验检疫证书对发货人/收货人有特殊要求的，应在备注栏声明。

7．货物名称

本栏目按所申报的货物如实填写，货物名称的填写必须完整、规范，并与随附单据一致。

8．H.S.编码

本栏目根据所申报的货物，按照当年海关公布的《商品分类及编码协调制度》的分类填写。H.S.编码涉及报检、计收费、检验检疫、报关等环节，因此必须准确无误。

9．产地/原产国

产地指货物的生产（加工）地，填写省、市、县名。

原产国按进口合同填写，是指货物生产/加工的国家或地区。

10．数/重量

本栏目按实际申请检验检疫数/重量填写。重量还应填写毛/净重，填写时应注意计量单位。

11．货物总值

本栏目填写申报货物总值及币种，应与外贸合同、发票所列货物总值一致。

12．包装种类及数量

本栏目填写申报货物实际运输包装材料的种类及数量。

13．运输工具名称号码

本栏目填写装运本批货物的运输工具类型、名称及号码，如船舶填写船名、航次，飞机填写航班号等。

14. 合同号、信用证号

本栏目填写外贸合同、订单或形式发票的号码；用信用证结汇的还应填写本批货物对应的信用证号码。

15. 贸易方式

本栏目填写本批货物的贸易方式，根据实际情况选填一般贸易、来料加工、进料加工、易货贸易、补偿贸易、边境贸易、无偿援助、外商投资、对外承包工程进出口货物、出口加工区进出境货物、出口加工区进出区货物、退运货物、过境货物、保税区进出境仓储、转口货物、保税区进出区货物、暂时进出区货物、暂时进出口留购货物、展览品、样品、其他非贸易品、其他贸易性货物。

16. 贸易国别（地区）

本栏目按合同填写，指本批货物贸易的国家和地区。

17. 提单/运单号

本栏目按实际提单/运单号填写，有二程提单的，应同时填写。

18. 货物存放地点

本栏目填写申报货物存货地点、厂库、联系人、联系人电话。

19. 发货日期/到货日期

发货日期：填写出口装运日期，预验报检可不填。

到货日期：指货物到达口岸的日期。

20. 输往国家（地区）/起运国家（地区）

输往国家（地区）指外贸合同中买方（进口方）所在国家或地区，或合同中注明的最终输往国家或地区。

起运国家（地区）指装载本批货物的运输工具开始出发的国家（地区）。

21. 许可证/审批号

申报涉及需许可/审批的货物应填写相应的许可证/审批号。如：出口产品质量许可证、出口生产企业卫生登记、注册证、出口食品标签审核证书、出口化妆品标签审核证书、出口电池产品备案书、出口商品型式试验确认书及其他证书的编号。

22. 生产单位注册号

申报货物涉及许可/审批食品卫生注册登记的，应填写该批货物的生产单位检验检疫登记备案号。

23. 起运地

本栏目填写货物的报关出运口岸，即货物最后离境的口岸及所在地。对本地货物需运往其他口岸报关出境的，应注意申请签发出境货物换证凭单或电子转单。出境活动物的起运地应填写起始运输地点。

24. 到达口岸

本栏目填写货物运抵的境外口岸。

25．卸毕日期

本栏目按货物实际的卸毕日期填写。在还未卸毕前报检的,可暂时不填写,待货物卸毕后再补填。

26．起运口岸

本栏目装运本批货物的运输工具的起运口岸名称。

27．入境口岸

入境口岸指装运本批货物的运输工具进境时首次停靠的口岸名称。

28．索赔有限期至

本栏目按合同规定的索赔期限填写,应特别注明截止日期。

29．经停口岸

经停口岸指本批货物在起运后,到达目的地前中途停靠的口岸名称。

30．目的地

目的地指本批货物预定最终抵达的交货地。

31．集装箱规格、数量及号码

货物若以集装箱运输应填写集装箱的规格、数量及号码。

32．合同订立的特殊条款以及其他要求

合同或信用证对检验检疫有相关要求的或输入国家(地区)对检验检疫有特殊要求的,以及其他报检时需特别说明的,应在此栏注明。此栏兼做备注栏使用。

33．标记及号码

货物的标记号码,即唛头,应与合同、发票等有关外贸单据保持一致。对散装、裸装货物或没有标记号码货物应填写"N"或"M"。

34．用途

本栏目填写本批货物的用途。根据实际情况选填,如食用、种用、饲用等。

35．随附单据

按实际情况向检验检疫机构提供的单据。在随附的单据种类划"√"或补填。

36．需要证单名称

本栏目按所需的检验检疫证单名称填写。检验检疫证书一般为一正二副,若对证书的正、副本数或证书的语种有特殊要求的,请在备注栏说明。

37．检验检疫费

本栏目由检验检疫机构计费人员核定费用后填写。

38．报检人郑重申明

报检人员必须亲笔签名。

39．领取证单

报检人在领取证单时填写领证日期及领证人姓名。

任务反馈

通过学习可知：

(1) 该企业在填写报检单、报关单时必须遵守以下原则。

① 报检单必须按照所申报的货物内容填写，填写内容必须与随附单据相符，填写必须完整、准确、真实，不得涂改。

② 进出境货物的收发货人或其代理人向海关申报时，必须填写并向海关递交进口或出口货物报关单。申报人在填制报关单时，必须做到真实、准确、齐全、清楚。

③ 报关单的填写必须真实，要做到两个相符：一是单证相符，即报关单与合同、批文、发票、装箱单等相符；二是单货相符，即报关单中所报内容与实际进出口货物情况相符，特别是货物的品名、规格、数量、价格等内容必须真实，不得出现差错，更不能伪报、瞒报及虚报。

④ 报关单中填报的项目要准确、齐全。报关单所列各栏要逐项详细填写，内容无误；要求尽可能打字填报，如用手写，字迹要清楚、整洁、端正，不可用铅笔（或红色复写纸）填报；填报项目，若有更改，必须在更改项目上加盖校对章。

(2) 该企业的做法是错误的，作为一名合格的报关员，在报关时要做到如下要求。

向海关申报的进出口货物报关单，事后由于各种原因，出现原来填报的内容与实际进出口货物不相一致的，需立即向海关办理更正手续，填写报关更正单，对原来填报项目的内容进行更改，更改内容必须清楚，一般情况下，错什么，改什么。

学习资源

http://chinacba.org/ 中国报关协会

http://www.chinaport.gov.cn/ 中国电子口岸

http://www.eciq.cn/ 中国检验检疫电子业务网

http://www.bjy.net.cn/ 中国出入境检验检疫协会

习题巩固

一、单项选择题

1. 报关是指进出境运输工具的负责人、进出境物品的所有人、进出口货物的收发货人或其代理人向（　　）办理进出境手续的全过程。

　　A. 边检　　　　　　　　　　　　B. 海关

　　C. 进出境商品检验检疫局　　　　D. 外经部门

2. 根据《海关法》的规定，（　　）是海关对进出境物品监管的基本原则，也是对进出境物品报关的基本要求。

　　A. 合理在境内使用原则　　　　　B. 合法进出境原则

　　C. 自用合理数量原则　　　　　　D. 不在转让原则

3. 出口货物的发货人或其代理人除海关特准的外，根据规定应当在（　　）向海关申报。

　　A. 装货前 24 小时　　　　　　　B. 装货的 24 小时前

　　C. 货物运抵口岸 24 小时内　　　D. 承载的运输工具起运（或起航）的 24 小时前

4. 一般情况下,进口货物应当在( )海关申报。
   A. 进境地　　　　B. 起运地海关　　　C. 目的地海关　　　D. 附近海关
5. 在进出口报关环节的申报环节中,申报单证的主要单证指的是( )。
   A. 进出口许可证　　B. 商业发票　　　　C. 原产地证　　　　D. 报关单
6. 对于进境货物而言,( )不属于检验检疫的报检方式。
   A. 进境一般报检　　B. 进境流向报检　　C. 进境预检　　　　D. 异地施检报检
7. 出境货物最迟应在出口报关或装运前( )天报检。
   A. 4　　　　　　　B. 5　　　　　　　C. 6　　　　　　　D. 7
8. 法定检验检疫货物的通关模式是( )。
   A. 先报检,后报关　　　　　　　　　B. 先报关,后报检
   C. 既可先报检也可先报关　　　　　　D. 报检与报关应同时办理
9. 办理出境货物检验检疫手续的一般程序是( )。
   A. 报检—领取《出境货物通关单》—联系检验检疫
   B. 报检—联系检验检疫—领取《出境货物通关单》
   C. 联系检验检疫—报检—领取《出境货物通关单》
   D. 联系检验检疫—领取《出境货物通关单》—报检
10. 《入境货物报检单》的"报检日期"一栏应填写( )。
    A. 出境货物检验检疫完毕的日期　　　B. 检验检疫机构实际受理报检的日期
    C. 出境货物的发货日期　　　　　　　D. 报检单的填制日期

二、多项选择题

1. 目前,以下哪些货物进出境需向海关办理报关手续? ( )
   A. 一般进出口货物　　　　　　　　　B. 通过电缆输送进出境的电
   C. 通过管道方式输送进出境的石油　　D. 以货品为载体的软件
2. 根据《海关法》规定,海关的基本任务为( )。
   A. 监管　　　　　　B. 征税　　　　　　C. 查缉走私　　　　D. 编制海关统计
3. 报关单位是指依法在海关注册登记的( )和( )。
   A. 报关企业　　　　　　　　　　　　B. 进出口货物收发货人
   C. 经营海关监管仓储业务的企业　　　D. 经营境内转运业务的企业
4. 在报关程序中,前期管理阶段适用的范围是( )。
   A. 保税货物　　　　　　　　　　　　B. 特定减免税货物
   C. 暂准进出境货物　　　　　　　　　D. 一般进出口
5. 下列单证中,属于基本单证的是( )。
   A. 提单　　　　　　B. 装箱单　　　　　C. 商业发票　　　　D. 原产地证明书
6. 进出口货物收发货人或其代理人配合海关查验的工作主要包括( )。
   A. 负责搬运货物、开箱、封箱
   B. 回答提问,提供有关单证
   C. 需要做进一步检验、化验或鉴定的货样,收取海关开具的取样清单
   D. 签字确认查验记录
7. 查验方式主要有( )。
   A. 彻底查验　　　　B. 抽查　　　　　　C. 外形查验　　　　D. 径行查验

8. 以下所列单据,出境报检时不须提供的有( )。
   A. 提(运)单　　　　B. 发票　　　　C. 装箱单　　　　D. 外贸合同
9. 对于报关地与目的地不同的进境货物,应向报关地检验检疫机构申请办理( ),向目的地检验检疫机构申请办理( )。
   A. 进境流向报检;异地施检报检　　　　B. 进境一般报检;进境流向报检
   C. 异地施检报检;进境流向报检　　　　D. 进境一般报检;异地施检报检
10. 办理进境检疫审批手续,应符合的条件包括( )。
    A. 输出国家或地区无重大动植物疫情
    B. 符合中国有关动植物检疫法律、法规、规章的规定
    C. 符合中国与输出国家或地区签订的有关双边检疫协定
    D. 符合输出国或地区有关法律、法规的规定

三、案例分析题

深圳某进口公司以 FOB 汉堡从德国进口一批汽车,支付方式为 L/C,贸易方式是一般贸易,该货物属法定检验、自动进口许可证管理商品。运载该货物的轮船于 2016 年 9 月 5 日于深圳海关申报进境。

问题:
1. 该进口公司申报的地点在哪里?
2. 该进口公司申报的期限为何时?如果超期申报,海关应如何处理?
3. 申报时应提交哪些单证?
4. 该进口公司提取货物后,发现有两部汽车损坏,并证实是在海关查验过程中造成的,这时,是否有权要求海关予以赔偿?为什么?

四、实务操作题

请根据提供的单据及资料完成关于《出境货物报检单》的填制。

INVOICE

Invoice No.:GH339752
Date:Jun. 20. 2009
Ref. No.:IN20050620
Buyer:VICIOR STAR CO.,LTD. ROMA ITALY
L/C No.:LC85947829
　　　　UN BANK OF U.S. TIANJIN BRANCH
Notify Party:EVERBRIGHT CO.,LTD. NAPLES ITALY
Contract No.:TYU05328
Shipped From:TIANJIN CHINA
Destination:NAPLES ITALY
Marks & No.:TYU05328
　　　　TIANJIN CHINA

Description	Quantity	Unit price(USD)	Amount(USD)
CANNED APPLE			
PACKING:IN TIN	4800TINS/120CARTONS		
ORIGIN:TIANJIN CHINA	0.2KGS EACH TIN	1.00/TIN	

1. "发货人（外文）"一栏应填写（   ）。
   A. VICTOR STAR CO,LTD.
   B. TIANJIN FOODSTUFFS IMP/EXP CO,LTD
   C. UNBANK OF U.S. TIANJIN BRANCH
   D. EVERBRIGHT CO,LTD,NAPLESITALY

2. "货物名称"一栏应填写（   ）。
   A. 菠萝罐头   B. 菠萝片
   C. 苹果罐头   D. 苹果片

3. "数/重量"一栏应填写（   ）。
   A. 2TINS/9600KGS   B. 9600KGS
   C. 4800TIN/120CARTONS D. 4800TINS/960KGS

4. "货物总值"一栏应填写（   ）。
   A. USD4800   B. 4800TINS
   C. 120TONS   D. 4800

5. "合同号"一栏应填写（   ）。
   A. LC85947829   B. TYU05328
   C. IN20050620   D. GH339752

6. "信用证号"一栏应填写（   ）。
   A. LC85947829   B. TYU05328
   C. IN20050620   D. GH339752

7. "输往国家（地区）"一栏应填写（   ）。
   A. 韩国   B. 美国
   C. 英国   D. 意大利

8. "包装种类及数量"一栏应填写（   ）。
   A. 4800 纸箱   B. 4800 听
   C. 4800 件   D. 4800 个

9. "用途"一栏应填写（   ）。
   A. 食用   B. 奶用
   C. 种用或繁殖   D. 观赏或演艺

10. "标记及号码"一栏应填写（   ）。
    A. UN BANK OF U.S.
       TIANJIN BRANCH
    B. 4800TJNS/120CARTONS
       0.2KGS EACHTIN
    C. TYU05328
       TIANJIN CHINA
    D. CANNED APPLE
       PACKING:IN TIN
       ORIGIN:TIANJIN CHINA

项目 9 国际货运代理的客户服务

任务 1 国际货运代理的客户服务认知

【从业知识目标】
◆ 掌握国际货运代理客户服务概念。
◆ 了解国际货运代理客户服务的重要性。
◆ 掌握国际货运代理服务质量管理。

【执业技能目标】
◆ 能够运用所学理论知识,结合实际情况做好国际货运代理客户服务业务。

任务提出

某货运公司的 A、B 两名销售人员分别有一票 FOB 条款的货物,均配载在 D 轮从青岛经釜山转船前往纽约的航次上。开船后第二天,D 轮在釜山港与另一艘船相撞,造成部分货物损失。接到船东的通知后,两位销售人员的解决方法如下:

A 销售员:马上向客户催收运杂费,收到费用后才告诉客户有关船损一事。

B 销售员:马上通知客户事故情况并询问该票货物是否已投保,积极协调承运人查询货物是否受损并及时向客户反馈。待问题解决后才向客户收费。

A、B 两位销售员到底哪位处理得更恰当呢?

知识要点

一、国际货运代理客户服务概述

(一) 含义

国际货运代理行业是服务行业,服务客户的精神必须贯穿企业的所有运作环节中。规模大的国际货运代理公司分工较细,会把客户服务作为独立的部门,其职员可称为客服人员或客户服务代表。国际货运代理客户服务部并非单纯为服务客户而设立,有的公司视客户服务部为操作部与揽货部之间的桥梁,也称内部揽货;规模较小的公司就可能只是揽货员接单后直接下工作流程单给操作员;也有的公司将客户服务部作为服务客户及所有部门的监控管理部门。

国际货运代理客户服务是指为满足客户需求和管理客户群所提供的各种服务,具体包括回答客户咨询、管理客户关系、处理客户投诉、调查客户需求、国际货运代理服务质量管理等。国际货运代理客户服务一般可分为如下两种。

(1) 售前服务:提供客户产品的信息,处理客户对国际货运代理企业各服务产品的咨询与查询。例如,告知客户国际货运代理费用的计算方式、服务的项目等。

(2) 售后服务:在某特定保证期间内,对具体业务提供售后服务。例如,货物跟踪、处理异常状况、处理客户投诉、进行费用对账和单证核退、进行客户关系管理等。

国际货运代理服务质量

国际货运代理服务质量是指国际货运代理企业在一定时期内为客户提供服务的效用及其对客户需求满足程度的综合表现。

服务效用是指国际货运代理企业为客户提供货运代理服务的有效性和有用性,是反映企业提供国际货运代理服务满足客户和社会明确或隐含需要能力的特性总和(安全、迅速、准确、节省、方便、守信)。

客户需求的满足程度取决于客户总价值(产品价值、服务价值、人员价值、形象价值)与客户总成本(资金成本、时间成本、精力成本、体力成本)的比值。

国际货运代理服务质量的主要内容包括服务态度、服务技术、服务设施、服务项目、服务时间等,具体体现为:服务热情周到、正确履行委托事项、运输迅速交货及时、掌握和提供最新的货运信息、迅速处理突发事件等。

提高国际货运代理服务质量有以下几种途径。

1. 全面质量管理

国际货运代理服务质量取决于国际货运代理服务全过程的各个环节、各个部门及所有员工的工作质量。因此,除了满足客户服务质量要求外,还必须形成:人人关心服务质量的提高,人人设身处地为客户着想,人人为客户提供优质服务的企业文化氛围。

2. 做好客户服务工作

国际货运代理客户服务分为外部营销和内部营销。外部营销是指公司为客户准备的服务、定价、分销和促销等常规工作。内部营销是指国际货运代理企业必须有效地培训和激励直接与客户接触的职员和所有辅助服务人员,使其通力合作,为客户提供满意的服务。

3. 制定高标准的服务规范

服务质量好坏的关键取决于提供服务的具体人员,为提高客户的感受价值,使客户满意,企业必须提出高标准的服务规范。

4. 做好有形展示

国际货运代理企业有形展示主要内容有硬件展示和软件展示。通过有形展示使客户了解企业，对企业产生信任感，提高客户理想中的服务质量和管理水平，使其产生合理的预期，增加满意度。

5. 通过关键绩效指标加强管理

国际货运代理服务质量可以通过订单完成率、运输准点率、运输货损货差率、仓库货损货差率、按时回单率、客户投诉率6个指标进行管理，提高市场竞争水平。

（二）国际货运代理客户服务的重要性

国际货运代理行业竞争激烈、强手如林，企业靠什么制胜？国际货运代理企业常常有这样的口号"为客户提供百分之一百的服务！"，即提供超出客户期望值的服务，在正常的工作职责之外为客户提供服务。国际货运代理客户服务就是一个重要的对外窗口，能帮助国际货运代理企业以最低的成本向客户提供最满意的服务。

国际货运代理客户服务是国际货运代理企业提供的增值服务的一部分。追求卓越服务质量的意识从国际货运代理客户服务开始，应贯穿和融入所有部门的日常工作。由国际货运代理客户服务体现出来的服务质量意识是国际货运代理企业的核心价值。

国际货运代理客户服务是维护企业良好关系的关键职能，是以客户为尊的具体体现，可以建立与客户之间长期互利的关系，合作创造价值以提高客户的竞争力，从而增加客户对企业的信任度和忠诚度。

国际货运代理客户服务提供的客户调研主要内容包括市场需求与发展。从时间、价格、运力、路线、环节等方面去发现增强实力的途径，紧跟市场，挑战现有工作程序，进行开拓性的思考，寻求创新，以更好的方法为客户创造价值。

二、国际货运代理客服的岗位职责及素质与技能要求

（一）岗位职责

（1）接受客户在航班情况、收费项目、服务种类等方面的咨询，及时准确地回复客户。

（2）根据客户的业务委托，了解各业务环节的操作状况，与客户保持密切沟通，及时反馈操作现状，并及时解决运输的异常状况及各种突发事件。

（3）了解国际货运代理各操作环节可能发生的各类费用，负责具体业务应付款项的请款申请。

（4）负责填制国际货运代理应收明细账单，与客户确认各项费用无误后转财务开票，与财务配合做好客户各种报关单据的核退工作。

（5）负责客户关系的维护与管理，管理公司客户资源。

（6）负责报价的对外发布、跟踪和核实，整理VIP客户的报价。

（7）协调公司业务部与操作部之间的衔接；协调船公司、拖车公司、报关公司等外部关系。

（8）接受海外代理咨询，负责海外代理业务的操作、查询，以及额外费用和账单的确认。

（二）素质与技能要求

1. 综合素质要求

（1）具备良好的表达与沟通能力，具有很强的团队合作精神。

(2) 善于识别问题、分析解决问题；善于引导客户，共同寻求解决问题的方法。
(3) 拥有敏捷的思维、高度的客户服务意识及一定的超前意识。
(4) 能够换位思考，勇于承担自己的责任。
(5) 具备较强的抗压能力，能够承受较大的工作压力。
(6) 具备本行业丰富的专业知识，可以为客户提供高质量的查询及咨询服务。
(7) 熟悉国际货运运价体系，具备良好的风险控制与财务核算意识。

2. 技能要求

(1) 掌握国际货运流程各业务环节及操作要求。
(2) 掌握各国基本口岸知识及各大船公司操作流程。
(3) 掌握进出口报关业务的各项流程和相关的海关政策法规。
(4) 掌握商品检验、检疫知识及报检业务的各项流程和相关的政策法规。
(5) 掌握国际货运各航线的运价情况及其他费用明细。
(6) 掌握相关单证核退流程与注意事项。

任务反馈

国际货运代理客户服务是货运代理企业取得竞争成功的关键因素之一。国际货运代理客户服务要以客户的利益为中心，努力为客户提供优质的服务，建立长期的合作关系。本案例中A销售员没有将客户利益放在第一位，只是考虑眼前利益。结果虽然A的客户货物最终没有损失，但在知道真相后，对A及其公司表示不满并终止合作。反而B的客户虽然出现货损，但得到了保险公司的赔偿，事后给该公司写来了感谢信，并扩大了双方的合作范围。

任务2 国际货运代理客户咨询与投诉

【从业知识目标】
◆ 掌握国际货运代理基本职业礼仪。
◆ 了解国际货运代理客户常见咨询问题及处理技巧。
◆ 了解国际货运代理客户常见投诉问题及处理技巧。

【执业技能目标】
◆ 能够运用所学理论知识，结合实际情况处理好客户咨询与投诉问题。

任务提出

C公司承揽一票30标箱的海运出口货物由青岛运往日本，由于轮船暴舱，在不知情的情况下被船公司甩舱。发货人知道后要求C公司赔偿因延误运输而产生的损失。C公司该如何处理呢？

项目 9
国际货运代理的客户服务

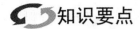 知识要点

一、国际货运代理基本职业礼仪

国际货运代理基本职业礼仪是对客户尊重的具体体现,是建立友好关系的敲门砖,时时注意礼仪不仅有利于合作双方气氛融洽,也容易赢得客户的信任。

国际货运代理基本职业礼仪包含以下几个方面的内容。

(一) 见面礼仪

1. 注意观察对方的表情仪态

国际货运代理从业人员特别要学会与以下各种人员打交道:①性格阴郁的人;②外表冰冷的人;③毫无表情的人;④盛气凌人的人;⑤争强好胜的人。

在业务洽谈中,客户的心理活动往往会通过某种表情和行为表现出来,特别是一些细微的动作,往往会流露出最真实的想法。当一个人双手交叉在胸前,或者指尖互顶成金字塔形,或者手托腮帮聆听,或者手托下巴思考,或者食指放在耳朵盘算,或者双手摊开侃侃而谈等,这些仪态都在向你传递一定的信息。

2. 国际货运代理从业人员的形象

(1) 着装。

男士要注意服装的肩宽、胸围、衣长、裤长。西装单排如果要扣纽扣一般只扣上面一颗,单排三颗纽扣一般扣中间一颗或上面两颗,双排则全扣上;领带要选斜条纹、方格、点状或不规则图形的领带;衬衫领口、袖口干净无污渍;穿西装不要挽袖子,西装口袋不要放东西,西裤应笔挺有弹性;着黑色或深色袜子,皮鞋要光亮。女士要着正规的裙装或裤装,穿着大方得体,袖口不宜过长并保持整洁,裙子长短适宜,着无破洞的肤色袜子,鞋子保持光亮清洁,着装不宜太露、太透、过分花哨,不宜穿高于膝盖 10 cm 以上的裙子。

(2) 发式。

男士应为短发,头发要保持干净、整齐,切忌头发零乱、发型怪异;女士发型要文雅、庄重、整齐,长发用发箍或发夹束起。

(3) 其他。

指甲不宜过长,要保持整洁,尽量少吃刺激性食物和味道较重的食物,保持口腔卫生。男士胡须要剃干净。女士若涂指甲油要用无色透明的,脸部可化淡妆。

3. 国际货运代理从业人员的仪态

(1) 表情。

微笑是全世界唯一没有沟通障碍的语言。笑脸迎客是每个国际货运代理从业人员的基本要求。

(2) 眼神。

微笑及交谈中要保持与对方平视,要有胆量正视和接受对方的目光,视线高于对方会让人感到被轻视,视线低于对方会让人存有戒心。

(3) 形体。

常言道:站有站相,坐有坐相。国际货运代理从业人员在与客户的交流中也要注意各种形体语言。

站姿方面:男士双腿分开约一肩宽,脚位呈 V 字形、双脚打开呈 30°～45°站立,两手胸前扣握,左右手均可在上;女士脚位呈 V 字形或丁字形站立,两手胸前扣握,左右手均可在上。

坐姿方面:男士双肩自然下垂,躯干竖直,双脚自然平行,双膝弯曲 90°～120°,双手自然平放于腿上;女士双肩自然下垂,躯干竖直,双脚并拢稍往内弯曲,双手自然相握垂放在双腿上,切忌跷二郎腿、交叉腿、分腿,以及双手抱头、斜躺、蹲坐等。

女士如有需要下蹲为客户服务,应呈半跪式,右脚支撑呈 90°,左小腿与地面近乎平行,上身直立,双手递出东西。切忌蹲坐。

(4) 迎送礼节。

迎送接待礼仪要注意安排客户的食宿、交通,最好事先定好行程表、相关环节接送人员和注意事项。拜访客户同样需要注意这些礼节,注意掌握行礼的最佳时机和禁忌。

握手礼是当今世界最为流行的礼节。行握手礼时,不必相隔很远就伸直手臂,也不要距离太近。一般距离一步左右,上身稍向前倾,伸出右手,四指齐并,拇指张开,双方伸出的手一握即可,不要相互攥着不放,也不要用力使劲。若和女士握手时,不要满手掌相触,而是轻握女士手指部位即可。

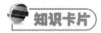

握 手 礼

1. 握手方法

(1) 一定要用右手握手。

(2) 要紧握对方的手,时间一般以 1～3 秒为宜。当然,过紧地握手,或只是用手指部位漫不经心地接触对方的手都是不礼貌的。

(3) 被介绍之后,最好不要立即主动伸手。当年轻者、职务低者被介绍给年长者、职务高者时,应根据年长者、职务高者的反应行事,即当年长者、职务高者用点头致意代替握手时,年轻者、职务低者也应随之点头致意。和女士握手,一般男士不要先伸手。

(4) 握手时,年轻者对年长者、职务低者对职务高者都应稍稍欠身相握。有时为表示特别尊敬,可用双手迎握。男士与女士握手时,一般只宜轻轻握女士手指部位。男士握手时应脱帽,切忌戴手套握手。

(5) 握手时双目应注视对方,微笑致意或问好,多人同时握手时应依次进行,切忌交叉握手。

(6) 在任何情况下,拒绝对方主动要求握手的举动都是无礼的,但手上有水或手不干净时,应谢绝握手,同时必须解释并致歉。

2. 不礼貌握手

(1) 男士戴着帽子和手套。

(2) 长久的握着异性的手不放。男士与女士握手时间要短一些,用力要轻一些。

(3) 用左手同他人握手。

(4) 交叉握手,越过其他人正在相握的手同另外一个人相握。

(5) 握手时左顾右盼。

3. 握手禁忌

(1) 不要用左手与他人握手,尤其是和阿拉伯人、印度人打交道时要牢记,因为在他们看来,左手是不洁的,只能用于洗澡等。

(2) 在和基督教信徒交往时,要避免两人握手时与另外两人相握的手形成交叉状,这种形状类似十字架,在他们眼里这是很不吉利的。

(3) 在握手时不要戴着手套或墨镜,只有女士在社交场合戴着薄纱手套握手,才是被允许的。

(4) 在握手时不要另外一只手插在衣袋里或拿着东西。

(5) 在握手时不要面无表情、不置一词或长篇大论、点头哈腰、过分客套。

(6) 在握手时不要仅仅握住对方的手指尖,好像有意与对方保持距离。正确的做法,是要握住整个手掌。

(7) 在握手时不要把对方的手拉过来、推过去,或者上下左右抖个不停。

(8) 不要拒绝和别人握手,即使有手疾或手汗湿了、弄脏了,也要和对方说一下"对不起,我的手现在不方便",以免造成不必要的误会。

自我介绍要注意场合、内容、时间、态度、方式;他人介绍要注意介绍人、次序、语调、称呼。交换名片时要事前准备好名片或把名片固定在要递给对方的宣传资料上,双手接受对方的名片时不要马上收起,要仔细看看对方的职位、头衔并顺口称呼,传递名片时最好双手递出,目视对方。

登门拜访客户一定要预约,尽量不要成为不速之客。上门揽货要说:"您好,我们是×××公司,真诚为那你服务……"上门送货要说:"您好,您的货已送到,请验收……希望能再次为您服务,再见。"上门取货要说:"您好,我们代表×××公司到贵处取货,请安排。"登门拜访客户,结束后要礼貌地告辞,如因急事要临时告辞,记得要向对方道歉。

礼貌用语歌

初次见面说"您好",请人解答说"指教",客人来了说"欢迎",麻烦别人说"打扰",表示歉意"对不起",表示回礼"没关系",表示感激说"谢谢",向人祝贺说"恭喜",白天分别说"再见",晚上分手道"晚安",请人勿送说"留步",交往"请"字记心间。

(二) 电话礼仪

1. 接听和拨打电话的基本原则

(1) 电话服务时,必须使用标准语言、声调平和、保持亲切。

(2) 解答问题时,语言简明易懂、口齿清晰。

(3) 尊称对方为先生、女士。

2. 接听和拨打电话的注意事项

(1) 不用质问、不耐烦或使人反感的服务忌语。

(2) 记录的信息一定要全面准确,接收正确的信息是提高企业效率的保证。

(3) 听不清的内容务必请对方再说一遍,数字、地址等要重新核对一遍。

(三) 函电礼仪

收到客户的函件,要合理安排复函,特别要注意行文格式和落款签名的权限。

二、国际货运代理客户咨询管理

(一) 客户常见咨询问题及处理技巧

国际货运代理行业常见的问题是价格、航线、运输方式、交货时间、在途状况及其仓储、报关、报检、拖车服务等,特别应注意的是大票货物与客户自提货物、外发货物、中转货物、甩柜拉货及更改情况的查询。客服人员应该告诉客户本企业所能提供的服务项目,只承诺能为客户做到的服务,切不可夸大。承诺的泛滥与夸大会造成企业提供的服务与客户要求之间的差距,从而留下投诉隐患和客户对企业的信任危机。不能马上回答的问题,要对方留下回复电话和姓名,把问题弄清楚后尽快回复对方。没有权限回答的问题要转接相关人员,尽量给对方满意的答案。优质的客户服务应处处为客户的便利着想。

国际货运代理企业可以把常见问题及答案归纳放在网上供客户随时查看以减少客服人员的工作量,而特殊的问题则通过电话或网上在线或离线答疑。

(二) 答复有关货物在途状况的咨询

国际货运代理企业应该建立和完善追踪货运的信息工作制度,最初的货物追踪主要是为企业内部服务的。在货物装上远程运输工具之前,对货物的追踪有利于新货运单的配载,其中运输工具的位置是调度室要清楚的信息。例如,集装箱运输中,集装箱空箱的合理调度将为运输企业节省一笔可观的费用。对货物装载情况的追踪可防止运输工具的空载或半载,可降低运载成本,使企业更有竞争力。

货物追踪有利于及时下指令给承运人变更装(卸)港。国际贸易合同中有时在成交日由于某种原因未能确知具体装(卸)港口,在成交合同签订时装货港或卸货港为未指名港货选择港。以往,最终卸在何港口或从何港口发运实际上取决于承运人的方便,因为供需双方并不知道货物在运输途中的确切位置。

货物追踪实际上是信息技术在国际货运代理业的应用,也就是国际货运代理业中的信息流的管理。国际货运代理企业已经意识到货物追踪的重要性,让软件的使用者能充分利用互联网技术为客户的货物追踪提供实时动态查询服务。

全球卫星定位系统(globe positioning system, GPS)和全球追踪系统(globe tracking system)的出现,解决了国际货运代理信息在不同平台的衔接。

追踪技术的发展使国际货运代理业的服务越来越贴近客户,打破了传统的运输业定点定时配载卸载,使随时随地地配载卸载成为可能,使路径优化成为可能。

互联网技术替代了传统用电话跟踪每一运输节点的做法,把运输路径的每一个参与者的出入信息汇成单一的货物跟踪方式,旨在降低成本,能为客户提供更好的服务。

收集物流数据的步骤如下。

(1) 要准确、真实地填写各类跟踪表格包括货物跟踪表、甩柜拉货登记本、中转货物跟踪表、网络信息反馈表等。

(2) 依船期表、航班时刻表跟踪货物是否正常出港,如甩柜拉货要及时通知客户并进行登记。

(3) 货物到达时可联络目的地或网络送货人查询货物是否正常到达。

三、国际货运代理客户投诉管理

(一)客户常见投诉问题

国际货运代理行业常见投诉问题有收费与报价不符、货物卸错、交货延迟、野蛮装卸、货差货损及服务态度差、服务与承诺不一致等。

(二)处理客户投诉的态度及技巧

1. 耐心倾听客户的抱怨

1) 提出问题

引出客户投诉内容的提问方式有两种:开放式提问和封闭式提问。

(1) 开放式提问。开放式提问是没有具体的问题,不需要客户马上做出"是"或"不是"这样判断的提问。客服人员可以说:"请问×××先生(小姐),有什么事我可以帮忙?"让客户敞开心扉尽情发挥,说出事实、问题和抱怨,宣泄情绪以平复心中的不满,有的客户甚至会对自己提出的问题给出一些解释和答案。

开放式提问的好处是客服人员在客户倾诉的时候可以收集到尽量多的信息和服务质量问题。弊端是遇到话题无法收尾的客户,接待的客服人员要无限延长处理问题的时间,客服人员要注意引导客户,不能让客户不停抱怨。

(2) 封闭式提问。客户在投诉时,客服人员给出一个推测的问题和可供选择的答案,这时候客户回答"是"或"不是"。封闭式提问可以有效控制处理时间,例如,客服人员可以这样问:"您的货物是纸箱或木箱包装?"可以很快进入投诉的主题。但是封闭式提问会让客户觉得紧张和不舒服。有时客户会觉得自己是被咄咄逼人的客服人员审讯,感觉不被尊重。特别是当客服人员提出多个封闭式的问题都得到"不是"的答案时,客户会认为他很不专业。客服人员必须不断提高自己的专业素质,以求问题直达要点。

以上两种提问方式各有好处和弊端,无限制使用开放式提问,同样会让客户觉得客服人员不够专业,正常的提问是先抛出开放式问题,客户开始回答,客服人员收集了一些相关信息,然后有针对性地进行封闭式提问。

2) 复述投诉事实和情感

倾听的第二步是复述两个内容:一个是接收到的事实;另一个是接收到的情感。复述的时候要将收到的信息重复一遍,看收到的信息是否准确。如果理解出现偏差,后续的服务可能就枉费心力了。复述事实同时可以告知客户将要负责处理的部门。复述情感在投诉的过程中非常重要,它能够有效平息客户愤怒的情绪。复述情感时需要技巧,不能机械重复,例如,客户说:"你们这是什么破地方,这么远。"这时客服人员可以复述为:"是的,我们这边是稍微远了一点,不好意思让您辛苦了。"

3) 勇于承认错误

客户抱怨的时候,客服人员不要一味推卸责任,而是要勇于承认错误。这种承认错误是有技巧地复述客户的情感,有技巧地避开客户的锋芒,并非主动承揽责任,而是要避免矛盾激化。

2. 避免正面冲突

如果货物没有及时送到,收货人又着急要货,双方常常会有冲突。当客服人员在面对客户情绪化的投诉时,特别是无理取闹式的投诉时,要把注意力集中在涉及的问题及事实上,尽量减少情绪上的反应,不要让自己失控。此时最能体现客服人员的素质,这时候如果客服人员说脏话或态度不好会激化矛盾导致更严重的投诉,使问题升级,这并不是双方想要的结果。客服人员要站在客户的立场进行换位思考,绝不可与客户争吵。客服人员可以用以下方法推测客户情绪化的理由,使自己情绪缓和下来。

(1) 他们也许本来是十分友好的人。因为各种其他与你无关的原因而感到不快,他们所需要的只是发泄不快的情绪。

(2) 他们可能感到焦虑。有些人甚至对打电话都感到焦虑,说话语气与平常也不太一样,变得情绪化,容易激动。

(3) 不要把客户对你说的不礼貌的话当成对你个人的侮辱。客户并不是在发泄对你本人的不满,而是由于主观或客观原因导致对企业服务的不满。

3. 满足客户的期望值

是否能够满足客户的期望值,是客户对国际货运代理企业客户服务的评价关键指标,客户主要从以下几个方面评价企业提供的客户服务。

1) 服务的有形度

服务的有形度就是展现给客户的外在形象。如,客户来到国际货运代理企业的营业场所,看到的职员行为是不是职业化,是不是职业着装,环境是不是优雅;电话中客户听到的声音是不是甜美,职员接待是不是热情等。

2) 服务的专业度

客服人员要尽快了解客户的需求,理解客户的想法和心情。客服人员服务的专业度越高,客户对企业越有信心。

3) 服务的反应度

很多客户会因为服务慢而投诉。客户希望你马上解决他的问题,需要迅速积极的答复,至于能否圆满处理则是另一回事。例如,我们去餐厅吃饭,吃完饭之后说:"服务员,帮忙拿牙签过来。"这个时候服务员有几种回答,一种说:"稍等一下。"另一种说:"好的,我马上去拿。"第二种回答会让顾客更舒适,会觉得速度更快、更有效率。所以我们要学会"马上"这个词语,经常说"我马上为您解决","我马上帮您查看","我马上来解决您这件事情"之类的话。

4) 服务的信赖度

良好的服务会让客户产生信赖感,通过对客户的理解,接待客户的过程,处理问题的反应速度和很好的专业化和职业化的形象等,会让客户慢慢产生信任的感觉,最终给本企业品牌给予肯定。客服人员想在客户心目中树立良好的形象,需要在服务过程中始终有一个好的表现。

4. 处理客户投诉注意事项

(1) 完整记录客户的投诉。认真倾听客户的陈述,做好详细的记录,记录客户的姓名及联系方式,记录客户反映的服务质量问题,不要打断客户。

(2) 始终保持热情和友好的声音。音量适中,语调平和,不卑不亢。

(3) 避免用凌驾于客户之上的语气说话或向客户发货,或者责备客户。

(4) 避免推诿责任或人为增加客户投诉难度。

(5) 平和处理无理投诉。有些客户故意刁难,特别是同行客户,由于他们知道对手公司的弱点,刁难对方是恶性竞争的手段之一。此时客服人员要以良好的心态来应对,有时甚至要忍气吞声或自我催眠。

(6) 在了解全部事实之前避免主动承担责任或匆忙下结论,回答客户问题之前要考虑好。

处理客户投诉是一系列环节的结合,包括倾听客户的抱怨,记录客户问题,提出解决方法,博取客户同情,通知客户处理结果,找到走出困境的方法,挽留将要流失的客户。要注意沟通过程中的用语、语气等。要时刻保持投诉渠道的畅通,加强与客户建立伙伴的国际货运代理客户关系。对客户投诉进行预防管理比事后赔款更重要。

任务反馈

C公司首先向客户道歉,然后与船公司交涉,经过努力船公司同意该票货物改装3天后的班轮,C公司考虑客户损失将运费按八折收取。C公司经理还邀请船公司业务经理一起到客户处道歉,并将结果告诉客户,最终得到谅解。结果该纠纷圆满解决,货主方经理非常高兴,并表示:"你们在处理纠纷的同时,进行了一次非常成功的营销活动"。

任务 3　国际货运代理客户关系管理

【从业知识目标】

◆ 掌握国际货运代理客户的分类。

◆ 了解国际货运代理客户关系管理的内容。

【执业技能目标】

◆ 能够运用所学理论知识,结合实际情况做好国际货运代理客户关系管理。

任务提出

新景程国际货运代理有限公司成立于1998年,其前身是上海汉升货运代理有限公司,是国家商务部批准的一级国际货运代理企业,同时也是国家交通部批准的具有无船承运业务经营资格的无船承运人。公司下设市场部、海外部、空运部、散货大件部、海运出口部、海运进口部、多式联运部、销售部、人事财务部和办公室等10个部门。公司主营海运集装箱货物、海运散杂货和空运货的运输服务。集装箱运输以欧洲、地中海、中东、东南亚和美国航线的出口和全球集装箱的全程进口为主要业务,并在运价上具有很强的竞争力。在进出上海港的散杂货和大件运输服务方面具有丰富的经验和优势。新景程国际货运代理公司目前对客户没有专门的分类,无法有效识别价值客户和挖掘潜在客户,不利于公司的长远发展。新景程国际货运代理公司该如何对客户进行分类?

知识要点

一、国际货运代理客户分类

(一)狭义的客户

客户资源对国际货运代理企业至关重要。客户关系管理是防止客户流失和增加客户忠诚度的有效方式。客户关系管理(customer relationship management,CRM)由美国 Gartner Group 在20世纪80年代率先提出,今天 CRM 已成为企业资源管理系统(ERP)的一部分。客户关系管理是国际货运代理企业整合客户、员工、供应商等的关键,同时也是整合各种技术加强销售、客户服务、企业资源规划等,以获得、保持、增加客户并增加收入和利润的重要手段。

狭义的客户是指国际货运代理企业的委托人,即国际贸易货物的收发货人、通知人、承运人或他们的代理人,也是国际货运代理企业利润的源泉。通常可以按如下分类进行管理。

(1)按时间顺序分为老客户、新客户及潜在客户;
(2)按性质分为直接客户和间接客户,间接客户即同行客户;
(3)按航线分为美加线客户、东南亚线客户、欧洲线客户、日本线客户等;
(4)按信用等级分为A级客户、B级客户、C级客户。

狭义的客户还可以按照货物性质、服务环节分类,分类管理是为了分别对待,更好地服务客户:按货物性质、航线分类有利于配载、跟踪;按时间顺序和性质分类有利于揽货员报价;按信用等级分类有利于财务结算。

(二)广义的客户

广义的客户是指国际货运代理业务的所有关系人。这些关系包含承运人、仓库、堆场、货运站、码头、港口代理、机场、车站、保险公司、报关行、快递公司、拖车行、控箱公司、熏蒸公司、银行等相关企业,海关、出入境检验检疫局、税务局、外汇管理局、港务局等政府部门。不少外贸公司同国际货运代理企业合作并非因其提供了优惠运价,而是因其良好的外围关系。国际货运代理企业良好的外围关系有助于外贸公司履行国际贸易合同质量,长期稳定的订单胜过运输成本的降低。外贸公司的业务员往往在签订出口合同之前就预估了运费,稳定的运价也便于核算成本。

承运人是国际货运代理公司揽货的"靠山"。同承运人的关系密切甚至可以帮助进出口公司免除洗箱费和修箱费,从而让客户感到与本公司合作大有裨益。

外贸企业有时会自己报关、报检、拖车、保险,有时也委托国际货运代理公司做,这时候国际货运代理企业就需要有和自己合作的报关行、拖车行、保险公司等。

二、国际货运代理客户关系管理的内容

(一)基础资料

基础资料是揽货员通过一定途径搜集得来的,这些资料要不断更新维护。客户单位的名称、地址、电话、经办人、储运部经理、业务部经理和总经理的姓名和电话,财务经理的姓名和电话以及他们的年龄、兴趣爱好(喜欢什么、经常坐什么车、喜欢看什么电视等)、禁忌习惯、学历和他们妻子、子女的生日等;客户单位的规模、所有制形式、企业经营特点等资料。与财务配合做好客户各种报关单据的核退工作。

(二)业务资料

客户的业务资料是历年来委托本公司每一票货的详细记录,每个揽货员的业务资料,每一营业部、分公司甚至区域的业务记录。这些资料包含资信额度、结算方式、汇率设置、投诉管理、数期、历史报价、欠收欠付、历史实收实付、毛利、发票、对账单、余额表等;每个托运人所对应的多个收货人、多个通知人、多个供应商及装货地点;其他特殊要求等。

(三)统计分析

对基础资料和业务资料的统计分析是客户关系管理的重要内容。具体来说,包括以下内容:统计某客户对本公司每季度或每年各航线业务量的贡献排名,对本公司每季度或每年利润贡献排名;该客户同本公司的合作现状及存在的问题;该客户同本公司竞争对手的合作状况及存在的问题;该客户产品销量趋势和未来的发展动态;该客户的信用评估。揽货员、营业部、分公司、揽货区域的业务量统计是公司绩效考核的重要指标。

统计分析的结果可以提供给人力资源部门作为各部门考核依据,同时对国际货运代理企业的每一个职员特别是决策层有相当重要的指导意义。除了对客户基础资料和业务资料的分析外,客户调研结果的分析也是十分重要的。客户基础资料和业务资料的分析结果和客户现实需求调研结果是相互印证的。

根据统计分析,客服人员可以定期制作公司服务质量分析报告和提供个性化服务信息;国际货运代理公司一般对客户采用分级管理,使信息的利用更有效。

客户跟踪、客户回访也是客户关系管理的重要工作,而这些行为记录的存档工作也十分重要,其中包括联系人的信息、预约记录、拜访记录、事情处理结果等。

任务反馈

客户关系管理首先是选择和管理客户的经营思想与业务战略,目的是帮助企业实现客户长期价值的最大化。客户关系管理是以树立客户为中心的发展战略,并在此基础上开展的包括判断、选择、争取、发展和保持客户所需实施的全部商业过程。对客户分类和管理的实施方法和步骤主要包括:准确识别客户,区分客户群中不同的客户,与对企业有长远利益和值得发展的高质量客户进行一对一关系的互动,提供个性化的服务与产品,满足客户的特殊需求,提高其购买力并加强客户关系。可将国际货运代理客户按照表9-1中的指标进行分析。

表 9-1　国际货运代理客户分析

业务视角	评分指标	指标计算公式
财务视角	销售数量	客户的销售货量
	销售额	客户的运费收入
	销售贡献	统计客户的贡献：销售收入－服务成本－网络成本－设施成本
	应收账款回收率	应收账款回收率＝1－期末款达金额/本期应收金额
客户市场	计划货量	年初设定的该客户的出货计划量
	计划增长率	（期初出货量－计划出货量）/计划出货量
	忠诚度	对比客户历史出货量变化，以及客户代表对客户的评估，总体评估客户的忠诚程度
运营效率	卡车等候费	统计运输环节的时间超过规定期限的卡车等候费用。（运输环节：出口提空箱后客户货物没有在规定时间装箱；进口送货时没有及时卸货）
	仓储费	货物堆放在仓库所产生的费用
	季节波动	统计客户在一年中各个季节出货量的稳定程度

根据客户给新景程国际货运代理有限公司带来的价值和新景程国际货运代理有限公司为客户带来的价值进行比较，将客户分成四类(见图 9-1)。

<table>
<tr><td rowspan="4">客户带给公司的价值</td><td>AA 级客户：转型
　　为了吸引潜在的高价值客户，提高带给客户价值，制定特定业务流程</td><td>AAA 级客户：维护
　　和客户保持长期稳定的合作关系</td></tr>
<tr><td>C 散客：提价
　　对不赚钱、低利润或缺乏商业道德的客户提价，直到他们退出或改变</td><td>A 级客户：选择
　　确定是否存在提价的情况下，客户仍然认可的服务方式</td></tr>
<tr><td colspan="2">公司带给客户的价值</td></tr>
</table>

图 9-1　客户分类

根据客户的评分情况，将分数从高到低排列。

(1) 将分数最高的前 5% 的客户列位 AAA 级客户。对此类客户提供全球客户服务。此类客户是公司集团级战略客户，他们的业务通常都是跨航线、跨区域的，所以公司要提供从签约、出货到后续服务端到端管理。此类客户是公司集团的重点服务和销售对象，需要建立长期的合作伙伴关系。

(2) 将除 AAA 级客户外分数最高的前 15% 的客户列位 AA 级客户，为他们提供大客户服务。这类客户是公司区域性战略客户，他们的业务往往跨航线、跨口岸但不跨区域，公司要提供从签约、出货到后续服务端到端管理，是公司区域的重点服务对象和销售对象，需要建立长期的合作伙伴关系。

（3）再将除 AAA 级和 AA 级的分数最高的 30% 的客户列为 A 级客户,为他们提供普通客户服务。这类客户的业务往往是跨航线、单口岸业务。公司除了提供从签约、出货到后续服务端到端管理,还需要从中发现有潜力的重点客户。同时更多地通过合作渠道和网上服务降低服务成本,提高重点客户服务水平。

（4）最后剩余的那些客户归入 C 类客户,为这类客户以网络或电话的方式提供从签约、出货到后续服务端到端管理。

AAA 和 AA 级客户属于公司的战略性客户,A 级别的客户属于公司的发展客户,C 类客户属于公司的零散客户。

http://www.mot.gov.cn/ 中华人民共和国交通运输部

http://chinacba.org/ccba/ 中国报关协会

http://www.cifa.org.cn/ 中国国际货运代理协会

http://www.jc56.com/ 锦程国际物流网

习题巩固

一、单项选择题

1. 国际货运代理行业是（　　）,服务客户的精神必须贯穿企业的所有运作环节中。
   A．生产行业　　　B．制作业　　　C．服务行业　　　D．第一产业

2. 国际货运代理客户服务中,当货运代理公司出现失误,客户抱怨的时候,客服人员首先要做的是（　　）。
   A．解释说明　　　B．推卸责任　　　C．做出补偿　　　D．承认错误

3. 国际货运代理从业人员基本要求是（　　）。
   A．微笑　　　　　B．客户沟通　　　C．业务精通　　　D．理论知识丰富

二、多项选择题

1. 国际货运代理客户服务一般分为（　　）。
   A．售前服务　　　B．售中服务　　　C．售后服务　　　D．客户维护

2. 引出客户投诉内容的提问方式有（　　）。
   A．开放式提问　　B．封闭式提问　　C．质疑　　　　　D．复述事实

3. 满足客户的期望值主要从哪几个方面评价企业提供的客户服务?（　　）
   A．服务的有形度　B．服务的专业度　C．服务的反应度　D．服务的信赖度

4. 国际货运代理客户关系管理中一般将客户分类划分为（　　）。
   A．承运人　　　　B．托运人　　　　C．狭义的客户　　D．广义的客户

5. 国际货运代理客户关系管理的内容包括（　　）。
   A．基础资料　　　B．数据资料　　　C．业务资料　　　D．统计分析

三、名词解释

1. 国际货运代理客户服务

2. 国际货运代理客户关系管理

3. 国际货运代理服务质量

四、简答题

1. 国际货运代理基本职业礼仪包含哪几个方面?
2. 国际货运代理客户常见咨询问题及处理技巧?
3. 处理国际货运代理客户投诉的注意事项有哪些?
4. 提高国际货运代理服务质量的方法有哪些?

模拟实训

案例分析:找出客服的错误之处。

角色分类:拨打热线客户为 A,客户服务人员为 B。

B:喂!你好。

A:你好,我是××的一个用户……

B:我知道,请讲!

A:是这样,我的手机这两天一接电话就断线……

B:那你是不是在地下室,所以信号不好呀?

A:不是,我在大街上都断线,好多次了……

B:那是不是你的手机有问题呀?我们不可能出现这种问题!

A:我的手机才买了三个月,不可能出问题呀。

B:那可不一定,有的杂牌机刚买几天就不行了。

A:我的手机是爱立信的,不可能有质量问题……

B:那你在哪买的,就去哪看看吧,肯定是手机的问题!

A:不可能!如果是手机有问题,那我用×××的卡怎么就不断线呀?

B:是吗?那我就不清楚了。

A:那我的问题怎么办呀?我的手机天天断线,你给我交费呀!

B:你这叫什么话呀,凭什么我交费呀,你有问题,在哪买的你就去修呗!

A:你这叫什么服务态度呀,我要投诉你!……

B:(挂断)……

项目 10

国际货运代理业务的风险控制及事故处理

任务 1 国际货运代理业务风险的防范

【从业知识目标】
- ◆ 了解国际货运代理业务的概念。
- ◆ 掌握国际货运代理行业面临的风险。
- ◆ 掌握国际货运代理行业风险的防范。

【执业技能目标】
- ◆ 能够判断国际货运代理业务中的风险因素。
- ◆ 能够找到防范国际货运代理业务风险的有效措施。

任务提出

某国际货运代理公司作为进口商的代理人,负责从 A 港接受一批艺术作品,在 120 海里外的 B 港交货。该批作品用于国际展览,要求国际货运代理公司在规定的日期之前于 B 港交付全部货物。

国际货运代理公司在 A 港接受货物后,通过定期货运卡车将大部分货物陆运到 B 港。由于货运卡车出现季节性短缺,使得一小部分货物无法及时运抵。于是国际货运代理公司在卡车市场雇佣了一辆货运卡车,要求于指定日期前抵达 B 港。而后,该承载货物的卡车连同货物一起下落不明。

请分析:货运卡车造成的损失,国际货运代理公司是否也要负责。

知识要点

近几年,随着我国对外贸易和航运事业的高速发展,我国的国际货运代理行业也得到了突飞猛进的发展。但是,随着企业经营环境的不断变化和企业自身的不断发展,国际货运代理企业在经营、竞争等过程中暴露出许多问题,如经营中的风险及防范就是亟须国际货运代理企业引起重视的一个方面。

一、国际货运代理行业概述

国际货运代理是指与客户签订国际货运代理服务合同,以委托人或自己的名义为客户提供所有与货物相关的服务,如货物的运输、拼箱、储存、处理、包装与配送等服务,以及与上述货物服务相关的辅助性及咨询性服务,如报关报验、货物保险、代收代付以及与货物相关的款项及单证等服务,并收取代理费或佣金的行为。

20世纪60年代开始,集装箱化运输已经成为国际贸易的显著特征。集装箱的出现,使货物贸易的一体化成为了可能,这显著地提高了搬运与运输的效率。同时,海运集装箱船以及滚装船的技术革新也大大地提高了海上运输的效率和安全性。

在内陆运输中,搬运和运输总体的效率也由于专门用于集装箱的各种运输机械的开发和使用而得以提高。并且由于采用标准化集装箱,海陆联运等各种方式中的转运也变得容易很多,也使得海陆联运更加的安全、迅速与经济实惠。国际货运代理行业正是在海陆联运蓬勃兴起的背景下应运而生的,成为连接船运公司和客户之间的桥梁,以其专业化的服务为客户的货物运输提供便利条件。

二、国际货运代理行业面临的风险

(一)来源于企业内部的风险

国际货运代理企业在其经营管理的过程中,会因为业务操作不规范或自身管理不善等而给企业带来诸多风险。

1. 业务操作风险

目前,国际货运代理企业的人员素质参差不齐,业务水平高低有别,再加上企业风险防范意识不强以及一些业务操作中不规范的做法,因操作失误造成的相关风险也就相应增加。

例如:相关单证缮制错误或沟通失误等原因造成的错发、错运、错交、延迟的风险;因为工作人员业务经验不足造成的货物选择集装箱不当、保管加固拆装箱不当、特殊产品(化工品、冷冻品、特殊机电产品等)操作不当、无船承运人选择不当等风险;往来函件、票据、单证的交接和归档操作不当而导致纠纷诉讼证据不足的风险等。

2. 管理风险

近几年,国际货运代理企业数量不断增大,大多数的国际货运代理企业规模较小,国际货运代理企业人员的文化程度、道德水准、法制观念差别也很大,管理者又缺乏一定的管理经验,加之企业运行中对企业自身管理的忽视,企业内部规章制度、操作规范不够完善,管理不够严格、科学,劳工关系处理不当等原因,使得国际货运代理企业管理风险频发。

例如:业务人员办理公司正常业务的同时又承揽私人业务,公务和私务交杂在一起造成的风险;企业的业务人员、管理者离职后带走客户,侵犯商业秘密的风险;业务人员内外勾结侵害公司利益的风险等。

(二)来源于企业外部的风险

国际货运代理企业的风险除了源于自身操作、管理不当,更多的是来源于企业外部。

1. 货主作假

一些货主为了逃避税收和海关监管,可能会虚报、假报进出口货物的品名以及数量,当国际货运代理企业代其报关后,经海关查验申报品名、数量与实际不符时,国际货运代理人可能首当其冲遭受海关的调查和处罚。

货主还可能与收货人串通,出运低价值的货物,却去申报高价值的货物,利用收货人或有关部门出具的假证明、假发票、假信用证、假合同向国际货运代理企业索要高于出运货物实际价值的赔偿。

2. 垫付运费

目前,随着国际货运代理行业竞争越来越激烈,个别货主利用货运企业急于承揽生意的想法,要求国际货运代理企业垫付运费。这其中就可能发生托运人在某票业务中由国际货运代理人垫付巨额费用后,人间蒸发,国际货运代理企业垫付的费用无法追回的情况。

3. 无单放货

在国际货运代理业务中,国际货运代理企业往往为了取悦货主或应货主的要求,不是凭可转让的正本提单或托运人出具的电子放货保函将货物交给收货人,而是凭自己出具的保函将货物交给收货人;或者所凭放货保函的出具人不具备出具人的资质(国际货运代理企业未发现)。一旦出现问题,国际货运代理企业也要负责。

4. 运费资金回收风险

随着国际货运代理资格在2005年年底对外资全面放开,国内从业标准大幅降低,民营企业和私人企业纷纷介入,导致国内国际货运代理企业数量激增,竞争加剧且不规范,没有竞争优势的民营企业和私人企业以低价赊销手段不断冲击整个国际货运代理行业,给这个行业带来了很大的风险,体现在应收运费居高不下、经济纠纷不断增多、坏账比例不断提高等。

由于国际货运代理企业的经营决策大多是依赖于企业外部的各种市场信息,国际货运代理服务所面临的买方市场竞争加剧将导致市场信息的不对称和不完整,导致了对客户的信用评价误差。由于市场经济环境的复杂性,在国际贸易中因不可抗力因素造成的客户经济状况恶化、丧失支付能力,而导致国际货运代理企业的应收运费无法收回。货币资金收入在时间和金额上的不确定性带来的资金回收风险,成为国际货运代理企业所面临的主要风险之一。

5. 汇率变动风险

在国际货运代理企业代收代付的款项中,大部分海运运费都是以美元计价和结算,企业主要持有的外币是美元。在国际货运代理企业的经营中,其外币资产和外币负债不相匹配,存在着汇率波动的差异。

随着金融市场中汇率的剧烈波动和人民币升值的预期和炒作,国际货运代理企业的以即期或延期付款为支付条件的业务,从签订代理合同以美元作为结算货币之日,到外币运费尚未收取这一期间,要面临由于美元与人民币汇率变动而导致该笔运费人民币价格发生变动的风险,主要体现在当人民币兑美元升值的情况下,如果国际货运代理企业外币资产大于外币负债,将可能造成很大的汇兑损失,从而产生汇率变动风险。

(三)自身身份带来的风险

国际货运代理企业是接受货主委托以货主的委托代理人身份办理有关货物的运输手续的

企业。但是，近年来在国际货运代理的商业实践中，国际货运代理企业既在货物的储货、报关、验收等环节充当代理人的角色，又在运输环节担任承运人的角色。这种身份的变化或者说双重身份使其法律地位发生变化，权利义务与法律责任自然也相应变动。

很多国际货运代理企业由于不清楚或不明确自己的身份，从而行事不当，造成该行使的权利没有行使，不该承担的责任却要承担的被动局面。例如，一些国际货运代理企业越权代理，签发提单或各类保函，使自己由代理人变为了实际的承运人，这样国际货运代理企业将不可避免地要承担货物在运输过程中产生的毁损、灭失、迟延以及无单放货的赔偿责任。一旦发生纠纷，有可能使国际货运代理企业从此一蹶不振，有的甚至被迫解散。

三、国际货运代理风险的具体防范措施

（一）针对企业内部的风险

（1）针对业务操作环节的风险，国际货运代理企业应当重视操作人员的培训，提升操作人员在业务流程、单证缮制、航线选择、客户管理、商品、包装、储运等方面的专业知识。同时，企业还应制定标准业务流程，对可能出现因疏忽造成风险的业务环节进行科学、全面的分析，使业务环节程序化、制度化。同时加强检查力度，尽量避免因操作失误而造成不必要的损失，使因疏忽大意造成的损失概率降到最低。

（2）严格加强内部管理，以制度来提升职员的职业道德和业务素养。同时，国际货运代理企业还应完善监督检查机制，制订恰当的奖惩制度，创建良好的工作氛围，并重视企业文化建设。借以规范员工的行为，提高员工的企业归属感，尽量避免管理风险的发生。

（二）针对企业外部的风险

1. 建立货主信用管理制度

通过调查、分析、跟踪，对货主实行信用等级考察，根据货主的财务状况、偿债能力、抵押、合作历史等方面的情况，将货主分成不同的等级，对不同等级的货主实行不同的策略。对信用评价较差的，具有拖欠费用、虚报、欺诈行为的客户应登记在册，要列入"黑名单"中，并应断绝与其继续往来。

2. 慎重对待垫付运费

不到万不得已的情况，不要轻易地垫付运费，即使需要垫付运费，也要事先做好防范措施。一方面要妥善地保管好垫付运费的相关票据；如果票据需要上交托运人，也要做好签收留底。另一方面，国际货运代理企业应与托运人在合同中约定垫付运费的相关事项，或者请实际承运人出具转让海运运费追索权的函件，以构成权利转让。这样，一旦发生垫付运费方面的纠纷，国际货运代理企业才能通过法律保护自己的权益。

3. 规范保函的出具操作

国际货运代理企业因无单放货所遭受的损失大多是因为对保函的操作不当而造成的。因此，首先应规范企业的业务操作流程，需要出具保函时应严格按照规定的流程来操作，进行严格审核，慎重出具，最好是在获得托运人正本保函的情况下才能对承运人出具保函，并注意保留书面证据，对于不应当或不必要以及可能损害国际货运代理企业利益的保函坚决不出；其次，还要对要求出具保函的客户的资质加强审核，对于资质信誉较差的企业，决不能因为贪图眼前利益

而置风险于不顾。

4. 运费资金回收风险对策

首先,国际货运代理企业应该对客户建立适当的信用标准,对客户进行科学合理的信用评估。对客户的信用管理可以采用"5C"评估方法,即对客户的信誉、支付能力、资本实力和财务状况、抵押方法以及影响客户付款能力的经济环境进行评估。

其次,国际货运代理企业应该按照客户信用评估结果,对于评估结果不佳的客户严格执行"见款放单"政策,即在收到运费的前提下发放提单;对于评估结果较好的客户可以订立信用期,给予一定的赊销期限,但要严格执行"谁揽货,谁负责收取运费"的政策,实行催收责任制,由业务人员和财务人员配合进行运费资金的收取。

最后,在运费风险发生时,国际货运代理企业要根据客户的不同情况,采取灵活多样的资金回收方式,包括法律诉讼、货物扣押、债务重组、实物抵债等,最大限度地减少坏账发生的风险。

5. 汇率变动风险对策

国际货运代理企业针对可能发生的汇率变动风险,可以采取以下应对办法:一是在交易风险管理方面,国际货运代理企业和客户签订运输代理合同时,尽量使用人民币作为计价和结算货币,降低美元汇率变动的风险;二是在会计风险管理方面,通过调整现金流量,进行远期外汇交易,风险对冲。同时,企业应通过加快外币运费的回收和对外币银行存款结汇,尽量增加人民币资产,减少美元资产;通过对船运公司在信用期合理期间内延迟付费,减少人民币负债,增加美元负债。

(三)针对自身身份带来的风险

1. 重视与托运人之间的合同

作为国际货运代理企业来讲,要时刻牢记自己的代理身份,要注意加强与托运人的沟通。签署合同时,合同尽量不要明显体现出国际货运代理企业承担承运人责任的意思表示,尽量把委托代理的意思表现出来。从合同名称上,尽量签署国际货运代理合同而不是货物运输合同;从合同内容上,国际货运代理企业的义务条款尽量使用"安排、协助、配合运输"、"代理范围"等字眼,而不是"负责运输"等字眼。

2. 不要越权代理

遇到特殊情况,如需要签发各类保函、代垫运费、同意货装甲板、更改装运日期、将提单直接转给收货人等问题发生时,没有得到托运人的具体指示,切不可以擅自处理,一定要及时征得托运人的指示(最好是书面指示)以后方可采取措施。

总之,国际货运代理企业在经营的过程中要面临很多风险,所以国际货运代理企业的从业人员应该认真对待,谨慎处理各项业务,将风险防患于未然,尽量避免风险、减少损失,使国际货运代理企业更加顺畅有效地运行。

四、国际货运代理风险的综合防范措施

虽然国际货运代理业务存在着上述风险,但是通过采取一系列有效的防范措施,很多风险还是能够规避的。

(一)预防性措施

采取一些预防性措施,可以有效地降低风险。比如,加强对相关从业人员的培训,使他们熟

悉有关国际货运代理的标准交易条件、接单条款及相关行业术语等,并能处理索赔和进行迅速有效的追偿;在使用单证时,确保使用正确、规范、字迹清楚的单证;保证在国际货运代理协会标准交易条件下,其经营能够被客户及其分包人所理解和接受;雇佣的分包人、船舶所有人、仓库保管人、公路运输经营人等应为可胜任职务的和可靠的,国际货运代理企业应通知他们投保足够的和全部的责任保险;如果经营仓储业、汽车运输业,还应做好防止偷窃、失火等安全工作。

(二)挽救性措施

挽救性措施分为:拒绝索赔并通知客户向货物保险人索赔;在协定期限内通知分包人或对他们采取行动;在征得保险人同意后,尽可能与货主谈判,友好地进行和解;及时向保险人通知对国际货运代理的索赔或可能产生索赔的任何事故。如果有可能造成经济损失,国际货运代理企业应及时将每一事故、事件以书面形式通知保险公司,即使当时尚未发生索赔。

需要的情况下,国际货运代理企业应向保险公司提供下述资料:事故、事件发生的时间与地点;有关被保险人的姓名;发生或未发生的事情,今后可能提出何种索赔;事故、事件可能造成的损失金额;日后可能会成为索赔人的姓名与地址;有关交易的文件副本,包括事故、事件发生前所收到的指示内容、服务条款与条件,以及此笔交易中所使用的提单;及时、适当地通知有关空运、海运、驳运、陆运承运人,包括其他的国际货运代理、货物拼装人、报关人及与事故、事件有关的保险公司,并及时提供法律上所要求的事故通知书。

(三)风险转移

在业务实践中,投保国际货运代理责任险是转移经营风险较为行之有效的方法。通过这种方式可以转化一些无法预料和无法规避的经营风险,减少重大或突发事件给国际货运代理企业带来的冲击和影响。我国的《国际货运代理规定实施细则》规定,国际货运代理企业在从事国际多式联运业务时要参加保险,这说明国家对国际货运代理企业投保责任险的重视。

但不能说投保了国际货运代理责任险,国际货运代理企业就万事大吉了。保险公司也是以盈利为目的的,为了降低和减少其承担的责任,保险公司会制定出相应自我保护的条款。因此,如果将防范风险的全部希望都寄托在保险公司身上,最终受害的无疑将是国际货运代理企业自身。国际货运代理责任险,只是企业在完善自身风险防范机制基础上的补充,是一种将无法预见的风险转移的权宜之计。国际货运代理企业,既不能盲目地相信自己的风险防范能力,也不能完全寄托于保险公司,其风险防范措施只能以加强自身风险防范能力为主,投保国际货运代理责任险为辅,多管齐下,才能安全地生存和发展。

(四)法律体系的完善

目前大多数国家,包括发达国家,尚无国际货运代理的专门法律。个别国家虽然制定了相关法律,但存在着很大的差异,从而造成了国际货运代理业务在法律上出现了不少混乱和不协调的局面,因而,明确国际货运代理的法律地位具有现实的意义。

通过分析当前国内外相关的公约、国际惯例和法律,综合考虑当前国内外对国际货运代理的立法现状,结合我国司法界、本行业对国际货运代理地位的确定,提出我国在司法实践中与国际货运代理相关的法律存在的问题。建议在现有法律体系的基础上产生一个专门规范国际货运代理行业的完整性法律。明确国际货运代理定义、责任、法律地位、经营范围、管理机构等内容。

项目 10 国际货运代理业务的风险控制及事故处理

阅读与思考

某国际货运代理企业经营国际集装箱拼箱业务,由于他签发自己的提单,所以他是无船承运人(以下称为无船承运人)。某年9月15日,该无船承运人在神户港自己的CFS(集装箱货运站)将分别属于六个不同发货人的拼箱货装入一个20英尺的集装箱,然后向某班轮公司托运。该集装箱于9月18日装船,班轮公司签发给无船承运人CY/CY交接的FCL条款下的MASTER B/L一套;无船承运人然后向不同的发货人分别签发了CFS/CFS交接的LCL条款下的HOUSE B/L共六套,所有的提单都是清洁提单。9月23日载货船舶抵达提单上记载的卸货港。第二天,无船承运人从班轮公司的场站提取了外表状况良好和铅封完整的集装箱(货物),并在卸货港自己的CFS拆箱,拆箱时发现两件货物损坏。9月25日收货人凭无船承运人签发的提单前来提货,发现货物损坏。请问:

(1) 收货人向无船承运人提出货物损坏赔偿的请求时,无船承运人是否要承担责任?为什么?

(2) 如果无船承运人向班轮公司提出集装箱货物损坏的赔偿请求,班轮公司是否要承担责任?为什么?

(3) 无船承运人如何防范这种风险?

任务反馈

根据风险处理的基本知识,分析如下:

有人提出国际货运代理公司仅为代理人,对处于承运人掌管期间的货物灭失不必负责,这一主张似乎有道理。然而,根据FIATA关于国际货运代理谨慎责任之规定,国际货运代理公司应恪守职责采取合理措施,否则需承担相应责任。

本案中造成货物灭失的原因与国际货运代理公司所选择的承运人有直接关系。由于该公司未尽合理而谨慎职责,在把货物交给承运人掌管之前,甚至没有尽到最低限度的谨慎,检验承运人的证书,考查承运人的背景,致使货物灭失。因而,国际货运代理公司应对选择承运人的过失负责,承担由此给货主造成的货物灭失的责任。

任务 2 国际货运代理业务的事故处理

【从业知识目标】

◆ 熟悉货运事故的种类、原因及索赔对象。
◆ 了解国际货运记录的种类。
◆ 掌握各类国际货运事故的处理。

【执业技能目标】

◆ 能够正确处理各类国际货运事故。

任务提出

香港某货运代理公司受委托人的委托,将35包中国丝绸分别装入集装箱运往日本的横滨和意大利的热那亚。由于装箱人员的疏忽,错将发往日本横滨的 B/L NO. CSC/98017 货装入发往意大利热那亚的 B/L NO. CSC/98018 货中,造成日本客户急需的货物不能按时收到,要求以空运形式速将货物运至横滨,否则整批货无法出售,其影响更为严重。为了减少客户的损失,委托人通知代理公司将货物空运到横滨,另外将误运到横滨的货运到意大利热那亚。这样便产生两票货物的重复运输费用,共计 14 724.04 港元。上述损失是货运代理的装箱员失职,导致货物错运造成的,因此,其责任全部应由货运代理公司承担。

鉴于该货运代理公司投保了责任险,且保单附加条款 A 明确规定:本保单承保范围延伸至由于错运货物所产生的重复运输的费用及开支,只要不是被保险人及其雇员故意造成的。根据保单条款的上述规定,在货运代理公司赔付了委托人后,保险公司赔偿货运代理公司所承担的全部损失。同时,又因该保单规定了免赔共为 3500 港元,故保险公司从应赔付的 14 724.04 港元中扣除 3500 港元的免赔额,货运代理公司实际获得赔偿金额为 11224.71 港元。思考:

(1) 国际货运代理公司投保责任险后,是否都可以得到赔偿?
(2) 货物错运后,国际货运代理公司作为被保险人应采取哪些措施?

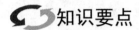

知识要点

一、国际货运事故的种类、原因及索赔对象

(一) 国际货运事故的种类及原因

国际货运事故的种类及原因见表 10-1。

表 10-1 国际货运事故的种类及原因

事故种类		主要原因
货差		标志不清、误装、误卸、理货错误等
货损	全部损失	船只沉没、搁浅、触礁、碰撞、火灾、爆炸、失踪、偷窃、政府行为、海盗、战争、拘留、货物被扣等
	部分损失 灭失	偷窃、抛海、遗失、落海等
	内容短缺	包装不良或破损、偷窃、泄露、蒸发等
	淡水水湿	雨雪中装卸货物、消防救火过程中的水湿、舱内管系泄露等
	海水水湿	海上风浪、船体破损、压载舱漏水等
	汗湿	通风不良、衬垫、隔离不当、积载不当等
	污染	不适当的混载,衬垫、隔离不充分等
	虫蛀、鼠咬	驱虫、灭鼠不充分、舱内清扫、消毒不充分等,对货物检查不严致虫、鼠被带入舱内等
	锈蚀	潮湿、海水溅湿、不适当的混载等
	腐烂、变质	易腐货物未按要求积载的位置装载、未按要求控制舱内温度、湿度过高、唤气通风不充分、冷藏装置故障等
	混票	标志不清、隔离不充分、积载不当等
	焦损	自燃、火灾、漏电等
	烧损	温度过高、唤气通风过度、货物本身的性质等

1. 货损

货损一般是指由于责任人的原因而导致的货物损坏、灭失;在装卸、运输、保管等的过程中,由于操作不当、保管不善而引起的货物破损、受潮、变质、污染等。

2. 货差

货差即由于错转、错交、错装、错卸、漏装、漏卸以及货运手续办理错误等原因而造成的有单无货或有货无单等单货不符,件数或重量溢短的差错。

3. 原因

造成货运事故的因素很多,大体可分为主观因素和客观因素两大类。

(1) 主观因素。

① 管理上没有形成完善的货物运输安全保障体系,规章制度不健全,职责不清,管理不严;

② 员工业务素质低,规章不熟悉,责任心不强,违章作业;

③ 设备维修养护不善(如仓库漏雨,篷布及装卸机具维修、保养不良等)。

(2) 客观因素。

① 不可抗力的自然灾害(如洪水、地震、海啸、特大风暴等);

② 科技知识水平和认识上的局限;

③ 货运设备不足(如因冷藏车、棚车不足,以敞车代用,影响怕湿、易腐货物运输质量;雨棚、仓库不够,怕湿货物露天堆放等);

④ 托运人、收货人、押运人的责任(如匿报、错报货物品名、少报重量,包装不良,押运人措施不当,运单填记错误等);

⑤ 路内外盗窃、诈骗分子蓄意犯罪;

⑥ 货物本身性质所造成(如货物自然减量、自燃、放射性物品衰变等)。

事故的发生虽然有其偶然性,但偶然性中蕴含着必然性。如果有关技术设备不正常,人员操作技能低下,不懂或不接受规章制度的约束,以及由于认识上的局限,规章制度有错漏不能有效保障货物运输安全等,其中任何一项都可以成为事故的必然条件,导致事故的发生。而对这些必然条件起主导作用的是人,只要通过严格管理,加强培训,遵章守纪,正确维护和运用运输设备,绝大多数事故是可以避免的。

(二) 索赔对象的确定

国际贸易运输中货物索赔的提出一般有这几种情况:货物数量或件数的缺少或货物残损、灭失;货物的质变或货物实际状况与合同规定的要求不符;承运人在货物运输途中没有适当地保管和照料货物;货物的灭失、损害属保险人承保的责任范围内等。因此,根据货物发生灭失或损害的不同原因,受损方提出索赔的对象也是不同的。

(1) 如果货物的灭失或损坏是由于下列原因造成的:

① 原装货物数量不足;

② 货物的品质与合同规定不符;

③ 包装不牢致使货物受损;

④ 未在合同规定的装运期内交货等;
⑤ 唛头不清。
收货人可凭有关部门、机构出具的鉴定证书向发货人(卖方)提出索赔。
(2) 如果货物的灭失或损坏是由于下列原因造成的:
① 在卸货港交付的货物数量少于提单中所记载的货物数量;
② 收货人持有正本清洁提单提取货物时,货物发生残损、缺少,且系承运人的过失;
③ 货物的灭失或损害是由于承运人免责范围以外的责任所致等。
由收货人或其他有权提出索赔的人凭有关部门、机构出具的鉴定证书向承运人提出索赔。
(3) 如果货物的灭失或损害属下列范围的:
① 承保责任范围内,保险应予赔偿的损失;
② 承保责任范围内,由于自然灾害或意外原因等事故使货物遭受损害;
③ 在保险人责任期限内。
由受损方凭有关证书、文件向保险公司提出索赔。

二、国际货运记录种类

(一) 普通记录

(1) 货物托运人自理装船并按封舱或装载现状与承运人进行交接的货物以及其他封舱(箱)运输的货物,发生非属承运人责任的货物灭失、短少、变质、污染、损坏和内容不符。
(2) 托运人随附在货物运单上的单证丢失。
(3) 托运人派人押运的货物和押运货物发生非属承运人责任所造成的损失。
(4) 承运人提供的船舶水尺计量数。
(5) 货物包装经过加固整理。
(6) 收货人、作业委托人要求证明与货物数量、质量无关的其他情况。

(二) 货运事故记录

1. 及时编制货运事故记录

货物在运输和作业过程中发生的溢余、灭失、短少、变质、污染、损坏等事故,涉及承运人与托运人、收货人、港口经营人、作业委托人等之间责任的,应及时编制货运事故记录。

2. 编制货运事故记录的注意事项

(1) 必须在交接或交付货物的当时编制货运事故记录,任何一方不得拒编,也不得事后补编(货运事故记录反映事故当时的真实情况)。
(2) 货运事故记录的各栏必须填写清楚,如有更改应由交接双方经办人员在更改处盖章。
(3) 不得判定责任(真实记录,不做结论)。
(4) 一张运单中有数种品名时,应分别写明情况。
(5) 内容必须填写真实,不能用揣测、笼统的词句,事故情况要记录仔细、准确、具体。
(6) 事故报告包括的内容有基本情况、货物灭失或损失的原因、运输工具状况、关封状况、其他情况。如有必要,需加入照片、证人证词、检验报告等。

三、索赔的原则

(一)索赔的基本原则

货物的索赔和理赔是一项政策性较强、涉及面较广、情况复杂,并具有一定法律原则的涉外工作。因此,在实际工作中,应坚持实事求是、有根有据、合情合理、区别对待、讲究实效的原则。

(1) 实事求是,就是应根据所发生事故的实际情况,分析造成事故的原因,确定损失程度和金额。也就是说该索赔的,必须坚持原则行使索赔权利。

(2) 有根有据,是处理货物索赔的基础,在向承运人或其他有关当事人提出索赔时,应掌握造成货损事故的有力证据,并依据合同有关条款、国际惯例提出索赔。

(3) 合情合理,就是从所发生的事故中合理确定责任方应承担的责任和赔偿金额,必要时也可作出一些让步,其主要目的是能使货损事故合理地、尽早地得以处理。

(4) 区别对待,就是应根据我国的对外政策,对方的态度和有关业务往来,根据不同对象,有理、有利、有节,采取不同方式区别处理。

(5) 讲究实效,是指在货损事故索赔中注重实际效果,充分注意保护自身的经济利益、政治利益,以及对外影响和业务发展。

(二)索赔必须遵循的原则

不论是哪一种原因发生的索赔案,也不管是向谁提出索赔,一项合理的索赔必须具备下列原则。

(1) 提赔人要有正当提赔权。提出货物索赔的人原则上是货物所有人,或提单上记载的收货人或合法的提单持有人。此外,还可能是货运代理人或其他有关当事人。

(2) 责任方必须负有实际赔偿责任。事实上,索赔方提出的索赔并非都能得到赔偿,如属于承运人免责范围之内的,或属保险人承保责任外的货损,在很大程度上是不能得到赔偿的。

(3) 索赔时应具备的单证。

① 索赔申请书。索赔申请书可以表明受损方向责任方提出赔偿要求,主要内容包括:索赔人的名称和地址;船名、抵港日期、装船港及接货地点名称;货物有关情况;短缺或残损损失情况;索赔日期、索赔金额、索赔理由。

② 提单。提单是划分责任方与受损方责任的主要依据,在提出索赔时,索赔人应出具提单正本或其影印本。

③ 货物残损检验证书。该证书是受损方针对所发生的货损原因不明或不易区别时,向检验机构申请对货物进行检验后出具的单证。

④ 货物残损单。该单是对货物运输、装卸过程中货物残损所作的实际记录,受损方依据经责任方签署的货物残损单提出索赔。

⑤ 索赔清单。索赔清单主要列明货损事故所涉及的金额,通常按货物的到岸价计算。

另外,提出索赔时应出具的单证还有商业发票、短损单、修理单等。

(4) 赔偿的金额必须是合理的。合理的赔偿金额是以货损实际程度为基础。但是,在实际中责任方往往受赔偿责任限额的保护,如:承运人的赔偿可享受提单中的赔偿责任限额,保险人的赔偿以保险金额为基础。

(5) 在规定的期限内提出索赔。一项有效的索赔必须在规定的期限内提出,这就是通常所说的索赔时效。否则,货物的损害即使确由责任方的过失所致,索赔人提出的索赔在时效过后也很难得到赔偿。

四、国际海洋货运事故的处理

(一) 国际海洋货运事故的确定

由于海上风险的存在和货物运输过程中涉及很多环节,使海上货物运输事故的发生在所难免。虽然可根据有关合同条款、法律、公约等规定,对所发生的货损事故进行处理,但是,在实际处理过程中,受损方与责任方之间往往会发生争议。一般而言,海运货损事故虽有可能发生于各个环节,但很大程度上是在最终目的地收货人收货时或收货后才被发现。

当收货人提货时,如发现所提取的货物数量不足,外表状况或货物的品质与提单上记载的情况不符,则应根据提单条款的规定,将货物短缺或损坏的事实,以书面的形式通知承运人,或承运人在卸港的代理人,以此表明提出索赔的要求。如果货物的短缺或残损不明显,也必须是在提取货物后的规定时间内,向承运人或其代理人提出索赔通知。

在海运货损事故的索赔或理赔中,提单、收货单、过驳清单、卸货报告、货物溢短单、货物残损单、装箱单、积载图等货运单证均可作为货损事故处理和明确责任方的依据。对海上承运人来说,为保护自己的利益和划清责任,应该妥善处理这些单证。通常,货运单证的批注是区分或确定货运事故责任方的原始依据,特别是在装货或卸货时,单证上的批注除确定承运人对货物负责的程度外,有时还直接影响到货主的利益,如能否持提单结汇,能否提出索赔等。

海上气候多变也是造成货运事故的主要原因之一。凡船舶在海上遭遇恶劣气候的情况下,为明确货损原因和程度,应核实航海日志、船方的海事声明或海事报告等有关资料和单证。货运事故发生后,收货人与承运人之间未能通过协商对事故的性质和程度取得一致意见时,则应在共同同意的基础上,指定检验人对所有应检验的项目进行检验,检验人签发的检验报告是确定货损责任的依据。

(二) 国际海洋货运事故处理的一般程序

1. 货运事故调查

(1) 单据调查。

调查货运各个环节上的有关文字记载、交接清单、配积载图以及有关货运方面的票据、单证和"发货人声明"栏批注。

(2) 运输过程调查。

查询货物从国内港到中转港再到国外港,从启运港到目的港运输过程的情况。

(3) 调查手段。

在判定事故原因和损失程度方面,还可借助于技术手段,进行化验测定,试验等。

2. 认真审核证明文件

(1) 文件审核。

收货人向承运人等责任人提供货运事故索赔书及相关证明文件。

(2) 内容审核。

承运人主要审核：赔偿要求时效、赔偿要求人的要求权利、应附的单证。

(3) 立案处理。

经审查，赔偿要求在法定时效之内，赔偿要求人有权提出要求，而且所附单证完备，应予受理并开始接受赔偿的索赔收据，进行立案处理。受理的条件应在赔偿要求登记簿内编写登记。

3. 确定赔偿金额

(1) 确定损失金额。

货运事故的赔偿金额，原则上按照实际损失金额确定。货物灭失时，按灭失货物的价值赔偿；货物损坏时，按损坏所降低的价值或为修复损坏所需的修理费赔偿。

(2) 保险补偿。

凡已向保险公司投保的货物发生责任事故，承运人应负责限额内的赔偿，其余由保险公司按承保范围给予经济补偿。

(三) 国际海洋货运事故的索赔单证

索赔单证作为举证的手段，索赔方出具的索赔单证不仅可证明货损的原因、种类、程度，还可确定最终责任方。海运中使用的主要货损索赔单证有以下几种。

(1) 索赔申请书或索赔清单。

索赔方一旦正式向承运人递交索赔申请书或索赔清单，则意味着索赔方正式提出了索赔要求。因此，如果索赔方仅仅提出货损通知，而没有出具作为举证手段的货运单证和向承运人递交索赔申请书、索赔清单，事实上可解释为索赔方并没有正式提出索赔要求。

(2) 提单。

提单既是货物收据、交货凭证，又是确定承运人与收货人之间责任的最终证明，是收货人提出索赔依据的主要单证。

(3) 货运单证。

过驳清单或卸货报告，货物残损单和货物溢短单。

(4) 重理单。

重理单是对货物件数或其他有疑问时，承运人要求复查而做的单证，是复查结果的证明文件。

提出索赔时使用的其他单证还有：货物发票、修理单、装箱单、拆箱单等。

(四) 国际海洋货运事故的索赔与理赔

1. 索赔与理赔的含义

(1) 索赔。

索赔即货主对因货运事故造成的损失，向承运人或船东或其代理人提出赔偿要求的行为。根据法律规定或习惯做法，货主应按照一定的程序提出索赔，并提供能证明事故的原因、责任和损失的单证。

(2) 理赔。

理赔即索赔的受理与审核，也就是说承运人或其代理人受理索赔案件后，即须对这一索赔进行审核。通过举证与反举证,明确责任,确定损失金额的标准。如果在赔偿上未能达成一致意见,则根据法院判决或决议支付索赔金。

2. 分清责任

承运人在处理索赔时,首先应分清发生货损的原因和应承担的责任范围。当受损方向承运人提出某项具体索赔时,承运人可根据提单中有关承运人的免责条款解除责任。因此,在索赔和理赔过程中,往往会发生举证和反举证。原则上,受损方要想获得赔偿,必须予以举证,而责任方企图免除责任或减少责任,则必须予以反举证和举证,反举证是分清货损责任的重要手段,有时在一个案件中会多次进行,直到最终确定责任。

3. 审核

审核是处理货损事故的重要工作,在从事理赔工作时主要审核的内容有:

(1) 索赔的提出是否在规定的期限内,如果期限已过,提赔人是否已要求展期;

(2) 提出索赔所出具的单证是否齐全;

(3) 单证之间有关内容是否相符,如:船名、航次、提单号、货名、品种、检验日期等;

(4) 货损是否发生在承运人的责任期限内;

(5) 船方有无海事声明或海事报告;

(6) 船方是否已在有关单证上签字确认;

(7) 装卸港的理货计数量是否准确。

4. 承运人免责或减少责任应出具的主要单证

承运人对所发生的货损欲免除责任,或意图证明自己并无过失行为,则应出具有关单证以证明对所发生的货损不承担或少承担责任。除前述的收货单、理货计数单、货物溢短单、货物残损单、过驳清单等货运单证外,承运人还应提供:积载检验报告、舱口检验报告、海事声明或海事报告、卸货事故报告。

5. 索赔金的支付

通过举证与反举证,虽然已明确了责任,但在赔偿金额上未取得一致意见时,则应根据法院判决或决议支付一定的索赔金。关于确定损失金额的标准,《海牙规则》并没有作出规定,但在实际业务中大多以货物的 CIF 价作为确定赔偿金额的标准。

五、国际公路运输事故的处理

(一) 货损事故责任的确定

公路承运人对自货物承运时起至交付货物期间内,所发生的货物灭失、损害是由在装卸、运输、保管以及交接过程中发生运输延误、灭失、损坏、错运等负赔偿责任。

1. 货损

货损是指货物磨损、破裂、湿损、变形、污损、腐烂等。

2. 货差

货差是指货物发生短少、失落、错装、错卸、交接差错等。

3. 有货无票

有货无票是指货物存在而运单及其他票据未能随货同行,或已遗失。

4. 运输过失

运输过失是指因误装、误卸,办理承运手续过程中的过失,或漏装、装卸损害等。

5. 运输延误

运输延误是指已接受承运的货物由于始发站未及时运出,或中途发生变故等原因,致使货物未能如期到达。

造成货损、货差的其他原因,还有破包、散捆、票据编制过失等。

对下列原因造成的货损事故,公路承运人不承担赔偿责任。

(1) 由于自然灾害发生的货物遗失或损坏。
(2) 包装完整,但内容业已短少。
(3) 由于货物的自然特性所致。
(4) 因根据卫生机关、公安、税务机关有关规定处理的货物。
(5) 由托运人自行保管、照料所引起的货物损害。
(6) 货物未过磅发生数量短少。
(7) 承托双方订有协议,并对货损有特别规定者。

(二) 货损事故记录的编制

(1) 事故发生后,由发现事故的运送站或就近站前往现场编制事故记录,如是重大事故,在有条件时还应通知货主一起前往现场调查,分析责任原因。

(2) 如发现货物被盗,应尽可能保持现场,并由负责记录的业务人员或司机根据发现的情况,会同有关人员做好现场记录。

(3) 对于在运输途中发生的货运事故,司机或押运人应将事故发生的实际情况如实报告车站,并会同当地有关人员提供足够的证明,由车站编制一式三份的商务事故记录。

(4) 如货损事故发生于货物到达站,则应根据当时情况,会同司机、业务人员、装卸人员编制商务记录。

(三) 货损事故的赔偿

受损方在提出赔偿要求时,首先应办妥赔偿处理手续,具体做法如下。

(1) 向货物的发站或到站提出赔偿申请书。
(2) 提出赔偿申请的人必须持有有关票据,如:行李票、运单、货票、提货联等。
(3) 在得到责任方给予赔偿的签章后,赔偿申请人还应填写"赔偿要求书",连同有关货物的价格票证,如发票、保单、货物清单等,送交责任方。

在计算货损、货差的金额时,主要有3种情况。

(1) 发货前的损失,应按到达地当天同一品类货物的计划价或出厂价计算,已收取的运费也应予以退还。
(2) 到达后损失,应按货物运到当天同一品类货物的调拨价计算赔偿。
(3) 对价值较高的货物,则应按一般商品调拨价计算赔偿。

六、国际铁路运输事故的处理

(一)编制货运记录

(1) 发生货损、货差、有货无票、有票无货、误运到站或误交付、未能在规定时间内交付等情况而需要证明责任的,应编制货运记录。

(2) 整车货物途中需要换装或整理,而货物本身未发生损失以及其他情况,需要证明责任的,应编制普通记录。

(3) 按件数和质量承运的货物,包装完好,件数相符而重量不足或多出时,不编制货运记录,只在货物运单内注明。

(二)事故检查或鉴定

货物发生损坏或部分灭失,不能判明发生原因和损坏程度时,承运人应在交付前主动联系收货人进行检查或邀请鉴定人进行鉴定,鉴定时按每一货运记录分别编制鉴定书。因鉴定所支出的相关费用应在鉴定书内记明,事后由事故责任人负责。

(三)违法或危及运输安全事故的处理

货运过程中发现违反政府法令或危及运输安全的情况,承运人应分别按下列规定处理。

(1) 货物品名与运单记载不符时,若属危险货物以其他品名托运的,应即报告当地政府的主管铁路分局,按其指示处理。

(2) 货物重量超过使用的货车容许载重量的应进行换装或将部分卸下,对卸下的货物,处理站应编制货运记录,凭记录将货物补送到站,到站应按规定核收运输费用和违约金。但对卸下的不易计件的货物,按零担运输有困难时,应电告发站转告托运人提出处理办法。如从发站发出通知之日起10日内未接到答复,就按无法交货物处理。

(3) 发现装载的货物有坠落、倒塌危险或货物偏重、窜出、渗漏,危及运输安全时,除通知有关单位外,应即进行整理和换装。属于托运人责任的,换装、整理或修补包装的费用,由处理站填发垫款通知书,随同运输票据递送到站,向收货人核收。

(4) 凡承运人无法处理的情况,应立即通知托运人或收货人处理。

(四)索赔请求时效

凡根据运输合同向铁路部门提出索赔,以及铁路对发货人、收货人关于支付运费、罚款的赔偿要求应在9个月内提出,有关货物运输延误的赔偿,则应在2个月内提出。索赔请求时效的计算方法如下。

(1) 关于货物损坏或部分灭失以及运输延误的赔偿,自货物交付之日或应付之日起计算。

(2) 关于货物全部灭失的赔偿,自货物按期运到后30天内提出。

(3) 关于补充支付运费、杂费、罚款的要求,或关于退还此项款额的赔偿要求,则应自付款之日起计算;如未付款时,从货物交付之日起计算。

(4) 关于支付变卖货物的货款要求,则自变卖货物之日起计算。

七、国际航空运输事故的处理

（一）索赔

1．索赔地点

索赔地点为始发站、目的站或损失事故发生的中间站均可。

2．索赔时限

（1）货物损坏或短缺：最迟收到货物之日起 14 天内。

（2）货物运输延误的赔偿：货由收货人支配起 21 天内。

（3）货物毁灭或遗失：自填开运单的之日起 120 天内。

3．索赔的手续

上述规定时限内索赔人应开具"索赔清单"。

（二）理赔

1．理赔的最高限额

（1）以不超过声明价值为限。

（2）没有办理声明价值，按实际损失的价值进行赔偿，最高赔偿限额为 20 美元/千克。

（3）对已使用航段的运费不退还，但对未使用航段的运费应退还索赔人。

2．理赔程序

（1）货物运输事故签证。

（2）提出索赔申请书。

（3）航空公司审核所有的资料和文件。

（4）填写航空货物索赔单。

（5）货物索赔审批单。

（6）责任解除协议书。

（7）诉讼地点及时限。

诉讼应在航空器到达目的地之日起、或应该到达之日起、或运输停止之日起两年内提出，否则便丧失追诉权。

八、国际多式联运的事故处理

（一）多式联运经营人的赔偿限制

1．赔偿责任限制基础

对承运人赔偿责任的基础，目前各种运输公约的规定不一，但大致可分为过失责任制和严格责任制两种，其中以过失责任制为主。《多式联运公约》对多式联运经营人规定的赔偿责任基础包括以下内容。

(1) 多式联运经营人对于货物的灭失、损害或延迟交货所引起的损失,如果该损失发生在货物由多式联运经营人掌管期间,则应负赔偿责任。除非多式联运经营人能证明其本人受雇人、代理人或其他有关人为避免事故的发生及其后果已采取了一切能符合要求的措施。

(2) 如果货物未在议定的时间内交货,或如无此种协议,但未在按照具体情况对一个勤奋的多式联运经营人所能合理要求的时间内交付,即构成延迟交货。

(3) 如果货物未按照上述条款确定的交货日期届满后连续 90 日内交付,索赔人即可认为这批货物已灭失。

2. 赔偿责任限制权力的丧失

(1) 如经证明货物的灭失、损害或延迟交货是由于多式联运经营人有意造成,或明知有可能造成而又毫不在意的行为或不作为所引起的,多式联运经营人则无权享受赔偿责任限制的权益。

(2) 如经证明货物的灭失、损害或延迟交货是由于多式联运经营人的受雇人或代理人或为履行多式联运合同而使用其服务的其他人有意造成或明知可能造成而又毫不在意的行为或不作为所引起的,则该受雇人、代理人或其他人无权享受有关赔偿责任限制的规定。

(二) 多式联运经营人的责任类型

在货物多式联运情况下,多式联运经营人通常将全程或部分路程的货物运输委托给他人,即区段承运人去完成。在多式联运的两种或两种以上的不同运输方式中,每一种方式所在区段适用的法律对承运人责任的规定往往是不同的,当货物在运输过程中发生灭失或损坏时,由谁来负责任,是采用相同的标准还是区别对待就必须看经营人所实行的责任制类型。从目前国际集装箱多式联运的实际来看主要有分段责任制和全程负责制两种。

1. 分段责任制

集装箱多式联运经营人在组织分段运输中,通过与多个运输部门签订合同、协议为货主代办各种运输服务,但在运输全过程中则由各运输部门按照各自的规定对自己运输区段内发生的货运事故负责,实际上是在分段接送、各自负责的基础上完成的。

就货主而言,各个运输环节中的衔接工作由经营人负责组织完成,获得了很大的便利,但是当运输过程中发生货运事故时,只能通过联运经营人来敦促有关运输部门进行赔偿,而不能采用统一的方法进行解决,因此这是一种不太成熟的多式联运责任制类型。

2. 全程负责制

由经营人对所承运的集装箱在运输全过程中向货主承担全部的责任,又可分为混合责任制和统一责任制。

在混合责任制的制度下,经营人向货主承担的全部责任局限在各个运输部门规定的责任范围内。由经营人对全过程运输负责,对货物的灭失、损坏、延迟交付,根据各运输方式所适用的法律规定进行处理。在运输过程中出现的无法判定的货损(通常称为隐蔽货损)在本制度下推定为海运段发生,多式联运经营人按照海上运输法律来承担责任。

统一责任制制度下的经营人在整个运输中都使用相同的责任制对货主负责,只要发生货损事故,无论是明显的还是隐蔽的、发生在海上的还是在内陆段的,都按照统一责任制度由经营人统一进行赔偿。这样便消除了承运人相互推卸责任带来的隐患。

从全程负责制的两种责任类型来看:混合责任制减轻了多式联运经营人的风险,对刚起步阶段的多式联运经营人有积极的保护作用;虽然统一责任制是合理的、科学的,而且手续简化,但对多式联运经营人来说具有较大的风险,在全球范围内还不多采用。

3. 对隐藏损害的处理

隐藏损害是指不能确定货物的灭失或损害发生在哪个环节或区段。

(1) 多式联运经营人按统一责任制规定的限额对托运方赔偿后,不再追究实际责任人,而由参加多式联运的所有实际承运人共同承担这些赔偿数额。

(2) 假定该事故发生在海运阶段,这种做法一般要与多式联运经营人投保运输责任险相结合。多式联运经营人按统一责任标准或网状标准向托运方赔偿后,可从保险人处得到进一步的赔偿。而保险人能否得到进一步的赔偿,则是另外的事情。

(三) 多式联运中的索赔

1. 根据货损原因确定索赔对象

比如货物质量、品种、规格与合同不符,向发货人索赔;在目的地交付货物时,发现货物数量少于提单上列明的数量时,向承运人索赔等。

2. 索赔应具备的条件

(1) 提出索赔的人要具有正当的提赔权。

(2) 责任方必须具有实际赔偿责任。

(3) 索赔应具有相关单证。

3. 索赔的金额必须合理

索赔的金额应符合索赔条件,索赔要求正当,索赔金额在合理范围内。

4. 索赔与诉讼必须在规定的时限内提出

索赔应在交货后下一日算起6个月内提出;诉讼应在2年内提出。

5. 诉讼与仲裁应在规定地点提出(即管辖)

可以提出诉讼与仲裁的地方有:被告的重要营业场所或经常居住地;订立多式联运合同的地点;货物接管地点或者货物交付地点;以及其他双方在合同中约定的地点。

(四) 多式联运中的理赔

1. 单一标准理赔

单一标准理赔即只对每一件或每一货运单位负责,而不对毛重每千克负责。这种规定方法在实际应用中存在较大缺陷,不符合国际贸易和运输业发展的需要。《海牙规则》采用的就是单一标准的赔偿方法。

各单一运输公约的规定不一,但大致可分为严格责任制和过失责任制两种。严格责任制是指排除了不可抗力等有限的免责事由外,不论有无过失,承运人对于货物的灭失或损坏均负责赔偿。国际铁路货运公约、公路货运公约等都采用了该种责任制。过失责任制是当承运人和其受雇人在有过失时负赔偿责任。

2. 双重标准理赔

双重标准理赔即既对每一件或每一货运单位负责,又对毛重每千克货物负责。同时,对集装箱、托盘或类似的成组工具在集装或成组时的赔偿也作了规定。1978年制订的《汉堡规则》采用了这种赔偿方法。

《国际多式联运公约》仿照了《汉堡规则》的规定,也将这种双重赔偿标准列入了公约中。不同的是,《国际多式联运公约》不仅规定了双重标准的赔偿方法,同时也规定了单一标准的赔偿方法。

3. 无协议情况下的多式联运经营人的赔偿标准

《国际多式联运公约》按国际惯例规定多式联运经营人和托运人之间可订立协议,制定高于公约规定的经营人的赔偿限额。在没有这种协议的情况下,多式联运经营人按下列赔偿标准赔偿。

(1) 如在国际多式联运中包括了海上或内河运输,也就是在构成海陆、海空等运输方式时,多式联运经营人对每一件或每一货运单位的赔偿按920个特别提款权(SDRs),或毛重每千克2.75个特别提款权,两者以较高者为准。

关于对集装箱货物的赔偿,《国际多式联运公约》基本上采用了《维斯比规则》规定的办法。因此,当根据上述赔偿标准计算集装箱货物的较高限额时,公约规定应适用以下规则:①如果货物是采用集装箱、托盘或类似的装运工具集装,经多式联运单据列明装在这种装运工具中的件数或货运单位数应视为计算限额的件数或货运单位数。否则,这种装运工具中的货物视为一个货运单位;②如果装运工具本身灭失或损坏,而该装运工具并非为多式联运经营人所有或提供,则应视为一个单独的货运单位。

(2) 如在国际多式联运中根据合同不包括海上或内河运输,即构成陆空、铁公等运输方式时,多式联运经营人的赔偿责任限制,按毛重每千克8.33个特别提款权。这种赔偿限额与《国际公路货运公约》下承运人的赔偿限额25金法郎相等。这说明对不包括水运的多式联运,经营人是按最低限额施行赔偿的。

(3) 如果货物的灭失或损坏已确定发生在多式联运的某特定的区段,而这一区段所适用的国际公约或强制性国家法律规定的赔偿限额高于上述两个标准,则经营人的赔偿应以该国际公约或强制性国家法律予以确定。

(五) 货物灭失或损坏的书面通知

1. 通知有效的基本条件

(1) 通知必须是书面的。

(2) 通知必须在有效时限内递交,时限是从收货后的次日算起,如果最后一天是星期天或法定假日,顺延到下一工作日。

(3) 通知必须递交给承运人或代理人。

(4) 通知必须表明有关货物损失或灭失情况。

项目 10
国际货运代理业务的风险控制及事故处理

2. 无须递交书面通知的情况

货物交付时已经会同承运人联合检查,或者记载在双方交接货物的文件上。

阅读与思考

我国A公司与某国B公司于2011年10月20日签订购买52 500吨化肥的CFR合同。A公司开出信用证,规定装船期限为2012年1月1日至1月10日,由于B公司租来运货的"顺风号"轮在开往某外国港口途中遇到飓风,结果装至2012年1月20日才完成。承运人在取得B公司出具的保函的情况下签发了与信用证条款一致的提单。"顺风号"轮于1月21日驶离装运港。

A公司为这批货物投保了水渍险。2012年1月30日"顺风号"轮途经巴拿马运河时起火,造成部分化肥烧毁,在救火过程中又造成部分化肥湿毁。由于船在装货港口的延迟,使该船到达目的地时正遇上了化肥价格下跌。A公司在出售余下的化肥时价格不得不大幅度下降,给A公司造成很大损失。

请根据上述事例,回答以下问题:
(1) 途中烧毁的化肥损失属什么损失,应由谁承担?为什么?
(2) 途中湿毁的化肥损失属什么损失,应由谁承担?为什么?
(3) A公司可否向承运人追偿由于化肥价格下跌造成的损失?为什么?

阅读与思考

某货运代理公司接受货主委托,安排一批茶叶海运出口,货运代理公司在提取了船公司提供的集装箱后装箱,将整箱货交给船公司,同时,货主自行办理了货物运输保险。收货人在目的港拆箱提货时发现集装箱内异味浓重,经查明,该集装箱前一航次所载货物为精萘,致使茶叶受精萘污染。请问:
(1) 收货人可以向谁索赔?
(2) 最终应由谁对茶叶受污染事故承担赔偿责任?

任务反馈

通过分析:从本案的索赔过程,我们可以总结出以下三点。

(1) 承保范围内的责任保险公司予以赔偿。由于造成本案错运的责任完全在承保范围之内,因此,保险公司给予了全额赔偿。

(2) 保险公司扣除了免赔额。投保时,保单中一般都会有免赔额条款,如果索赔金额未达到免赔额,则保险公司免赔,即损失全部由投保人自己承担;如果索赔金额超过免赔额,则保险公司赔偿超过免赔额部分的损失。所以,本案超过免赔额部分的损失为11 224.71港元。

(3) 货物错运后,被保险人采取的补救措施一定要及时、合理,既不可不采取任何措施,使损失继续扩大,也不可采取不合理措施,使费用增大。被保险人在采取措施之前,最好征得保险公司的意见,尤其是在改变运输方式、加大费用支出的情况下,以免事后向保险公司索赔时产生纠纷或得不到全部赔偿。

习题巩固

一、单选题

1. 运费是船公司或(　　)为了补偿运输过程中所发生的营运开支,并获取一定的合理利润而向货主收取的运输费用。
   A. 其他承运人　　B. 货运代理公司　　C. 代理人　　D. 委托人

2. (　　)是货运代理公司为了办理委托代理协议书或委托出口协议书所规定的有关业务而收取的报酬。
   A. 运费　　B. 佣金　　C. 代理费　　D. 委托费

3. 在货物出口情况下,从货物到达港口作业区到装上船舶,发生的一切与货主有关的费用均由(　　)代为支付。
   A. 船东　　B. 货主　　C. 货运代理　　D. 进口商

4. 出口货物在未装船前,若在仓库保管期间发生差损,由(　　)负责赔偿。
   A. 船东　　B. 货运代理　　C. 货主　　D. 进口商

5. (　　)是受损方针对所发生的货损原因不明或不易区别时,向检验机构申请对货物进行检验的证书。
   A. 货物残损检验证书　　B. 货物商检证明　　C. 装箱单　　D. 海事日志

6. 当收货人提货时,如发现所提取的货物数量不足,外表状况或货物的品质与提单上记载的情况不符,则应根据提单条款的规定,将货物短缺或损坏的事实以书面的形式通知(　　),以此表明提出索赔的要求。
   A. 代理人　　B. 保险公司　　C. 进口商　　D. 承运人

7. 货运事故发生后,收货人与承运人之间未能通过协商对事故的性质和程度取得一致意见时,则应在共同同意的基础上,以(　　)作为确定货损责任的依据。
   A. 收货人的检验报告　　　　B. 承运人的检验报告
   C. 调查报告　　　　　　　　D. 检验人签发的检验报告

8. 即使收货人在收货时提出了书面通知,但在提出具体索赔时,也必须出具(　　),证明其所收到的货物不是清洁提单上所记载的在外表良好状况下装船的货物。
   A. 口头货损通知　　　　　　B. 书面货损通知
   C. 货损检验报告　　　　　　D. 原始凭证

9. 当收货人从保险人那里得到赔偿后,则通过签署一份(　　),将向承运人提出的索赔权利转让给保险人,保险人凭以向承运人进行索赔。
   A. 赔偿证书　　　　　　　　B. 交易合同
   C. 保险转让合同　　　　　　D. 权益转让证书

10. 当受损方向承运人提出某项具体索赔时,承运人可根据提单中有关承运人(　　)解除责任。
    A. 免责条款　　B. 义务条款　　C. 权利条款　　D. 业务条款

二、多项选择题

1. 货运事故记录分为（　　）。
   A. 商务记录　　　　B. 普通记录　　　　C. 技术记录　　　　D. 会计记录
2. 由于海上气候多变也是造成货运事故的主要原因之一。凡船舶在海上遭遇恶劣气候的情况下，为明确货损原因和程度，应核实（　　）等有关资料和单证。
   A. 海关报告　　　　　　　　　　　　B. 航海日志
   C. 船方的海事声明　　　　　　　　　D. 海事报告
3. 提出货物索赔的人原则上是货物所有人，或是（　　）。
   A. 提单上记载的收货人　　　　　　　B. 合法的提单持有人
   C. 货运代理人　　　　　　　　　　　D. 其他有关当事人
4. 即使收货人接受货物时未提出书面通知，以后也可根据（　　），作为相反的证据提出索赔。
   A. 货运单证上的批注　　　　　　　　B. 检验人的检验证书
   C. 提单　　　　　　　　　　　　　　D. 装箱单
5. 承运人免责或减少责任应出具的单证可以是（　　）。
   A. 积载检验报告　　　　　　　　　　B. 舱口检验报告
   C. 海事声明或海事报告　　　　　　　D. 卸货事故报告
6. 货物的索赔和理赔是一项政策性较强、涉及面较广、情况复杂并具有一定法律原则的涉外工作，因此在实际工作中应坚持（　　）原则。
   A. 实事求是　　　　B. 有根有据　　　　C. 合情合理　　　　D. 区别对待

三、名词解释

1. 国际货运代理
2. 国际货运事故
3. 货差、货损
4. 索赔、理赔

四、简答题

1. 国际货运代理行业面临的风险有哪些？
2. 简述国际货运事故的种类及原因。
3. 简述国际海洋货运事故处理的一般流程。
4. 如何处理国际公路运输事故？
5. 如何处理国际铁路运输事故？
6. 如何处理国际航空运输事故？

模拟实训

实训内容：货运代理企业法律地位的认定。

实训目的：通过具体案例讨论，使学生清楚地认识货运代理法律地位认定的重要性，了解把握法律地位认定的一些标准及方法。

实训方法:课堂案例讨论。

实训要求:要求学生分成小组,以小组为单位对案例进行讨论交流,最终形成案例分析报告。

案例如下:

某货运代理公司接受某货主委托办理出口货物运输事宜。货物抵达目的地前,货运代理公司得到货主电话要求(后来否认)后,指示外轮代理公司凭提单传真件和银行保函放货,外轮代理公司在通知船公司时忽略了要求银行保函这一重要条件,造成国外收货人提货后不付款,货主损失惨重诉至法院。

一审法院认为,见正本提单放货是船公司及其代理的行业惯例和法定义务,无单放货与货运代理公司的指示没有因果关系,但二审法院认为,货运代理公司作为原告的代理,擅自指示外轮代理公司、船公司无单放货,而货主的损失与此指示有直接因果关系,应赔偿货主的全部损失。

在此案例中,货主的指示实际上是不符合船公司见正本提单方可放货的货运实践的,作为代理人,货运代理公司应当取得货主的书面授权,使其行为后果归属于货主,以避免本不应该承担的责任。

参考文献

[1] 刘爱娥.国际物流实务[M].北京:人民邮电出版社,2013.
[2] 中国国际货运代理协会.国际货运代理理论与实务[M].北京:中国商务出版社,2012.
[3] 百度百科:https://baike.baidu.com/.
[4] MBA智库:http://www.mbalib.com/.